古典文獻研究輯刊

初 編

潘美月・杜潔祥 主編

第34冊

今存十種唐人選唐詩考

呂光華 著

國家圖書館出版品預行編目資料

今存十種唐人選唐詩考／呂光華著 — 初版 — 台北縣永和市：
花木蘭文化工作坊，2005〔民 94〕

目 3＋258 面；19×26 公分（古典文獻研究輯刊 初編：第 34 冊）

ISBN：986-7128-14-1（精裝）
1. 中國詩－唐（618-907）- 目錄

016.8314　　　　　　　　　　　　　　　　　　　94020153

ISBN 986-7128-14-1

古典文獻研究輯刊
初　編　第三四冊　　　　　　　　ISBN：986-7128-14-1

今存十種唐人選唐詩考

作　　者　呂光華
主　　編　潘美月　杜潔祥
企劃出版　北京大學文化資源研究中心
出　　版　花木蘭文化工作坊
發 行 所　花木蘭文化工作坊
發 行 人　高小娟
聯絡地址　台北縣永和市中正路五九五號七樓之三
　　　　　電話：02-2923-1455／傳眞：02-2923-1452
電子信箱　sut81518@ms59.hinet.net
初　　版　2005 年 12 月
定　　價　初編 40 冊（精裝）新台幣 62,000 元　　　版權所有・請勿翻印

今存十種唐人選唐詩考

呂光華　著

作者簡介

呂光華　民國 48 年生，台灣省桃縣人，國立政治大學中國文學研究所博士。現任國立彰化師範大學國文系副教授。主要研究方向為先秦諸子學、漢魏六朝詩學、文學批評等。著有《南朝貴遊文學集團研究》、〈試論楊倞荀子注〉、〈沈德潛古詩源論評〉、〈論阮籍四言詠懷詩的內容與特質〉等學術論文。

提　　要

　　本論文為民國七十三年國立政治大學中國文學研究所碩士論文，指導教授為黃景進先生。今重新排版刊行，除配合排版需要更正標點符號，章節內容基本上未做更動。茲就論文內容，略述如下：

　　今存唐人選唐詩，共有崔融《珠英學士集》、殷璠《河嶽英靈集》、芮挺章《國秀集》、元結《篋中集》、高仲武《中興閒氣集》、令狐楚《御覽詩》、姚合《極玄集》、韋莊《又玄集》、不詳編選者《搜玉小集》，不詳編選者《敦煌本唐人選唐詩》等十種。本論文所討論十種唐人選唐詩，即以此為範圍，除附註及附表，全文共十七萬餘言，分為十二章四十三節，內容摘要如下：

　　第一章：緒論，共分三節。論述本論文之名稱、範圍、研究動機及研究方向。

　　第二章至第十一章，如前列十種唐人選唐詩之次序，每種各列一專章，分為二至六節，詳加討論，每章論述之內容及步驟，大致如下：

　　（一）首先探討編選者、編選年代及其版本。

　　（二）其次考定其篇卷、編選之數目，並探尋其編撰體例。

　　（三）再次論究其命名涵意、編撰目的，及其選詩標準、選詩情形。

　　（四）最後再依據前考，或論其於當代詩壇之地位、後代之評價，或究其與前後詩人、詩選承先啟後之關係，或提出其他值得議論之處，舉凡筆者見識所及，俱另闢專節詳論之。唯諸集卷帙不一，或多或寡；體例不同，或詳或略，是以每章論述，亦或長或短，或繁或簡。總之，以論其要為主，不以其齊否為慮也。

　　第十二章：結論。

　　本論文名稱雖題曰「考」，然並非僅重唐人選唐詩諸集外緣之考證，其他相關之問題，亦為本論文論述之重點，尤其諸集所顯示之詩觀，更為筆者致意之處，以其與唐代詩學研究關係至為密切，亦牽涉文學批評史之唐代詩論發展論述之正確與否也。少年習作，根柢尚淺，雖黽勉為之，亦難免有疏陋之處，尚祈海內外鴻儒碩學，不吝賜教，則幸甚焉。

目錄

第一章　緒　論

第一節　今存十種唐人選唐詩之名稱與範圍

詩盛於唐，為眾所周知者，明胡應麟云：

> 甚矣，詩之盛於唐也。其體則三四五言，六七雜言，樂府歌行，近體
> 絕句，靡弗備矣。其格則高卑遠近，濃淡淺深，巨細精麤，巧拙強弱，靡
> 弗具矣。其調則飄逸渾雄，沈深博大，綺麗幽閒，新奇猥瑣，靡弗諧矣。
> 其人則帝王將相，朝士布衣，童子婦人，緇流羽客，靡弗預矣〔註1〕。

無論就詩體、詩格、詩調、詩人而言，皆可謂洋洋乎會於風雅，極彬彬之盛況矣。
唯詩人既眾，詩作既多，其間難免菁蕪相雜，玉石相亂，習者既惑其歧路，覽者亦
苦其繁重，梁蕭繹固嘗言之矣，其《金樓子‧立言篇》云：

> 諸子興於戰國，文集盛於二漢，至家家有製，人人有集，其美者足
> 以敘情志，敦風俗，其弊者祇以煩簡牘，疲後生。往者既積，來者未已。
> 翹足志學，白首不徧。或昔之所重今反輕，今之所重古之所賤。嗟我後
> 生博達之士，有能品藻異同，刪整蕪穢，使卷無瑕玷，覽無遺功，可謂
> 學矣〔註2〕。

蕭氏此言，雖就其當時情況而發，然藉之以論唐詩，亦復如此。是以須於眾作之中，
加以銓選，「品藻異同，刪整蕪穢」，以使「卷無瑕玷，覽無遺功」，斯詩歌選集產生
之一因也。唐人自選詩不少，胡應麟云：

〔註1〕見胡應麟《詩藪》，外編三，唐上。冊二，頁479，廣文書局印行。
〔註2〕見蕭繹《金樓子》卷四「立言篇」，世界書局印行。

　　　唐人自選壹代，芮挺章有《國秀集》，元次山有《篋中集》，竇常有《南薰集》，殷璠有《河嶽英靈集》，高仲武有《中興閒氣集》，李康成有《玉臺後集》，令狐楚有《元和御覽》，顧陶有《唐詩類選》，姚合有《極玄集》，韋莊有《又玄集》，無名氏有《搜玉集》、《奇章集》〔註3〕。

又云：

　　　唐人自選詩，《英靈》、《國秀》諸集外，孫季梁有《唐正聲》三卷，王正範有《續唐正聲》五卷，韋穀有《才調集》十卷，劉明素有《麗文集》五卷，李戡有《唐選》三卷，柳玄有《同題集》十卷，崔融有《珠英集》五卷，曹恩有《起予集》五卷，殷璠有《丹陽集》一卷，劉吉有《續又玄集》十卷，陳康圖有《儗（案：宋志作擬）玄集》十卷、《詩纂》三卷，鍾安禮有《資吟集》五卷，王仁裕有《國風總類》五十卷，王承範有《備遺綴英》二十卷，劉松有《宜陽集》六卷、《聚玉集》五卷，韋莊有《采玄集》一卷，陳正範有《洞天集》五卷。又有《前輩詠題》二卷、《連璧集》三十二卷、《正風集》十卷、《垂風集》十卷、《名賢絕句》一卷，不題名氏，要皆唐末五代人所集〔註4〕。

據胡氏所載，唐、五代人所編選唐詩歌選集，總數近四十種之多，詩盛於唐，非虛言也。唯此數量頗夥之唐、五代人編選唐詩歌選集，流傳至後代，由於兵火蟲蝕之災，復以後人之不加珍視，卷帙日漸殘缺，大部分且完全失傳，致明毛晉編輯《唐人選唐詩》時，雖勤加搜羅，亦僅得令狐楚《御覽詩》、元結《篋中集》、韋穀《才調集》、姚合《極玄集》、高仲武《中興閒氣集》、殷璠《河嶽英靈集》、芮挺章《國秀集》、無題撰人《搜玉小集》等八種而已，餘皆亡佚矣。今所見唐、五代人編選唐詩歌選集，多賴毛晉《唐人選唐詩》八種之傳，而《唐人選唐詩》一目，蓋即昉於此〔註5〕。

　　清王士禎又嘗編撰《十種唐詩選》，就傳世之唐人選唐詩，再加銓擇，其所謂「十種」，為《河嶽英靈集》、《中興閒氣集》、《國秀集》、《篋中集》、《搜玉集》（案：

〔註3〕同註1，頁482。
〔註4〕同註1，頁484。
〔註5〕此就編輯唐人選唐詩而言。就詞而言，明胡震亨《唐音癸籤》卷三十一已嘗云：「唐人選唐詩，其合前代選者，……。」復次，就書志觀之，南宋陳起父子似嘗刊行數種唐人選唐詩；而清張鈞衡《適園藏書志》卷十五，嘗著錄明刊本《河嶽英靈集》，並云：「此明時與《搜玉》、《篋中》、《中興閒氣》同刻」，蓋皆明嘉靖刊本也，二者俱在毛晉編輯《唐人選唐詩》之前，唯二者是否已立此總名「唐人選唐詩」刊行，則不得而知。

即毛晉所謂《搜玉小集》)、《御覽詩集》、《極玄集》、《又玄集》、《才調集》、《文粹詩》（案：即宋姚鉉《唐文粹》詩之部）。唯其所據《又玄集》，實爲贋本〔註6〕，而《文粹詩》又爲宋人所編，是以其所見唐人選唐詩，實與毛晉僅得之八種無異也。至民國四十七年，大陸中華書局刊行《唐人選唐詩十種》，此書六十四年臺北河洛圖書出版社嘗據以影印刊行，書名仍之。此所謂「十種」，除毛晉刊行之八種外，加入清末由敦煌發現之《唐人選唐詩》殘卷〔註7〕，及民國四十六年夏承燾自日本傳回久佚之《又玄集》〔註8〕，至此可謂湊足漁洋所謂「十種」之數。然此十種中，韋縠《才調集》實編選於五代〔註9〕，嚴格論之，與其謂爲《唐人選唐詩》，毋寧謂之《五代人選唐詩》爲恰當也。又案清末自敦煌發現之唐人選唐詩，除前舉一種外，實尚有崔融《珠英學士集》殘卷〔註10〕。故本論文所考之「十種」，即前舉之十種而退《才調》進《珠英》，爲名符其實之「十種唐人選唐詩」，茲錄其集名及編選者名氏於後：

（一）《珠英學士集》　崔融

（二）《河嶽英靈集》　殷璠

（三）《國秀集》　芮挺章

（四）《篋中集》　元結

（五）《中興間氣集》　高仲武

（六）《御覽詩》　令狐楚

（七）《極玄集》　姚合

（八）《又玄集》　韋莊

（九）《搜玉小集》　不詳編選者名氏

（十）《敦煌本唐人選唐詩》　不詳編選者名氏

〔註6〕紀昀等《四庫全書總目提要》卷一九四，集部總集類存目四「十種唐詩選十七卷」條云：「又韋莊《又元集》原書已佚，今所傳者乃贋本，馮氏《才調集》凡例言之，而士禎仍爲選錄，亦失別裁。」詳可參本論文第九章〈又玄集考〉。

〔註7〕此《唐人選唐詩》殘卷，編選者名氏及書名俱不可考，民國初年羅振玉影寫此殘卷，署之曰《唐人選唐詩》，沿用至今。詳可參王重民《敦煌古籍敘錄》卷五，集部「唐人選唐詩」條，頁326，木鐸出版社印行。及本論文第十一章〈敦煌本唐人選唐詩考〉。

〔註8〕詳可參《唐人選唐詩》，《又玄集》末附夏承燾〈《又玄集》後記〉，頁442，河洛圖書出版社出版。及本論文第九章《又玄集》考〉。

〔註9〕《四庫全書總目提要》卷一八六，〈集部·總集類〉一「才調集十卷」條云：「蜀韋縠編，縠仕王建爲監察御史」，乃據《才調集》書首之題「蜀監察御史韋縠集」，是其書編選於五代甚明。

〔註10〕見《敦煌古籍敘錄》卷五，集部《珠英學士集》條，頁325。亦可參考本論文第二章《珠英學士集》考〉。

第二節　研究詩選集之意義

詩文選集，歷代書志多著錄於集部總集類，總集類成立之意義，《隋書・經籍志》總集後敘云：

> 總集者，以建安之後，辭賦轉繁，眾家之集，日以滋廣，晉代摯虞，苦覽者之勞倦，於是採摘孔翠，芟翦繁蕪，自詩賦以下，各爲條貫，合而編之，謂爲流別，嗣後文集總鈔，作者泊軌，屬辭之士，以爲覃奧而取則焉。

謂建安以後，由於作家作品漸多，其中菁蕪相雜，玉石相亂，覽者苦之，乃產生「採摘孔翠，芟翦繁蕪」之總集一類。至於《四書全書總目提要》，則言之益明，其總集類序云：

> 文籍日興，散無統紀，於是總集作焉。一則網羅放佚，使零章殘什，並有所歸；一則刪汰繁蕪，使莠稗咸除，菁華畢出，是固文章之衡鑒，著作之淵藪矣。

此言總集之產生，一則「網羅放佚，使零章殘什，並有所歸」；一則「刪汰繁蕪，使莠稗咸除，菁華畢出」。唯總集之作用，實不止於此，蓋編選詩文者，於其去取之際，自必有其標準，而此標準往往反映選者之文學觀，及其所欲提倡標舉之創作方向、指導創作原則。是以著錄於總集類之詩文選集，實尚有標舉創作方向，指導創作原則之重要意義在焉，唯以其爲選集而非文學理論之專著，又多著錄於總集類而非詩文評類，故此種作用，往往不甚彰顯，而爲研究文學評論者所忽略。

今人楊松年先生於其〈詩選的詩論價值——文學評論研究的另一個方向〉〔註11〕一文中，嘗就詩選論及選集於文學評論研究之重要性，其文頗長，唯所論關係至鉅，故不憚繁引述於下，楊氏云：

> 近人王瑤指出：中國人一向不太注重詩文評，他們對詩的意見常寓於總集的選彙中。因此，一部《文選》之影響中國詩人文人，是遠遠超過任何一部詩文評之作。這話一點也不錯。就過去中國文學評論的情況說，詩選作品不但如《文選》可以影響詩人和文人，也能夠反映一代或一時的文風。明代崇古唐詩而貶斥宋詩，在詩選方面，只選古唐而不及宋元成爲當時的時尚。如張之象的《古詩類苑》、《唐詩類苑》；馮惟訥的《古詩紀》、《唐詩紀》；臧懋循的《詩所》、《唐詩所》。唐汝詢、唐汝諤兄弟的《古詩

〔註11〕楊松年〈詩選的詩論價值——文學評論研究的另一個方向〉，載《中外文學》十卷五期。

解》、《唐詩解》，李攀龍的《古今詩刪》；鍾惺、譚元春的《古詩歸》、《唐詩歸》；陸時雍的《古詩鏡》、《唐詩鏡》等都是如此。可以說，在反映當時的詩文思潮上，較之詩文評更有具體的表現。

然而，對這類具有很高的詩論價值和能夠具體反映當時文學思潮的詩論，中國文學評論研究界還沒有給予應有的重視。

且以現存的幾部中國文學批評史的著作來說明這問題。

郭紹虞的《中國文學批評史》、朱東潤的《中國文學批評史大綱》、羅根澤的《中國文學批評史》一般偏重於利用詩話、序跋、書信等方面的資料，來整理文學批評歷史，較少注意到詩選詩彙、箋註批點以及詩人小傳（案：就體例言，一部詩選集大多由此三部分組成）。所以在郭著《中國文學批評史》中，我們看不到他對中國最早的一部詩歌總集的選詩問題及它對後世影響的詳細分析，看不到唐人選唐詩、明代幾部重要詩選等等的闡釋文字。像鍾惺、譚元春的《詩歸》，郭氏了解到這本書對當時文風的巨大影響，但是並沒有進一步分析這選集的詩觀及集中的評論文字。於錢謙益，只及他的《有學集》、《初學集》，而不闡釋他的《列朝詩集》、《吾炙集》；於王夫之，只及他的《薑齋詩話》，而不及各種詩評選；於沈德潛，只及他的《說詩晬語》，而不及《杜詩評鈔》、《古詩源》及其他的各種詩「別裁」。他若朱彝尊、金人瑞、徐增、王嗣奭、仇兆鰲等重要論詩選詩之著，都不見提到。朱東潤較之郭紹虞，比較多提到詩選作品，但是距離基本的要求還很遠。如於陳子龍，只涉及他的序跋書信而不及《皇明詩選》；於王夫之，只提及《薑齋詩話》而不及各種詩評選；評鍾惺、譚元春時，曾提及朱彝尊的《明詩綜》，但真正介紹朱氏時，只提起朱氏有這部詩選，而沒有進一步的闡釋；於沈德潛，只涉及他的《說詩晬語》，並在一處引及《唐詩別裁‧凡例》，沒有再進一步分析這部別裁以及沈氏的其他詩評選。羅根澤的《中國文學批評史》，雖然較郭朱詳盡，但一樣不重視選集。試想：在整理文學批評史，缺乏占據中國過去這份重要而且為數眾多，影響甚遠且大的資料，怎麼能夠表現歷代的文學思潮和評論界的面貌呢？

而且，分析前人的詩論，只取他們的詩話作品，而忽視詩選的作品，往往會導致錯誤的結論。

如郭紹虞分析王夫之的詩論，見及《薑詩詩話》的其中一則云：

無論詩歌與長行文字，俱以意為主。意猶帥也，無帥之兵，謂之烏合。……以意為主，勢次之。勢者，意中之神理也。唯謝康樂為能取勢，

宛轉屈伸，以求盡其意，意已盡則止，殆無剩語。天矯連蜷，烟雲繚繞，乃真龍，非畫龍也。

與王士禎以神龍喻詩的說法接近，遂以王夫之亦主神韻說。這是有問題的。就王氏的《詩廣傳》和各種詩選所呈露的詩觀看，王氏詩論雖曾提及神韻二字，但其中心意見仍是承繼〈詩大序〉言志說一脈的。他以為詩主要在抒發性情，不過性情的真實流露並不等於就能寫出好詩。詩要能達致「妙」的境界，主要在於能夠含蓄與婉轉地表露性情，並通過有限的文字來概括和暗示無限的趣致。這和說的空幻的神韻說仍是有距離的。郭氏會產生上述的誤解，是沒有掌握王氏的其他論詩和詩選著作的緣故。

總之，詩選這類文學評論體制，受人忽視太久了，而它卻是中國文學評論的豐富和重要的遺產。要整理出更為完整的中國文學批評史，要勾劃出一個時代的文學評論面貌，就非得正視這方面的作品不可。

上引楊氏所論詩選於文學評論研究之重要性，可歸結為四點：（一）詩選之影響詩人文人，不亞於文學理論專門性之著作，（二）詩選於反映當代文學思潮，較之文學理論專門性之著作，更有具體明晰之表現，（三）就整理文學批評史言，欲明晰而全面呈現歷代之文學思潮，及勾劃評論界之面貌，非得藉助此於歷代數量極多、影響極深遠之詩選集不可，（四）分析前人詩論，只取其詩話作品，而忽視其詩選，往往不夠全面周延，容易導致錯誤之結論。由此可知，詩選之研究實有其必要性與急迫性。惜國人於唐人選唐詩之研究尚少，反不如日本學者之注意〔註12〕。揆其原因，固以一般學者尚未了解詩選於文學評論研究之重要性，而唐人選唐詩本身尚有許多糾結、疑點，難以解決，亦為一主要因素。本論文之撰作，期能解決一些唐人選唐詩本身之糾結與疑點，以為研究唐代詩學，及中國文學評論之學者參考。

第三節　研究方向

選集於中國文學評論研究之重要性，已如上述，茲略述本論文之研究方法及步驟。

本論文就今存十種唐人選唐詩，各列一專章，詳加討論，章之先後，以成書年代為次，而以編選者、編選年代不能確知之《搜玉小集》及《敦煌本唐人選唐詩》

〔註 12〕於唐人選唐詩之研究，日學者如中澤希男、川北泰彥、伊藤正文、小川昭一等，皆可謂此中翹楚也，詳可參考本論文末附「重要參考書目」日文資料部分。

殿後。每章之討論方法及步驟，除《珠英學士集》、《敦煌本唐人選唐詩》之步驟，略有變更外，大致如下：

（一）首先探討編選者、編選年代及其版本。於編選者部分，介紹編選者之里籍、生平及其著述，隱者顯之，誤者正之，其有不可考者，則付闕如。於編選年代部分，考定其確切之編選年代，予以時間定位，疑者考其疑，謬者定其謬，其有不可確考者，亦付闕如，以待來者。至版本部分，則詳列諸家書志著錄，論其源流異同，究其編次優劣及筆者論述之所據。

（二）其次考定其篇卷、編選之數目，並探尋其編撰體例。依史傳書志及其它相關資料，考其原本篇卷、編選之詩人數及詩作數，以定今本篇卷、編選詩人數及詩作數之是非，而後探尋其編撰體例之所在。

（三）再次論究其命名涵意、編選目的，及其選詩標準。依據史傳書志及其序跋等資料，論究其命名涵意、編選目的及其選詩標準，更就集中所選詩人及詩作歸納分析，配合編選者本身之詩論或詩風，作綜合之研探，說明其選詩之情形。

（四）最後再依據前考，或論其於當代詩壇之地位、後代之評價，或究其與前後詩人、詩選之承先啓後關係，或提出其他值得議論之處，舉凡筆者見識所及，俱另闢專節詳論之。唯諸集卷帙不一，或多或寡；體例不同，或詳或略，是以每章論述亦或長或短，或繁或簡。總之，以論其要者爲主，不以其齊否爲慮也。

論文最末，復就前十章所考，作一綜合性說明，並略述今存唐人選唐詩之價值，以結束本文。

第二章 《珠英學士集》考

第一節 《珠英學士集》殘卷

《珠英學士集》，最早著錄於《新唐書・藝文志》，云：

> 《珠英學士集》五卷（原註：崔融集武后時修《三教珠英》學士李嶠、張說等詩）〔註1〕。

此集久佚，晚近始由敦煌發現殘卷，王重民云：

> 伯三七七一與斯二七一七兩殘卷，筆跡相同，斯氏卷馬吉甫詩前，有「珠英集第五」一行，故知同爲《珠英學士集》殘卷。考《新唐書・藝文志》總集類：「《珠英學士集》五卷，崔融集武后時修《三教珠英》學士李嶠、張說等詩」（原註：《玉海》卷五十四引，尚有「詩總二百七十六首」一句）。又《唐會要》卷三十六云：「大足元年十一月十二日，麟臺監張昌宗撰《三教珠英》一千三百卷成，上之。初聖曆中，上以《御覽》及《文思博要》等書，聚事多未周備，遂令張昌宗召李嶠、閻朝隱、徐彥伯、薛曜、員半千、魏知古、于季子、王無競、沈佺期、王適、徐堅、尹元凱、張說、馬吉甫、元希聲、李處正、高備（原註：《玉海》卷五十四引作喬備，不誤）、劉知幾、房元陽、宋之問、崔湜、常元旦、楊齊哲、富嘉謨、蔣鳳等二十六人同撰。」所舉撰人概在此兩殘卷中。是集《崇文總目》、《郡齋讀書志》並著錄，則宋時猶存。《讀書志》云：「預修書者凡四十七人，崔融編集其所賦詩，各題里爵（案：似當作爵里），以官班爲次」，所述尤與殘卷相合，則

〔註1〕見《新唐書》卷六十，〈藝文志〉總集類。

此兩卷爲《珠英學士集》無疑〔註2〕。

王氏據殘卷有「珠英集第五」，參以《新唐志》、《唐會要》、《郡齋讀書志》之記載，斷此二殘卷爲《珠英學士集》（以下省稱《珠英集》），舉證精詳，此二殘卷乃《新唐志》所載《珠英集》無疑。此《珠英集》二殘卷所存詩人及詩數，王重民續云：

> 自是集散佚，諸家詩或不盡傳。持與《全唐詩》相校閱，伯氏本：載元希聲二首，楊齊哲二首；房、楊詩《全唐詩》不載。胡皓七首，喬備四首；胡四詩、喬二詩，《全唐詩》失載。斯氏本沈佺期十首〔註3〕，李適三首，崔湜九首，劉知幾三首，王無競八首（原註：實僅七首），馬吉甫三首；沈詩今存，劉、馬二家全佚，李詩佚一首，崔、王二家各佚四首〔註4〕。

伯三七七一與斯二七一七兩《珠英集》殘卷，所存詩人及詩數，略如王氏所云，茲案原殘卷以《全唐詩》、王重民輯錄《補全唐詩》、潘重規先生《補全唐詩新校》〔註5〕，將殘卷原題作者及所選詩題，依原次迻錄於後：

一、伯三七七一殘卷

「春悲行一首五言」

> 案：原卷僅抄詩題，且殘缺。

「春悲行一首五言」

> 案：五言古詩，《全唐詩》無。

「感春一首」

> 案：原卷只抄詩題。

「春悲行一首五言」

> 案：重複前「春悲行一首五言」。

「滁州（逢）故人一首五言」

> 案：五言絕句，《全唐詩》無。原卷缺「逢」字，依王氏補。

「感春一首」

> 案：五言古詩，《全唐詩》無。

「奉天田明府席餞別一首」

〔註2〕見王重民《敦煌古籍敍錄》，頁325，木鐸出版社印行。

〔註3〕案斯氏卷沈佺期十首前，有不知名〈帝京篇〉一首，王氏似漏列。

〔註4〕同註1

〔註5〕王重民《補全唐詩》、潘重規《補全唐詩新校》俱收於《全唐詩外編》，木鐸出版社印行。

案：五言古詩，《全唐詩》無。

「答徐四蕭關別醉後見投一首七言」

　　案：七言絕句，《全唐詩》無。以上為伯氏本之開端，共五首，不著撰人，王重民云：「第四首〈奉天田明府席餞別〉，第五首〈答徐四蕭關別醉後見投〉與後重出，已據重出部分之題名，載入胡皓詩內。因疑前三首亦胡皓所作，⋯⋯即非胡皓所作，亦必為其他珠英學士的作品〔註6〕。」茲依王氏，暫定為胡皓之作。

「蒲州安邑縣令宋國喬備四首」

　　案：「蒲」王氏釋作「滿」，似誤，茲依潘重規所釋。

「雜詩一首五言」

　　案：五言古詩，《全唐詩》無。

「出塞一首五言」

　　案：五言律詩，《全唐詩》卷八一存。

「秋夜巫山一（首）五言」

　　案：五言古詩，《全唐詩》無。「首」字原缺，依王氏補。

「長門怨一首」

　　案：五言古詩，《全唐詩》卷八一存。

「太子文學河南元希聲二首」

「贈皇甫侍御赴都一首四言」

　　案：四言古詩，「其一」至「其八」作一首。《全唐詩》卷一〇一存，作「八首」，唯第二首七、八句《全唐詩》佚。

「宴盧十四南園得園韻一首五言」

　　案：五言古詩，《全唐詩》無。

「司禮寺博士清河房元陽二首」

「送薛大入洛一首五言」

　　案：五言律詩，《全唐詩》無。

「秋夜彈碁鼓琴歌」

　　案：騷體古詩，《全唐詩》無。

「洛陽縣尉弘農楊齊悊（案：同「哲」）二首」

「秋夜讌徐四山亭一首五言」

〔註 6〕見《全唐詩外編》，頁 20。

案：五言古詩，《全唐詩》無。

「曉過古延各關一首五言」

案：五言律詩，《全唐詩》卷七六九列楊齊哲於「無世次爵里可考」，存此詩，題作「過函谷關」。

「恭陵丞安定胡皓七首」

「奉使□府一首五言」

案：五言古詩，《全唐詩》無。原卷詩題第三字難以辨識，王、潘二氏俱無說。

「夜行黃花川一首五言」

案：五言律詩，《全唐詩》無。

「奉天田明府席餞別一首」

案：五言古詩，《全唐詩》無。此與卷首不題撰人之「奉天田明府席餞別一首」重複。

「答徐四蕭關別醉後見投一首七言」

案：七言絕詩，《全唐詩》無。此與卷首不題撰人之「答徐四蕭關別醉後見投一首七言」重複。

伯氏本以下重複「蒲州安邑縣令宋國喬備四首」、「太子文學河南元希聲二首」、至「司禮寺博士清河房元陽二首」殘存「送薛大入洛一首五言」二十九字。

二、斯二七一七殘卷

「帝京篇一首五言」

案：五言古詩，《全唐詩》無。此詩為斯氏本第一首，無撰者題名，詩始末云：「神皋唯帝里，壯麗擬仙居，……獨有揚雄□，蕭然草太玄。」王、潘二氏俱失載。

「通事舍人吳興沈佺期十首」

案：王重民云：「沈詩今存」〔註 7〕，是以未輯入其書，唯案以殘卷，字句頗有與《全唐詩》不同者。又殘卷沈詩十首中，僅八首有詩題。

「駕幸香山寺應制一首七言」

案：七言古詩，《全唐詩》卷九六存，題作「從幸香山寺應制」，《全唐詩》僅八句，末句作「還將祇苑當秋汾」，與此不同。

〔註 7〕同註 1。

（「古鏡」）

　　案：五言古詩。此首與前首相連，未題詩題，茲依《全唐詩》卷九五詩題。
　　　　《全唐詩》首句爲「莓苔翳清池」，共六句，殘卷此首「莓苔翳清池」
　　　　前尚有數句。

「□鏡一首」

　　案：五言古詩，《全唐詩》卷九六存，題作「覽鏡」。

「辛丑歲十月上幸長安時雲卿從在西岳作一首五言」

　　案：五言古詩，《全唐詩》卷九五存，題作「辛丑歲十月上幸長安時扈從
　　　　出西嶽作」。

「古離別一首」

　　案：五言古詩，《全唐詩》卷九五存，題作「擬古別離」。

「古意一首七言」

　　案：七言律詩，《全唐詩》卷九六存，題作「古意呈補闕喬知之（原註：
　　　　一作〈古意〉，又作〈獨不見〉）」。

「古意一首雜言」

　　案：七三雜言古詩，《全唐詩》卷九五存，題作「鳳簫曲（原註：一作〈古
　　　　意〉）」。

「邙山一首七言」

　　案：七言絕句，《全唐詩》卷九七存。

「長門怨　首」

　　案：五言古詩，《全唐詩》卷九六存，共八句，末四句與殘卷不同。《全唐
　　　　詩》末四句作「清露凝珠綴，流塵下翠屏，妾心君未察，愁歎劇繁星。」
　　　　殘卷末四句作「君恩若流水，妾意似繁星，黃金盡詞賦，白髮空帷屏。」

（「鳳笙曲」）

　　案：五言古詩，此首無詩題，茲依《全唐詩》卷九五詩題。

「前通事舍（人）李適三首」

　　案：原卷缺「人」字，依王氏補。

「汾陰后土柯作一首五言」

　　案：五言古詩，《全唐詩》卷七〇存。

「答宋之問入崖口五渡一首五言」

　　案：五言古詩，《全唐詩》卷七〇存，題作〈答宋十一崖口五渡見贈〉。

「送友人向括州一首五言」

案：五言古詩，《全唐詩》無。

「左補闕清河崔湜九首」

「責躬詩一首五言」

案：五言古詩，《全唐詩》無。

「登摠持寺浮圖一首五言」

案：五言古詩，《全唐詩》卷五四存，題作〈登總持寺閣〉。

「暮秋書懷一首五言」

案：五言古詩，王重民云：「按這一首，《全唐詩》一函八冊作為魏徵的詩，
而《珠英集》作崔湜；《珠英集》應可據〔註8〕。」《全唐詩》卷三一
題作〈暮秋言懷〉。

「雜詩一首」

案：五言古詩，《全唐詩》無。

「九龍潭作一首五言」

案：五言古詩，《全唐詩》無。

「酬杜麟臺春思一首五言」

案：五言律詩，《全唐詩》卷五四存。

「同李員外春怨一首」

案：五言古詩，《全唐詩》卷五四存，題作〈同李員外春閨（原註：一作
園）〉。

「班婕妤一首五言」

案：五言古詩，《全唐詩》卷五四存，題作〈婕妤怨〉。

「塞垣行一首五言」

案：五言古詩，《全唐詩》卷五四存。

「右補闕彭城劉知幾三首」

「次河神廟虞參軍船先發余阻風不進寒夜旅泊一首」

案：五言古詩，《全唐詩》無。

「讀漢書作一首」

案：五言古詩，《全唐詩》無。

「詠史一首」

案：五言古詩，《全唐詩》無。

〔註8〕見《全唐詩外編》，頁7。

「石臺殿中侍御史內供奉瑯琊王無競八首」

　　案：實僅七首。

「詠漢武帝一首五言」

　　案：五言古詩，《全唐詩》無。

「別潤州李司馬一首五言」

　　案：五言古詩，《全唐詩》卷六七存，題作〈北使長城〉。

「駕幸長安奉使先往檢察一首五言」

　　案：五言古詩，《全唐詩》無。

「滅胡一首五言」

　　案：五言古詩，《全唐詩》無。

「君子有所思行一首五言」

　　案：五言古詩，《全唐詩》無。

「銅爵妓一首五言」

　　案：五言古詩，《全唐詩》卷六七存，題作〈銅爵臺〉。

「鳳臺曲一首五言」

　　案：五言古詩，《全唐詩》卷六七存。

「《珠英集》第五」

「太子文學扶風馬吉甫三首」

「秋晴過李三山池五言」

　　案：五言古詩，《全唐詩》無。

「秋夜懷友一首」

　　案：五言律詩，《全唐詩》無。

「同獨孤九秋閨一首」

　　案：原卷詩題「閨」字，王、潘二氏俱作「思」，不知何故。此為斯氏卷
　　　　末首，僅存「閨樹紅滋變，庭蕉白」八字，《全唐詩》無。

　　依上所錄，總計伯三七七一、斯二七一七兩殘卷，共存詩五十三首（殘一首），其中喬備四首，元希聲二首，房元陽二首，楊齊哲二首，胡皓七首，不著撰人〈帝京篇〉一首，沈佺期十首，李適三首，崔湜九首，劉知幾三首，王無競七首，馬吉甫三首（殘一首），以下論述，即以此殘卷所載為據。

第二節　編選者及其編選之年代

　　據前引《新唐志》，可知《珠英集》之編選者爲崔融。融《舊唐書》卷九四、《新唐書》卷一一四有傳，於其生平事蹟，頗多載述。又王夢鷗《初唐詩學著述考》第三章〈崔融詩學著述〉，嘗據兩唐書本傳，並參以《通鑑》、全唐詩文及唐人筆記，考疏融仕宦年歷〔註9〕，論證精詳，亦足資參考。

　　崔融字安成，齊州全節人，生於高宗永徽四年（西元653），卒於中宗神龍二年（706），享年五十四歲。

　　融高宗儀鳳元年（676）登八科舉，時年二十四。至永隆二年（681）累補宮門丞，兼崇文館學士。中宗爲太子時，制融爲侍讀，兼侍屬文，東朝表疏，多成其手。武周嗣聖元年（684）貶爲魏州司功參軍，萬歲登封元年（695）始由魏州司功參軍召回。萬歲通天元年（696）檢校著作佐郎，隨梁王武三思東征契丹。神功元年（697）擢著作佐郎，轉右史。聖曆元年（698）除著作郎，仍兼右史內供奉。聖曆三年（700）遷鳳閣舍人，尋坐忤張昌宗意，左授婺州長史〔註10〕，後張昌宗意解，又請召爲春官郎中、知制誥。長安二年（702）再遷鳳閣舍人、知制誥。三年，兼修國史〔註11〕。四年，除司禮少卿，仍知制誥。時張易之兄弟頗召集文學之士，融與納言李嶠、鳳閣侍郎蘇味道、麟臺少監王紹宗等俱以文才降節事之，及易之伏誅，融左授袁州刺史，尋召拜國子司業，兼修國史。中宗神龍二年（706）以預修《則天實錄》成，封清河縣子，賜物五百段，璽書褒美。又奉勅爲則天哀冊文，用思精苦，遂發病卒。中宗以侍讀之恩，追贈衛州刺史，諡曰文。有六子，聞者禹錫、翹二人。膳部員外郎杜審言，昔爲融所獎引，融卒，爲服緦麻。

　　融爲文典麗，當時罕有其比，朝廷所須〈洛出寶圖頌〉、〈則天哀冊文〉及諸大手筆，並手勅付融，中〈洛出寶圖頌〉、〈則天哀冊文〉尤工麗。有集六十卷，又撰《集寶圖贊》一卷、《珠英學士集》五卷〔註12〕、《唐朝新定詩體》一卷〔註13〕。

　　《珠英集》編選之年代，歷來書志俱未明載，僅云編於武后時。今按《珠英集》

〔註9〕見該書頁80～85，臺灣商務印書館印行。

〔註10〕王師夢鷗據陸心源《唐文拾遺》卷二六引《金石苑》載張超崔文公魏成縣靈泉記述，以爲崔融此次遠謫於魏成，而非婺州。

〔註11〕兼修國史，王師夢鷗列於長安二年。

〔註12〕俱見《新唐書》卷六十，〈藝文志〉。

〔註13〕此書自兩唐志以下，迄《宋秘書省四庫闕書目》俱未著錄，惟空海《文鏡秘府論》地卷論「十體」有《崔氏新定詩體》一書目，又東卷「論對」稱此書爲《崔氏唐朝新定詩格》。藤原佐世《日本國見在書目》著錄此書作《唐朝新定詩體》一卷。參考《初唐詩學著述考》頁86。

殘卷，於所選詩人名上皆載其人官銜，以此所載官銜，參以史傳，再據《珠英集》中所選詩之年代可考者，則《珠英集》較明確之編選年代，或可考知。

殘卷中共存十一位詩人名銜，爲「蒲州安邑縣令宋國喬備」、「太子文學河南元希聲」、「司禮寺博士清河房元陽」、「洛陽縣尉弘農楊齊哲」、「恭陵丞安定胡皓」、「通事舍人吳興沈佺期」、「前通事舍（人）李適」、「左補闕清河崔湜」、「右補闕彭城劉知幾」、「石臺殿中侍御史內供奉瑯琊王無競」、「太子文學扶風馬吉甫」。惜案諸史傳，諸人爲此官之確切年代，多不可考，唯「太子文學河南元希聲」，案《全唐文》卷二八〇崔湜〈故吏部侍郎元公碑〉云：

> 公諱希聲，……徵拜司禮博士。則天大聖皇后，萬機之餘，屬想經籍，
> 思欲撮群書之要，成一家之美，廣集文儒，以筆以削，目爲《三教珠英》，
> 蓋一千二（案：當作三）百卷，公首膺嘉命，議者榮之。書成，克厭帝旨，
> 遷太子文學，主客、考功二員外，賞勤也。

據此，元希聲爲太子文學，在《三教珠英》成書後。換言之，《珠英集》之編成，蓋亦在《三教珠英》成書之後，而《三教珠英》纂修完成之年代，宋王溥《唐會要》卷三十六云：

> 大足元年十一月十二日，麟臺監張昌宗撰《三教珠英》，一千三百卷成，上之。

是《三教珠英》纂修完成於大足元年（701），唯大足元年十月，實已改元「長安」〔註14〕，《三教珠英》成十一月，嚴格言之，當謂成於長安元年（701）也。復次，殘卷選沈佺期詩十首，其中有〈辛丑歲十月上幸長安時雲卿從在西岳作〉一首，案以佺期年世衡之，其所逢「辛丑」者，僅有大足元年（701，即長安元年）〔註15〕，《舊唐書·武后本紀》，大足元年「冬十月，幸京師，大赦天下，改元爲長安」，沈詩蓋即此時所作。然則崔融編選《珠英集》，至早不得早過長安元年。又案融逝於神龍二年（706），則《珠英集》之編成，至晚亦不得晚過此年，是《珠英集》編選之年代，蓋即在長安元年（701）至神龍二年（706）五年之間，可謂融晚年之作。

〔註14〕《舊唐書》卷六，〈則天皇后本紀〉，大足元年「冬十月，幸京師，大赦天下，改元爲長安」。

〔註15〕前此之辛丑爲太宗貞觀十五年（641），此後之辛丑爲肅宗上元二年（761），《舊唐書》〈沈佺期傳〉謂佺期卒於開元初，則大足元年前後之辛丑年，佺期俱不之逢。

第三節　篇卷、編選之數目及其體例

　　據前引《新唐書・藝文志》總集類云《珠英集》有五卷。其後宋《崇文總目》、鄭樵《通志・藝文志》、晁公武《郡齋讀書志》、王應麟《玉海》、元馬端臨《文獻通考・經籍考》、托托等撰《宋史・藝文志》、明焦竑《國史經籍志》皆著錄此書，俱作五卷〔註16〕。此外藤原佐世《日本國見在書目》著錄此書，亦作五卷。是此書五卷，中外皆無異說。

　　此集所選詩人，據《新唐志》，可知即武后時預修《三教珠英》之文學之士。預修《三教珠英》之人數，《舊唐書》卷七八〈張易之、昌宗傳〉云：

　　　　乃詔昌宗撰《三教珠英》於內，乃引文學之士李嶠、閻朝隱、徐彥
　　　　伯、張說、宋之問、崔湜、富嘉謨等二十六人，分門撰集，成一千三百
　　　　卷，上之。

《新唐書》卷一〇四〈張易之、昌宗傳〉云：

　　　　乃詔昌宗即禁中論著，引李嶠、張說、宋之問、富嘉謨、徐彥伯等二
　　　　十六人譔《三教珠英》。

兩書俱謂預修《三教珠英》者，共二十六人。唯徧檢兩書傳記，俱不能考足二十六人之姓氏〔註17〕，蓋史有闕略，未及詳載。至宋王溥《唐會要》始舉出二十六人之姓名，其書卷三六云：

　　　　大足元年十一月十二日，麟臺監張昌宗撰《三教珠英》一千三百卷成，
　　　　上之。初聖曆中，上以《御覽》及《文思博要》等書，聚事多未周備，遂
　　　　令張昌宗召李嶠、閻朝隱、徐彥伯、薛曜、員半千、魏知古、于季子、王
　　　　無競、沈佺朝、王適、徐堅、尹元凱、張說、馬吉甫、元希聲、李處正、
　　　　高備（案：當作喬備）、劉知幾、房元陽、宋之問、崔湜、常元旦（案：兩唐書
　　　　無常元旦，有韋元旦，《玉海》卷五四引作韋元旦，當是）、楊齊哲、富嘉謨、蔣鳳

〔註16〕見《崇文總目》卷五；《通志》卷七十；《郡齋讀書志》卷二十；《玉海》卷五四；《文獻通考》卷二四八；《宋史》卷二〇九；《國史經籍志》卷五。

〔註17〕見於《舊唐書》者僅：張昌宗、李嶠、張說、宋之問、富嘉謨、徐彥伯（卷七八，〈張易之、昌宗傳〉）、閻朝隱、王無競、李適、尹元凱（卷一〇九，〈閻朝隱傳〉）、徐堅、劉知幾（卷一〇二，〈徐堅傳〉）、沈佺期（卷一九〇，〈沈佺期傳〉）、員半千（卷一九〇，〈員半千傳〉）、崔湜（卷七四，〈崔湜傳〉）、喬備（卷一九〇，〈喬備傳〉）等十六人。見於《新唐書》者亦僅：張昌宗、李嶠、張說、宋之問、富嘉謨、徐彥伯（卷一〇四，〈張易之、昌宗傳〉）、崔湜、閻朝隱、沈佺期、喬侃、員半千、薛曜（卷五九，〈藝文志〉《三教珠英》下註）、李適、王無競、尹元凱、劉允濟（卷二〇二，〈李適傳〉）、劉知幾（卷一九九，〈徐彥伯傳〉）等十七人。

等二十六人同撰。

據此，則二十六人爲張昌宗、李嶠、閻朝隱、徐彥伯、薛曜、員半千、魏知古、于季子、王無競、沈佺期、王適、徐堅、尹元凱、張說、馬吉甫、元希聲、李處正、喬備、劉知幾、房元陽、宋之問、崔湜、韋元旦、楊齊哲、富嘉謨、蔣鳳等。案以兩唐書所載，大致相吻合，再案以《珠英集》殘卷，有元希聲、房元陽、楊齊哲、馬吉甫等四人爲兩唐書所未記載，可信王氏所舉預修《三教珠英》二十六人姓名，必有所據。唯《郡齋讀書志》卷二十著錄《珠英集》云：

> 右唐武后朝嘗詔武三思等修《三教珠英》一千三百卷，預修書者凡四十七人，崔融集其所賦詩，各題爵里，以官班爲次，融爲之序。

《玉海》卷五四亦云：

> 《珠英學士集》五卷，崔融集學士李嶠、張說等四十七人詩。

二書俱謂預修《三教珠英》者爲四十七人。案以《珠英集》殘卷有胡皓，而兩唐書、《唐會要》俱未舉出，又兩唐書所舉有李適、《新唐書》有喬侃、劉允濟〔註 18〕，而此諸人俱不在王溥所舉二十六人之中，然則《珠英集》所選實不止二十六人，《郡齋讀書志》、《玉海》所云四十七人，或有所據。尤其《郡齋讀書志》謂「武三思等修《三教珠英》」之語，最堪玩味，案《郡齋讀書志》卷十四〈類書類〉云：

> 《三教珠英》三卷，右唐張昌宗等撰，按唐志一千三百卷，今所有者止此。

是晁氏並非不知《三教珠英》爲武后勅張昌宗等撰，而此處竟云「武三思等修《三教珠英》」，而不云「張昌宗等修《三教珠英》」。或因崔融編選《珠英集》，「以官班爲次」，品秩尊者在卷首，卑者列於後，而武三思於中品秩最崇，列於《珠英集》卷首，是以此處以「武三思」領銜修《三教珠英》，而不云「張昌宗」。證以《新唐書》卷六一〈宰相表〉，武三思於武后聖曆二年（699）爲內史（案：即中書令），內史爲正第三品，長安元年、二年（700～701）爲特進、太子少保，特進爲文散官，正第二品，太子少保爲職事官，從第二品〔註 19〕，其品秩之崇，遠爲預修《三教珠英》之其他學士所不及，故上述推論，或可成立。

總之，晁氏謂《珠英集》所選「武三思等」、「凡四十七人」，當是其所見如此，

〔註 18〕參見註 17。李適，案《唐會要》所舉有王適，然此王適似非李適之誤，王適《舊唐書》有傳，卷一九○〈劉憲傳〉云：「初則天時敕吏部糊名考選入判，以求才彥，憲與王適、司馬鍠、梁載言相次判入第二等。王適，幽州人，官至幽州司功。」則武后時確有王適其人。喬侃，案《唐會要》所舉有喬備，二人爲昆弟，《舊唐書》卷一九○有二人傳，倘《新唐志》所舉喬侃非《舊唐書》、《唐會要》所舉喬備之誤。則其昆弟二人，蓋皆預修《三教珠英》。

〔註 19〕參考《舊唐書》卷四二，〈職官志〉。

此四十七人中，名氏可知者，蓋即《唐會要》所舉二十六人，及胡皓、李適、喬侃、劉允濟、武三思等三十一人，其餘十六人名氏，今已不可考。

《珠英集》所選之詩人數為四十七人，名氏可考者蓋三十一人，具如上述。至於所選詩數，歷代書志俱未記載，晁氏《郡齋讀書志》於《珠英集》所敘差詳，亦不之及。唯《玉海》卷五四著錄此書云：

> 志：總集有《珠英學士集》五卷，崔融集學士李嶠、張說等四十七人詩總二百七十六首。

據此，則《珠英集》所選詩共二七六首。今殘卷存五十三首，約僅全數之五分之一。

據晁氏著錄，知《珠英集》崔融嘗親為之序，唯此序今已不存，故此書之編撰體例，不能詳考。茲據殘卷及晁氏著錄之語，分四點言之：

（一）其編撰以人為主，每人選若干首不等，附於其後。就今存資料觀之，唐人編選詩歌選集，其編撰方式，大致不外以人敘，詩歌附於其後；及以類分，按詩歌題旨以類相從兩種。此集之編撰方式採前者，今存十種唐人選唐詩，除《搜玉小集》外，皆採此種編撰方式。

（二）詩人先後之次，大致「以官班為次」〔註20〕。殘卷斯二七一七「太子文學扶風馬吉甫」前，有「珠英集第五」一行，則「太子文學扶風馬吉甫」蓋第五卷之第一人，而其前之「通事舍人吳興沈佺期」、「前通事舍（人）李適」、「左補闕清河崔湜」、「右補闕彭城劉知幾」、「石臺殿中侍御史內供奉琅琊王無競」諸人，蓋即列於《珠英集》第四卷。案《舊唐書·職官志》，「太子文學」為正六品下階，「通事舍人」為從第六品上階，「殿中侍御史」、「左、右補闕」俱為從第七品上階，今正六品下之「太子文學扶風馬吉甫」列於卷五，而從第七品上之「殿中侍御史」王無競，「左、右補闕」崔湜、劉知幾列於卷四，可知其「以官班為次」，蓋大略如此，非有嚴格之分界也。依此，伯三七七一殘卷之「蒲州安邑縣令宋國喬備」、「太子文學河南元希聲」、「司禮寺博士清河房元陽」、「洛陽縣尉弘農楊齊哲」、「恭陵丞安定胡皓」諸人，「太子文學」正六品下，「司禮寺博士」從七品上〔註21〕，「洛陽縣尉」從八品下〔註22〕，與前述諸人品秩相差無幾，則伯三七七一殘卷所載諸人，蓋亦四、五卷之屬。

〔註20〕見晁公武《郡齋讀書志》卷二十，「《珠英學士集》五卷」條。

〔註21〕《舊唐書》卷四二，〈職官志〉云：「光宅元年九月，改尚書省為文昌臺，……太常為司禮」，是司禮寺即太常寺。又案卷四四〈職官志〉，太常寺博士四人，從第七品上階。

〔註22〕《舊唐書》卷四四，〈職官志〉云：「長安、萬年、河南、洛陽、太原、晉陽六縣謂之京縣。」又案卷四二，京縣尉，從第八品下階。

（三）每詩人名氏上冠以其人官銜里籍〔註23〕，下附以入選詩數，如「蒲州安邑縣令宋國喬備四首」、「太子文學河南元希聲二首」等等。此種體例，稍後亦爲芮挺章《國秀集》所襲用，唯《國秀集》不記詩人里籍，異於《珠英集》之例，如「天官侍郎李嶠四首」、「考功員外郎宋之問六首」等。此種體例，與某些詩歌選集、總集於詩作外又附詩人小傳，有同樣之意義，今存十種唐人選唐詩中，僅姚合《極玄集》於選詩外，兼附詩人小傳〔註24〕。總集者，如清所編之《全唐詩》，除輯錄詩人之詩外，亦皆附詩人小傳，唯於生平不可詳考之詩人，則多僅載其人官銜，皆所以存詩存人也。

（四）所選詩，於詩題下多註明四言、五言、七言、雜言等詩體之類別。如元希聲之「贈皇甫侍御赴都一首四言」、同人之「宜盧十四南園得園韻一首五言」、胡皓之「答徐四蕭關別醉後見投一首七言」、沈佺期之「古意一首雜言」。

第四節　命名涵意、編選目的及其選詩標準

依前引書志等之記載，可知《珠英集》之命名，以所集諸人，皆嘗預修《三教珠英》之故，故謂之《珠英學士集》。

此集之編選目的，因融序已佚，亦不能詳知。竊疑當不出兩者：（一）選集預修《三教珠英》諸學士之詩作，以紀此一代盛事，（二）融所處之時代，爲講究聲病對偶，以使近體詩漸臻於成熟之時期〔註25〕，而此集之編選，正所以示人作詩之範例。

融於編選《珠英集》外，又嘗著有討論詩歌聲病對偶體性之《唐朝新定詩體》一卷。唯此書自《新唐志》以下，歷代書志皆未著錄，似中土久佚。而日僧空海《文鏡秘府論》（以下省稱《文鏡》）地卷論「十體」，有《崔氏新定詩體》一目，東卷「論對」又稱此書爲《崔氏唐朝新定詩格》，質以《日本國見在書目》，此書實題稱《唐朝新定詩體》一卷。以《文鏡》所引崔氏此書之語，核以中土流傳《吟窗雜錄》卷之六「李嶠評詩格」所載十體九對，文字大略相同，實即同一書也〔註26〕。崔氏既著有此等討論詩學對偶聲病體性之書，則其《珠英集》之編選標準，或與此書所述

〔註23〕僅斯二七一七卷「前通事舍（人）李適」未載里籍，案以其他諸人之例，原本當有李適里籍。

〔註24〕然《國秀集》所載詩人官銜、《極玄集》所附詩人小傳，是否爲芮、姚原本所載，仍有疑問，詳見本論文第四章《國秀集》考、第八章《極玄集》考）。

〔註25〕崔融稍前之上官儀有《筆札華梁》、元兢有《詩髓腦》，而融自己亦有《唐朝新定詩體》之作，可見當時對詩文聲病對偶研討之熱烈。詳可參《初唐詩學著述考》。

〔註26〕參考《初唐詩學著述考》，頁86。

詩學理論有密切之關係，王夢鷗嘗云：

> 蓋元兢編《古今詩人秀句》，而有《詩髓腦》之作，猶之崔融選編《珠
> 英學士詩集》而有此書（案：即「唐朝新定詩體」）。二者皆所以發明作詩工巧，
> 而昭示其選詩準則也。……有關詩體之著作，無異於示人以作詩之訣竅；
> 而選集之完成，則又予學詩者以範例〔註27〕。

今案融此二書，孰爲先作，孰爲晚成，雖不易斷定，然誠如王師所云「有關詩體之
著作，無異示人以作詩之訣竅；而選集之完成，則又予學詩者以範例」。縱觀今存唐
人選唐詩中，編選者除詩選外，又有論詩之作，今並可見者，唯崔融一家〔註28〕。
以下即依王夢鷗《初唐詩學著述考》之〈李嶠評詩格與崔融新定詩體輯校〉、〈崔融
聲病說拾遺〉二節，參以《文鏡》，先略述融之詩論，再就《珠英集》殘卷論述其選
詩標準。

（一）**詩有九對**。一曰切對，二曰切側對，三曰字對，四曰字側對，五曰聲對，
六曰雙聲對，七曰雙聲側對，八曰疊韻對，九曰疊韻側對。案《文鏡》東卷「二十
九種對」唯於「切側對」、「雙聲側對」、「疊韻側對」下，註明「出崔氏唐朝新定詩
格」。蓋空海「二十九種對」乃混合上官儀、元兢、崔融諸人之說「棄其同者，撰其
異者」〔註29〕，於崔融同於前人之六種對則不列爲崔融創例。唯見於「李嶠評詩格」
中，崔融之論對，實共有九種對例。

（1）切對。即《文鏡》「二十九種對」之第一種「的名對」。《文鏡》釋云：「的
名對者，正對也。凡作文章，正正相對，上句安天，下句安地，上句安
山，下句安谷，……如此之類，名爲的名對。」

（2）切側對。《文鏡》列於第二十六，釋云：「切側對者，謂精異粗同是。詩
曰：『浮鍾宵響徹，飛鏡曉光斜』，『浮鍾』是鍾；『飛鏡』是月，謂理別
文同是。蓋「精異粗同」，謂粗看似皆指「物」之對，但精思之，一爲實
物：一爲借喻之物，二者不同，故以「精異粗同」爲切側對之定義。

（3）字對。《文鏡》列於第十五，引「或曰」云：「字對者，謂義別字對是。」
又引「或曰」云：「字對者，若桂楫、荷戈，『荷』是負之義，以其字草
名，故與『桂』爲對；不用義對，但取字爲對也。」即字面對即可，不

〔註27〕同上，頁87。

〔註28〕大曆末高仲武編選《中興閒氣集》，集中評孟雲卿小序云：「余感孟君好古，著格律
異門論及譜三篇，以攝其體統焉。」今「格律異門論及譜三篇」俱已不存。文宗時
姚合編選《極玄集》，據《新唐志》合又有《詩例》一卷，今《詩例》一卷亦不存。

〔註29〕見《文鏡秘府論》，東卷「論對」，頁95，河洛圖書出版社印行。

拘其義也。

（4）字側對。《文鏡》名爲「側對」，列於第十七，且註云：「崔名字側對」，引「或曰」釋云：「字側對者，謂字義俱別，形體半同是。……又曰『玉雞清五路，瑞雉映三秦』，『玉雞』與『瑞雉』是。」、「雞」與「雉」，形體半同，然「玉雞」乃神鳥，「瑞雉」指雉堞，故曰「字義俱別」。

（5）聲對。《文鏡》列於第十六，引「或曰」釋云：「聲對者，謂字義俱別，聲作對是。詩曰『形骸初驚路，白簡未含霜』，『路』是路途，聲即與『露』同，故將以對『霜』。」、「路」聲同「露」，故以「霜」對之也。

（6）雙聲對。《文鏡》列於第八，釋云：「又曰：『洲渚遞縈映，樹石相因依』，或曰：奇琴、精酒、妍月、好花，……如此之類，名雙聲對。」所引詩「縈映」雙聲，「因依」雙聲，以雙聲對雙聲也。

（7）雙聲側對。《文鏡》列於第二十七，釋云：「雙聲側對者，謂字義別，雙聲來對是。詩曰『花明金谷樹，葉映首山薇。』『金谷』與『首山』字義別，同雙聲側對。」、「金谷」、「首山」，「金」不對「首」，但以「金谷」、「首山」雙聲作對。

（8）叠韻對。《文鏡》列於第九，釋云：「又曰：『鬱律構丹巘，稜層起青嶂』（原註：『鬱律』『稜層』是）。」、「鬱律」叠韻，「稜層」叠韻，以叠韻對叠韻。

（9）叠韻側對。《文鏡》列於第二十八，釋云：「叠韻側對者，謂字義別，聲名叠韻對是。詩曰『平生披黼帳，窈窕步化庭』，『平生』、『窈窕』是。」叠韻而涵義相類者作對，是爲「叠韻對」；叠韻而涵義不同者作對，爲「叠韻側對」。所引詩「平生」雙聲，「窈窕」雙聲，然二者字義不相類，故爲叠韻側對。

（二）詩有十體。一曰形似，二曰質氣，三曰情理，四曰直置，五曰雕藻，六曰映帶，七曰飛動，八曰婉轉，九曰清切，十曰菁華。《文鏡》置於地卷論「十體」，原註云：「崔氏新定詩體開十種體，具例如後。」詩文之論體性，劉勰《文心雕龍‧體性篇》，首分八體，至唐崔融則分爲十體，其後王昌齡有「十七勢」、皎然有「辨體十九字」，至可空圖分爲二十四品，可謂洋洋大觀矣。

（1）形似體。《文鏡》云：「形似體者，謂貌其形而得其似，可以妙求，難以粗測者是。詩曰『風花無定影，露竹有餘清。』又云『映浦樹疑浮，入雲峰似滅。』」謂以詩語圖寫景物之狀貌，以得其形似之體也。

（2）質氣體。《文鏡》云：「質氣體者，謂有質骨而作志氣者是。詩云『霧烽

黯無色，霜旗凍不翻，雪覆白登道，冰塞黃河源。』」

（3）情理體。《文鏡》云：「情理體者，謂抒情以入理者是，詩云『游禽暮知返，行人獨未歸。』又云『四鄰不相識，自然成掩扉。』」謂詩情之興，本有因果關係，倘併其因果而抒寫之，是爲情理體。

（4）直置體。《文鏡》云：「直置體者，謂直書其事，置之於句者是。詩云『馬銜苜蓿葉，劍瑩鸊鵜膏。』又曰『隱隱山分地，滄滄海接天。』」謂直書其事也，與婉轉體相對。

（5）雕藻體。《文鏡》云：「雕藻體者，謂以凡事理而雕藻之，成於妍麗，如絲彩之錯綜，金鐵之砥鍊是。詩曰『岸綠開河柳，池紅照海榴。』又曰『華志怯馳年，韶顏慘驚節。』」謂雕琢藻飾，以得妍麗，如絲彩之錯綜，金鐵之砥鍊也。

（6）映帶體。《文鏡》云：「映帶體者，謂以事意相愜，複而用之者是。詩曰『露花疑濯錦，泉月似沈珠』（原註：此意花似錦，月似珠，自昔通觀矣。然蜀有濯錦川，漢有明珠浦，故特以為映帶。）又曰『侵雲蹀征騎，帶月倚雕弓』（原註：雲騎與月弓是複用，此映帶之類。）又曰『舒桃臨遠騎，垂柳映連營。』」據原註之解釋，蓋映帶者，謂詞義雙關，如「舒桃臨遠騎，垂柳映連營」，上句映帶「桃花騎」，下句映帶「細柳營」，是謂事意相愜者，複而用之也。

（7）飛動體。《文鏡》云：「飛動體者，謂詞若飛騰而動是。詩曰『流波將月去，湖水帶星來。』又云『月光隨浪動，山影逐波流。』」謂詞若飛騰而具動感者也。

（8）婉轉體。《文鏡》云：「婉轉體者，謂屈曲其詞，婉轉成句是。詩曰『歌前日照梁，舞處塵生襪。』又曰『泛色松煙舉，凝花菊露滋。』」此與「直置體」相對，不直書其事，而婉轉其詞者也。

（9）清切體。《文鏡》云：「清切體者，謂詞清而切者是。詩曰『寒葭凝露色，落葉動秋聲。』又曰『猿聲出峽斷，月彩落江寒。』」謂詞清而切者也。

（10）菁華體。《文鏡》云：「菁華體者，謂得其精而忘其粗者是。詩曰『青田未矯翰，丹穴欲乘鳳。』鶴生青田，鳳出丹穴；今只言青田，只（案：似當作即）可知鶴，只言丹穴，即可知鳳，此即是文典之菁華。又曰『曲沼疏秋蓋，長林卷夏帷。』又曰『積翠徹深潭，舒丹明淺瀨。』」謂取文典之菁華，得其菁而遺其粗也。

（三）**詩有六病。**一曰相類，二曰不調，三曰叢木，四曰形迹，五曰相濫，六

曰翻語。此六種見《文鏡》西卷「文二十八種病」，其中有引「崔氏」者，當亦融《唐朝新定詩體》之文。

（1）相類。《文鏡》引崔氏曰：「『從風似飛絮，照日類繁英，拂岩如寫鏡，封林若耀瓊。』此四句相次，一體不異，『似』、『類』、『如』、『若』是其病。」《文鏡》列此病於第十二「繁說病」，釋云：「謂一文再論，繁詞寡義，或名相類，或名疣贅。」案《文鏡》謂此病在「一文再論，繁詞寡義」，而崔氏「相類」病在行文描述，「一體不異」，二者略有差別。

（2）不調。《文鏡》引崔氏云：「崔氏是名不調。不調者，謂五字內除第一字、第五字，於三字用上去入聲相次者，平聲非病限，此是巨病，古今才子多不曉。如『晨風驚疊樹，曉月落危峰。』（原註：『月』次『落』，同入聲）如『霧生極野碧，日下遠山紅。』（原註：『下』次『遠』，同上聲）如『定惑關門吏，終悲塞上翁。』（原註：『塞』次『上』，同去聲）」《文鏡》列此於第十三「齟齬病」。

（3）叢木病。《文鏡》引崔氏云：「崔名叢木病，即引詩云『庭梢桂林樹，簷度蒼梧雲，棹唱喧難辨，樵歌近易聞。』『桂』、『梧』、『棹』、『樵』俱是木，即是病也。」《文鏡》列此於第十四「叢聚病」，釋云：「如上句有『雲』，下句有『霞』，抑是常，其次句復有『風』，下句復有『月』。『雲』、『霞』、『風』、『月』俱是氣象，相次叢聚，是爲病也。」案上之釋，崔所謂「叢木」，猶劉勰所忌之「聯邊」〔註30〕，其義與「叢聚病」未必全同，《文鏡》蓋僅連類而及之耳。

（4）形迹病。《文鏡》引崔曰：「『佳山』、『佳城』非爲形迹墳塋，不可用。又如『侵天』、『干天』，是謂天與樹木等，犯者爲形迹，他皆效此。」《文鏡》列此於第十六「形迹病」，釋云：「形迹病者，於其義相形嫌疑而成。」

（5）相濫。《文鏡》引崔氏云：「相濫者，謂『形體』、『途道』、『溝淖』、『淖泥』、『巷陌』、『樹木』、『枝條』、『山河』、『水石』、『冠帽』、『襦衣』如此之等，名曰相濫。上句用『山』，下句用『河』，上句有『形』，下句安『體』，上句有『木』，下句安『條』，如此參差，乃爲善焉，若兩字一處，自是犯焉。」《文鏡》列此於第二十二「相濫」，釋云：「謂一首詩中再度用事，一對之內反覆重論，文繁意叠，故名相濫。」前舉已有「繁說病」，

〔註30〕劉勰《文心雕龍》，〈鍊字篇〉云：「是以綴字屬篇，必須揀擇，一避詭異，二省聯邊，……聯邊者，半字同文也。」見王利器《文心雕龍校證》，卷八，頁240，明文書局印行。

崔融名爲「相類」，則此「相濫」，當指同義字之堆叠也。

（6）翻語病。《文鏡》引崔氏云：「『伐鼓』反語『腐骨』，是其病。」《文鏡》列此於第十八「翻語病」，釋云：「翻語病者，正言是佳詞，反語則深累是也。如鮑明遠詩云『雞鳴關吏起，伐鼓早通晨』，『伐鼓』正言是佳詞，反語則不祥，是其病也。」案此病即《文心雕龍》謂時人「反音取瑕」〔註31〕之例。

崔融詩論，見於《文鏡》引述者，除上舉「詩有九對」、「詩有十體」、「詩有六病」外，天卷「調四聲譜」亦有引崔氏論「傍紐」之說，云：

崔氏曰：傍紐者

風小　月膾　奇今　精酉

表豐　外厥　琴羈　酒盈

紐聲雙聲者：

土烟

天隔

右已前四字，縱讀爲反語，橫讀是雙聲，錯讀爲叠韻。何者？土烟、天隔是反語，天土、烟隔是雙聲，天烟、土隔是叠韻，乃一天字而得雙聲叠韻，略舉一隅而示，餘皆效此。

案上舉融論「旁紐」，其實乃仿前人之說，《文鏡》西卷「文二十八種病」第七「傍紐」，引劉氏曰：「傍紐者，即雙聲也，……沈氏所謂風表、月外、奇琴、精酒是也。」可見崔融論「傍紐」乃襲沈約之說。雖然，由此可見融亦有論「調聲」之文，唯所餘僅此，無法窺其全論。

綜上所述，融詩論涉及「調聲」、「詩病」、「屬對」、「體性」諸方面，各方面大多分類繁瑣，以今《珠英集》殘卷核之，雖未必條條皆可尋得合適之例，甚至有不合其例者，如沈佺期〈辛丑歲十月上幸長安時雲卿從在西岳作一首〉之「傍見巨掌存」，「見巨」二字去聲，王無競〈駕幸長安奉使先往檢察〉之「再信過瀍池」、「耆老感盛儀」，「信過瀍」三去聲，「老感」二上聲，俱犯十病中「不調」之病。然今存崔融詩論，及其所編選《珠英集》俱爲殘餘之什，僅足參考其大概，固未足以論其究竟也。

最後，再就《珠英集》殘卷，略歸納其所選之情形：

〔註31〕《文心雕龍》〈指瑕篇〉云：「近代辭人，率多猜忌，至乃比語求蚩，反音取瑕，雖不屑於古，而有擇於今焉。」見《文心雕龍校證》，頁255。

　　（一）就所選詩人之時代言。所選俱為武后時，預修《三教珠英》之學士，其非預修此書之詩人，自不在入選之列。唯此與修《三教珠英》之人，大多為仕宦之臣，故其所選詩人層面較窄，少平民隱士之流，大曆末高仲武編選《中興閒氣集》，序中嘗對此表示不滿，評云「《珠英》但紀朝士」。然其實《珠英集》所選似亦非全為朝士，《劉夢得文集》卷二十二〈薦處士嚴毖〉云：

　　　　每覽《珠（案：似當作珠）英》卷後，列學士姓名，有常州人符鳳（案：
　　《玉海》卷五四引作蔣鳳，《唐會要》亦作蔣鳳，當是），白衣在選，取其藝業，不
　　棄遠人。

案蔣鳳名在王溥《唐會要》所舉預修《三教珠英》二十六人之中，劉禹錫謂其「白衣在選」，則其人當非仕宦之臣，依此，《珠英集》所選，亦非盡朝士也。

　　（二）就所選詩作之體裁言。《珠英集》所選詩作之體裁，涵攝極廣，不拘一體，有四言古詩，如元希聲〈贈皇甫侍御赴都〉；騷體古詩，如房元陽〈秋夜彈碁鼓琴歌〉；五言古詩，如胡皓〈春悲行〉；七言古詩，如沈佺期〈駕幸香山寺應制〉；七三雜言詩，如沈佺期〈古意（《全唐詩》題作〈鳳簫曲〉）〉；五言律詩，如馬吉甫〈秋夜懷友〉；七言律詩，如沈佺期〈古意（《全唐詩》題作〈古意呈補闕喬知之〉）〉；五言絕句，如胡皓〈滁州（逢）故人〉，七言絕句，如胡皓〈答徐四蕭關別醉後見投〉，其中以五言古詩佔最大多數，共三十七首，其次為五律七首，七絕二首，最少者為四古、騷古、七古、雜古、五絕、七律各僅一首〔註32〕。

　　（三）集中所選，以五古為最多，共三十七首，唯此中頗有完全合律之句，如胡皓〈春悲行〉，首四句云：

　　　　夜鵲南飛倦，鳴雞屢送晨，忽聞芳歲道，今日故園春。

單就平仄而言，除第四句「今」字當為仄聲外，皆合律句平仄之要求。又如不知名氏之〈帝京篇〉，首二句云：

　　　　神皋唯帝里，壯麗擬仙居。

其平仄，乃五律平起首句不押韻之標準格式。

　　（四）就詩人入選詩作之篇數言。五十三首中，除不知名〈帝京篇〉外，沈佺期入選最多，共十首，其次為崔湜九首，胡皓、王無競各七首，喬備四首，李適、劉知幾、馬吉甫各三首，元希聲、房元陽、楊齊哲各二首。

　　（五）就所選詩作之題旨言。除馬吉甫殘缺之「同獨孤九秋閨」外，五十二首中，婦女類最多，共十首，其次為遊覽、詠懷類各七首，別離類六首，客旅類

〔註32〕參見本論文末附表二「今存十種唐人選唐詩入選詩作體裁表」。

五首，贈答、宴會類各四首，征戍類三首，懷古、節序類各二首，時事、詠物類各一首〔註 33〕。

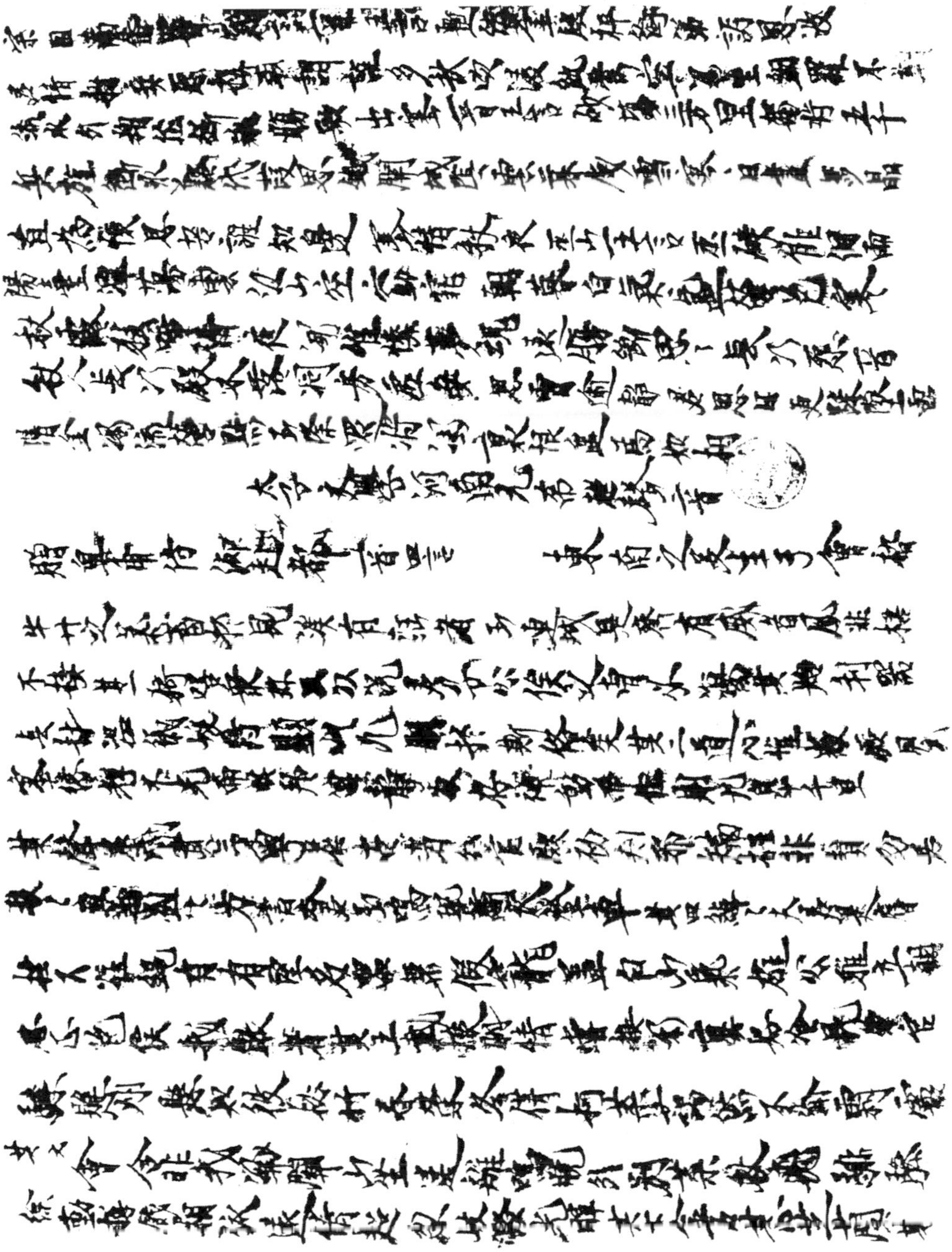

書影一：珠英學士集敦煌殘卷（伯三七七一）

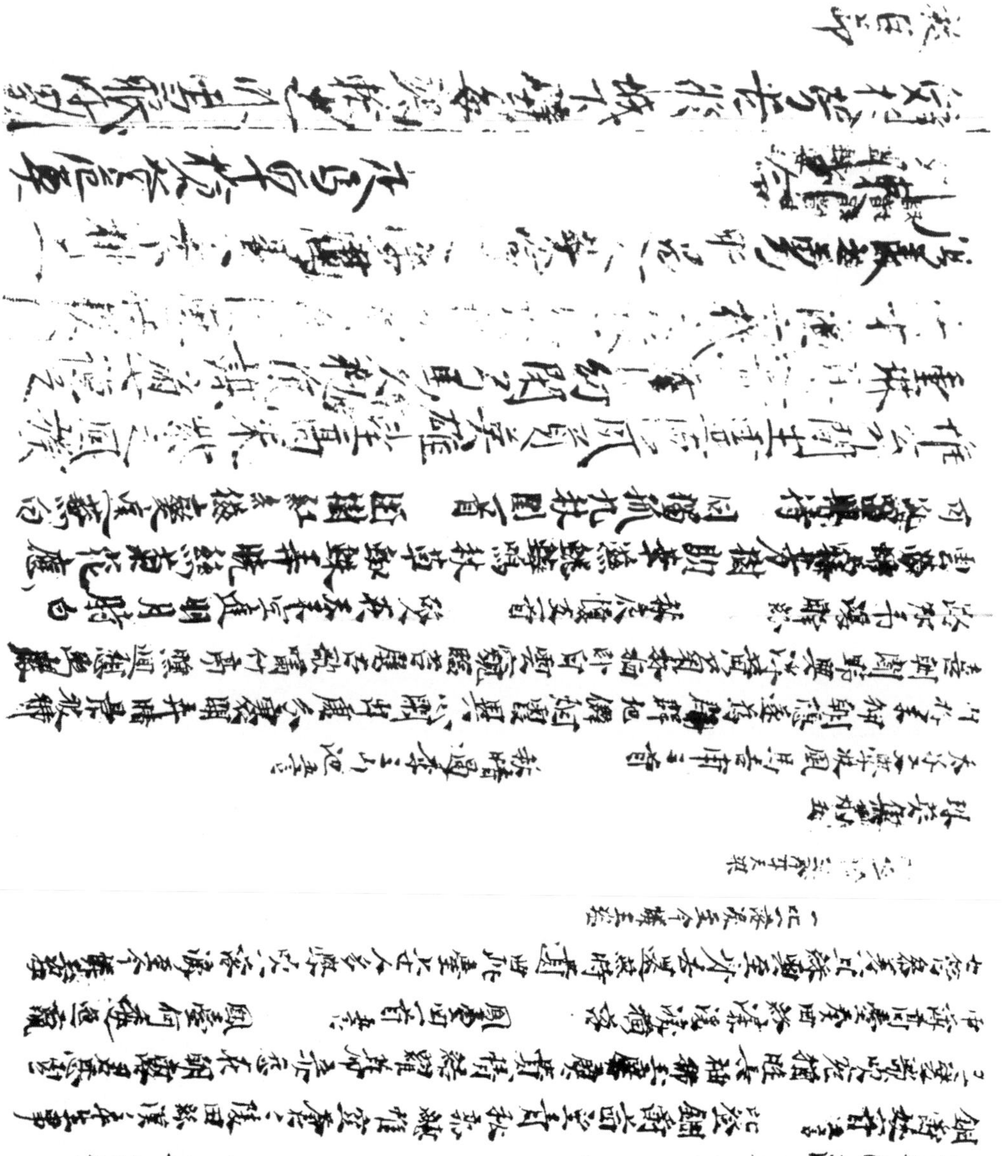

書影二：珠英學士集敦煌殘卷（斯二七一七）

第三章 《河嶽英靈集》考

第一節 編選者、編選之年代及其版本

今存唐人編選唐詩，約有半數之編選者其生平事蹟已不可考，甚至有連姓名亦不詳者。《河嶽英靈集》（下省稱《英靈集》）之編選者爲殷璠〔註1〕。其生平事蹟，今已難於詳考。此集書首有題曰：「唐丹陽進士殷璠」，故《四庫全書總目提要》云：「璠，丹陽人，序首題曰進士」〔註2〕。然除此之外，則云：「其始末則未詳也」。余嘉錫《四庫提要辨證》考其生平云：「璠之始末，誠不可考，然其時代及生平，則有可推者」，余氏據《國秀集》後北宋曾彥和之跋及《英靈集》本集，推定《英靈集》撰於天寶十一載（752），又據《新唐書‧藝文志》謂璠另有《丹陽集》一書〔註3〕。則璠生平可知者，唯唐丹陽人，進士，嘗編選《英靈集》與《丹陽集》，《英靈集》則編選於天寶末。

唯《英靈集》書序首題曰「唐丹陽進士殷璠」，而《全唐文》卷三六錄〈英靈集序〉，其小傳則云：「璠，丹陽人，處士。」然則璠爲進士乎？處士乎？似爲一待解決之問題。宋代書志如晁公武《郡齋讀書志》、陳振孫《直齋書錄解題》，皆著錄《英靈集》，而俱稱殷璠爲唐進士，蓋依本集序首之題。至稱殷璠爲處士者，宋有盧

〔註1〕《河嶽英靈集》撰者爲殷璠，因宋太祖趙匡胤之父名弘殷，宋人避諱，故改殷爲商，或稱商璠。

〔註2〕見《四庫全書總目提要》，卷一八六，〈集部‧總集類〉一「河嶽英靈集三卷」條，頁1053，漢京文化事業有限公司印行。

〔註3〕見余嘉錫《四庫提要辨證》，卷二四，集部五「河嶽英靈集三卷」條，頁1552，藝文印書館印行。余氏推定《英靈集》撰於天寶十一載，辨證雖詳，然頗乖事實，蓋殷璠自序云其選詩斷限爲「終癸巳」，即天寶十二載，則其編成年代益當在後，詳下文。

憲纂修之《嘉定鎮江縣志》，元有俞希魯纂之《至順鎮江志》〔註4〕，或因璠生平不可考，遂徑以處士稱之。近人岑仲勉亦以《全唐文》之記載爲誤，以爲殷璠確爲進士〔註5〕。今案序首璠自題「丹陽進士」，似較爲可信，故此處仍依前代書志及岑氏之說。唯此唐代所謂進士，非同後代之所謂進士，清顧炎武《日知錄》卷十六「進士」條云：

> 進士即舉人中之一科，其試於禮部者，人人皆可謂進士（原註：唐人未登第者稱進士，已及第稱前進士，試畢放榜，其合格者賜進士及第）。

徐松《登科記考‧凡例》亦云：

> 舉進士而未第者曰進士、曰舉進士，得第者曰進士第、曰前進士。

故凡參加進士科考試者，皆得謂之進士。今檢徐氏《登科記考》無殷璠登第之記載，不知是文獻闕逸，或終璠一生皆未中第。復次，唐末詩人吳融有〈過丹陽〉詩一首，尤足以證明璠決非處士，詩云：

> 雲陽縣郭半郊坰，風雨蕭條萬古情，山帶梁朝陵路斷，水連劉尹宅基平，桂枝自折思前代（原註：李考功於此知貢舉），藻鑑難逢恥後生（原註：殷文學於此集《英靈》），遺事滿懷兼滿目，不堪孤棹艤荒城〔註6〕。

案吳融於詩中自註稱璠爲殷文學，則殷璠應曾任「文學」之官。唯唐代「文學」亦有數種，王府官屬、東宮官屬、外官皆有文學〔註7〕，其所爲恐是外官之「文學」，因王府文學，從六品上，太子文學正六品下，品秩皆不低，唯外官文學，《新唐書‧百官志》云：

> 文學一人，從八品上。掌以五經授諸生。縣則州補，州則授於吏部，然無職事，衣冠恥之。

外官之「文學」，從八品上，然無職事，衣冠多恥之，或即以此故，故璠《英靈集》書首不題銜「文學」，而題「進士」。又考璠自序云：「爰因退蹟，得遂宿心」，由此語可知其決非處士，若璠原爲處士，有何退蹟可言？由此亦可知《英靈集》編成於璠退蹟以後。

前述殷璠另有《丹陽集》，亦爲一詩歌選集，據《新唐書》卷六十〈藝文志〉

〔註4〕盧憲《嘉定鎮江縣志》，卷十七：「殷璠，丹陽人，處士，有詩名。」俞希魯《至順鎮江志》卷十九全襲上文。
〔註5〕見岑仲勉〈續勞格讀全唐文札記〉，頁343，《中央研究院歷史語言研究所集刊》第九本。
〔註6〕見《全唐詩》，卷六八四，宏業書局出版。
〔註7〕見《新唐書》，卷四十九〈百官志〉。

別集類包融詩下原註云：

> 融與儲光羲皆延陵人。曲阿有餘杭尉丁仙芝、緱氏主簿蔡隱丘、監察
> 御史蔡希周、渭南尉蔡希寂、處士張彥雄、張潮、校書郎張暈、吏部常選
> 周瑀、長州尉談戡。句容有忠王府倉曹參軍殷遙、硤石主簿樊光、橫陽主
> 簿沈如筠。江寧有右拾遺孫處玄、處士徐延壽。丹徒有江都主簿馬挺、武
> 進尉申堂構。十八人皆有詩名，殷璠彙次其詩為《丹陽集》者。

曲阿、句容、江寧、丹徒俱屬唐江南道潤州丹陽郡〔註8〕，故知璠此集乃選其同郡
人士十八人詩而成。稍後大曆末高仲武編選《中興閒氣集》，序嘗評云：「《丹陽》止
錄吳人」〔註9〕，即謂此也。此集《新唐志》著錄作一卷，今已亡佚〔註10〕。自《新
唐志》以下，歷代書志著錄此書俱稱《丹陽集》，然《英靈集》於儲光羲詩選之前小
序云：

> 儲公詩格高調逸，趣遠情深，削盡常言，挾風雅之迹，浩然之氣，
> 〈述華清宮詩〉云：「山開鴻濛色，天轉招搖星」，又遊〈茅山詩〉云：「小
> 門入松柏，天路涵盧空」，此例數百句已略見《荊揚集》，不復廣引，璠
> 嘗覩公《正論》十五卷、《九經外義疏》二十卷，言博理當，實可謂經國
> 之大才。

璠於此提到《荊揚集》，此集不見兩唐志著錄，竊疑《荊揚集》或即《新唐志》之《丹
陽集》〔註11〕，依胡震亨《唐音癸籤》所載，《丹陽集》編選於「開元中」，故殷璠

〔註8〕 參考《舊唐書》，卷四十〈地理志〉。

〔註9〕 見李昉等編《文苑英華》，卷七一二，高仲武〈大唐中興閒氣集序〉。

〔註10〕 明胡震亨《唐音癸籤》，卷三十著錄《丹陽集》云：「開元中，丹陽進士殷璠彙次潤州
包融、儲光羲、……申堂構十八人詩，前各有評，一卷。」卷三十一「唐詩紀事」
下原註云：「……僧隱丘琪樹詩之為《丹陽集》中蔡隱丘詩，誤去蔡字作僧……。」
又明吳琯《唐詩紀》嘗引錄殷璠評包融、蔡希周、蔡希寂、儲光羲、丁仙芝、張潮、
周瑀、談戡、沈如筠、余延壽、張暈、殷遙等十二人之簡短評語，蓋即出於《丹陽
集》者，然則此集明時似仍有殘本流傳。其次，《丹陽集》後代頗有誤以丹陽葛立方
《韻語陽秋》當之者，如清孫濤《全唐詩話續編》卷下云：「殷璠《丹陽集》云：『武
元衡詩不多，集中有酬嚴司空荊南見寄詩兩篇，……。』」卷上云：「盧綸，《丹陽集》
云：『盧綸與吉中孚……。』」卷上云：「賈島，《丹陽集》云：『賈島攜新文謁韓愈……。』」
案其所引，實皆葛立方《韻語陽秋》，非璠《丹陽集》也。

〔註11〕 日學者中澤希男以為此《荊揚集》，蓋即藤原佐世《日本國見在書目》，《英靈集》之次
之《荊陽挺秀集》二卷。然（一）《日本國見在書目》所載，未必同一作者之著作，
皆同列一處，如璠《丹陽集》即未與《英靈集》相次；（二）《荊陽挺秀》編撰者
為何人？所錄如何？俱不詳，其說未必是也。其說見〈河嶽英靈集考〉，載《前橋群
馬大學紀要》第一卷。

此處云「此例數百句已略見《荆揚集》」。然則殷璠於編選《英靈集》之前，已先編有《丹陽集》，而具編選詩集之實際經驗矣。

　　總前所論，璠之生平可略述如下：璠，唐丹陽人，嘗舉進士，後任文學之官，嘗集包融等同郡十八人詩爲《丹陽集》，退蹟之後，又集常建等人詩爲《河嶽英靈集》。

《英靈集》之編選年代，殷璠自序中未嘗明言，唯云：

　　　　自蕭氏以還，尤增矯飾。武德初，微波尚在。貞觀末標格漸高，景雲
　　中頗通遠調。開元十五年後，聲律風骨始備矣。寔由主上惡華好朴，去僞
　　從眞，使海内詞場，翕然尊古，南風周雅，稱闡今日。璠不揆，竊嘗好事，
　　願刪略群才，贊聖朝之美，爰因退蹟，得遂宿心。粵若王維、昌齡、儲光
　　羲等二十四人，皆河嶽英靈也，此集便以河嶽英靈爲號。詩二百三十四首，
　　分爲上下卷，起甲寅，終癸巳，綸次于敍，品藻各冠篇額，……。（四部
　　叢刊明覆宋本）

案序末曰「起甲寅，終癸巳」，爲璠自云其選詩之上下限，然《全唐文》錄此序則云：「起甲寅，終乙酉」。考《文苑英華》卷七一二亦收錄此序，內容與《全唐文》同，蓋《全唐文》錄自《文苑英華》也。又日僧空海之《文鏡秘府論》南卷亦收此序，作「起甲寅、終癸巳」。觀諸本上限皆云「起甲寅」，唯下限則或云「癸巳」，或云「乙酉」，並不一致。此牽涉《英靈集》編選年代之推定，關係甚鉅。芮挺章《國秀集》末，北宋人曾彥和之跋有云：「殷璠所撰《河嶽英靈集》，作於天寶十一載」，余嘉錫《四庫提要辨證》據此，再以本集證之，以爲作於天寶十一載，近是。而岑仲勉《唐集質疑》亦以爲：（一）序文於開元下第稱主上，則知非玄宗後撰作；（二）璠所輯《丹陽集》，稱渭南尉蔡希寂，武進尉申堂構，參諸《姓纂》，二人均非終於此官，故知《英靈集》撰於天寶年間。惟究是天寶四載（乙酉，七四五），抑天寶十二載（癸巳，七五三），岑氏仍未敢遽定〔註 12〕。考《英靈集》之撰於天寶年間，除前引序文之外，尚有下列諸證。據《文鏡秘府論》及《文苑英華》所錄殷璠自序，前尚有「梁昭明太子撰文選」云云一段，今傳叢刊明本及崇禎元年（1628）虞山毛氏汲古閣《唐人選唐詩》八種本，俱佚此一段，中云：

　　　　且大同至於天寶，把筆者近千人，除勢要及賄賂，中間灼然可尚者，
　　五分無二。

所論僅止於天寶。又《新唐書》卷二〇一〈文藝列傳〉云：

〔註 12〕見岑仲勉《唐集質疑》，「河嶽英靈集」條，載《中央研究院歷史語言研究所集刊》
　　　　第九本，頁 82。

唐有天下三百年，文章無慮三變。高祖太宗，大難始夷，沿江左餘風，締句繪章，揣合低卬，故王楊爲之伯。玄宗好經術，群臣稍厭雕瑑，索理致，崇雅黜浮，氣益雄渾，則燕許擅其宗。

後面贊文又云：

唐興，詩人承陳隋風流，浮靡相矜。至宋之問、沈佺期等，研揣聲音，浮切不差，而號律詩，競相襲沿，逮開元間，稍裁以雅正。

杜確（代宗時人）〈岑嘉州集序〉亦云：

聖唐受命，斷雕爲樸，開元之際，王綱復舉，淺薄之風，茲焉漸革，其時作者凡十數輩，頗能以雅參麗，以古雜今，彬彬然，粲粲然，近建安之遺範矣〔註13〕。

凡此，皆以玄宗開元時，爲唐代詩風轉變之關鍵。與殷璠序中所云「開元十五年後，聲律風骨始備矣。實由主上惡華好朴，去僞從眞，使海內詞場，翕然遵古，南風周雅，稱闡今日」完全相符，可見《英靈集》成於玄宗天寶年間，當可確定。至於其選詩之下限，究爲「乙酉」或「癸巳」，除《文鏡秘府論》所錄，時代較早，較爲可信外，亦可就璠本集求之，考《英靈集》選李白詩十三首，其中〈憶舊遊寄譙郡元參軍〉、〈夢遊天姥山別東魯諸公〉二詩，近人詹鍈《李白詩文繫年》，繫之於天寶五載（746）〔註14〕。選高適詩十三首，中有〈封丘作〉一首，據劉開揚《高適詩集編年箋註》，適爲封丘尉在天寶八載（749）〔註15〕，則此詩之作亦當在天寶八載以後。據此，則《英靈集》選詩下限，應依《文鏡秘府論》、叢刊明本，作「癸巳」，即玄宗天寶十二載（752），《文苑英華》、《全唐文》作「乙酉」者，當屬錯誤。

序云：「起甲寅、終癸巳」爲其選詩之上下限，其下限當爲玄宗天寶十二載，已如上述。然上限之「甲寅」，應屬何時？考有唐前此之甲寅有二：一爲高宗永徽五年（645）；一爲玄宗開元二年714），若爲永徽之甲寅，則距天寶十二載恰爲百年，若爲開元之甲寅，則其間恰爲四十年，毛晉《常建集》跋云：

丹陽進士殷璠選《河嶽英靈集》，起甲寅，終癸巳，上下四十年。

是毛晉以上限爲開元之甲寅。再據聞一多《唐詩大系》所載詩人之生卒年考之，高宗永徽五年時，今存《英靈集》二十四詩人，尚無一人出生，即最早之崔國輔，生於則大垂拱三年（687），已較永徽之甲寅晚三十餘年，其他詩人更無論矣。益知毛晉跋中所云爲可據，故序中所謂「甲寅」，乃玄宗開元二年（714），可無疑義。

〔註13〕見《全唐文》，卷四五九。
〔註14〕見瞿蛻園等《李白集校注》，頁850、903，里仁書局出版。
〔註15〕見劉開揚《高適詩集編年箋注》「高適年譜」，頁16，漢京文化事業有限公司印行。

綜上所論，《英靈集》選詩之上下限，為玄宗開元二年（714）至玄宗天寶十二載（753）。其下限既為天寶十二載，則其編成年代，當稍後於此。細查《英靈集》中，並無天寶大亂之痕迹，且評王昌齡唯云「垂歷遐荒」（叢刊明本）、「淪落竄謫」（《唐詩紀事》引），蓋只知昌齡遠謫龍標，尚未知昌齡於安史亂時，棄官還鄉，為閭丘曉所殺害，可證其編成年代當在天寶十二載後，而安史之亂前，約當天寶十三載（754）〔註16〕。

如上述，竊以為《英靈集》之編成，約在天寶十三載（754）。唯日學者中澤希男以為此集當編於德宗建中（780）以後，其理據在於：（一）璠於序首提及《文選》，且其詩論及詩評形式頗受鍾嶸《詩品》影響，而此二書之例皆不錄存者，則《英靈集》亦當如此。中澤氏進一步考岑參之歿年為大曆四年（769），張謂歿年不詳，然大曆九年（774）可信仍存，以此推論《英靈集》當編於大曆以後。（二）《英靈集》評常建小序云：「今常建亦淪於一尉」，而王安石《唐百家詩選》，卷四「常建」條下有「大曆中為盱眙尉」云云，故中澤氏謂《英靈集》必非編於天寶中。（三）晚唐吳融嘗謂璠為文學之官，中澤氏亦推測璠所為文學之官，當是州郡之文學，而州郡之文學，據《新唐書‧百官志》原註云：「武德初，置經學博士、助教、學生。德宗即位，改博士曰文學。」換言之，璠為此文學，當在德宗以後〔註17〕。

案中澤氏之說，頗有商榷之餘地：

（一）璠受《文選》、《詩品》之影響，固為事實，然中澤氏亦知唐人編選唐詩，其例有並錄存者、不錄存者二種形式，雖璠有受《文選》、《詩品》之影響，然未必盡依《文選》、《詩品》之例。且就《英靈集》中小序及所選詩觀之，可確定其人已逝者，唯常建、劉眘虛、李頎、孟浩然數人而已〔註18〕，其他諸人或存或歿，仍未可定。又璠自序云：

> 開元十五年後，聲律風骨始備矣，實由主上惡華好朴，去偽從真，使
> 海內詞場，翕然尊古，南風周雅，稱闡今日。

集中小序云：

> 眘虛詩，情幽興遠，思苦語奇，……頃東南高唱者數人，然聲律宛態，

〔註16〕昌齡之卒，詳可參王師夢鷗〈唐詩人王昌齡生平及其詩論〉，載《中華文化復興月刊》，第十三卷七、八期。

〔註17〕見中澤希男〈河嶽英靈集考〉。

〔註18〕《英靈集》謂常建「曩劉楨死於文學，左思終於記室，鮑照卒於參軍，今常建亦淪於一尉，悲夫」；謂劉眘虛「惜其不永，天碎國寶」；謂李頎「惜其偉才，只到黃綬」；謂孟浩然「淪落明代，終於布衣，悲夫」皆可確定璠編《英靈集》時，此諸人已歿。

無出其右。（評劉脊虛）

歷代詞人，詩筆雙美者鮮矣，今陶生實謂兼之。（評陶翰）

　　昌齡（案：《唐詩紀事》引作「元嘉」，當是）以還，四百年內，曹劉陸謝，

風骨頓盡，頃有太原王昌齡、魯國儲光羲……。（評王昌齡）

就其「南風周雅，稱闡今日」、「頃」、「今」之語氣而觀，亦不似在德宗建中時代之
語氣。

　　（二）常建大曆中始爲盱眙尉一事，余嘉錫《四庫提要辨證》已辨其非，云：

　　　　建以開元十五年登第，至大曆中始授盱眙尉，前後相距已四十餘年，

雖仕途蹭蹬，亦不至於此。殷璠選《河嶽英靈集》，以建爲首，璠書作於

天寶十一載，已言常建淪於一尉，則其解褐授盱眙尉，當在開元天寶之間，

非大曆中也〔註19〕。

此雖誤以《英靈集》作於天寶十一載，然謂建開元十五年（727）已中進士，不至於
四十餘年後之大曆中始爲盱眙尉，則頗合情理。

　　（三）州郡文學之官，雖向稱經學博士，至德宗以後，始改稱爲文學，然吳融
爲晚唐人，其稱殷璠爲殷文學，是否是用其當時之名稱，值得考慮。其次，且設《英
靈集》編於德宗以後，而《英靈集》集論有「豫於詞場」云云，代宗諱「豫」，璠竟
不避德宗父諱乎？此亦值得注意。

　　（四）唐人編選唐詩，高仲武有《中興閒氣集》，此集可確定其成書在《英靈
集》之後，據筆者所考，此集約編成於代宗大曆十四年（779），《英靈集》之編成不
當晚於此年〔註20〕。

　　據上述，中澤氏謂《英靈集》編成於德宗建中以後，其說未必可從，茲仍依筆
者前考，暫定於天寶十三載。

　　《英靈集》之版本，今存宋刻有二，王文進《文祿堂訪書記》下云：

　　　　《河嶽英靈集》二卷，唐殷璠撰，宋陳氏書棚刻本，半葉十行，行十

八字，白口板心，上記字數，卷末題曰：泰興縣季振宜滄葦氏珍藏一行，

宋諱避至廓字，上卷計三十七葉（原註：補鈔十一葉），下卷計三十五葉（原

〔註19〕見余嘉錫《四庫提要辨證》，卷二十，集部一「常建詩三卷」條，頁1261，藝文印書
　　　館印行。

〔註20〕晚唐鄭谷〈讀前集〉詩云：「殷璠鑒裁英靈集，頗覺同才得旨深，何事後來高仲武，
　　　品題閒氣未公心。」可證《中興閒氣集》之編成當晚於《英靈集》。《中興閒氣集》
　　　筆者考證蓋編成於大曆十四年，而中澤希男以爲當在德宗貞元九年至貞元末約十年
　　　間，其說恐誤，詳見本論文第六章第一節。

註：補鈔末葉）。有毛晉、季振宜藏書、延令張氏三鳳堂、濟南田氏小山薑
珍藏印。

莫友芝《宋元舊本書經眼錄》附錄一云：

> 《河嶽英靈集》，篇中宋諱，避或不避，惟廓字寧宗嫌名，數見缺筆，
> 蓋寧宗時刻也，丙寅冬初，邵亭校讀一過。

此二宋刻，就上錄觀之，似爲同一版本，俱宋陳氏書棚刻本，案《北京圖書館善本
書目》卷八著錄：

> 《河嶽英靈集》二卷（原註：唐殷璠輯，宋刻本，季振宜題款……。）
> 《河嶽英靈集》二卷（原註：唐殷璠輯，宋刻本，莫友芝校……。）

則此二本，後並歸北京圖書館，至其內容若何，因未見原書，無法詳論。

元刊本，據楊守敬《日本訪書志》有一，其書卷十二云：

> 《河嶽英靈集》三卷（原註：元刊本）。首自序題《河嶽英靈集》，下題
> 丹陽進士殷璠序，後別有〈集論〉一篇，目錄前有目記云：竊見詩之流傳
> 於世多矣，若唐之《河嶽英靈》、《中興閒氣》則世所罕見焉，本堂今得此
> 本，編次既當，批摘又眞，詩中無價寶也（案叢刊明本作「批摘又精，眞詩中無
> 價寶也」），敬錄諸梓，與朋友共之，四遠詩壇，幸垂藻鑑，謹啓。蓋麻沙
> 坊本也，……至其序文之首，《文鏡秘府論》、《文苑英華》皆多一百零四
> 字，此本與毛本皆缺，……。

楊氏著錄此本，筆者亦未見，惟自其著錄之語觀之，當與叢刊明覆宋本同也〔註21〕。

明版有三：一爲四部叢刊明覆宋本蓋即明嘉靖刻本，二爲崇禎元年虞山毛氏汲
古閣刊《唐人選唐詩》八種本，三爲明刊白口九行本，蓋明萬曆刊本。此三本筆者
均見之，明刊白口九行本，其篇章次第與叢刊本全同，毛本之篇章次第亦與叢刊本
同，蓋三本皆同一系統。此三本俱作三卷，惟叢刊本、明刊白口九行本璠自序仍作
「分爲上下卷」，而毛本爲合三卷之數，強改序文作「分爲上中下卷」，其謬詳下節。
此外繆荃孫等輯黃丕烈《蕘圃藏書題識》卷十云：

> 右《河嶽英靈集》二卷，係汲古閣主人毛斧季手校本，渠所據云是舊
> 鈔本，集中改正處尚未審是否，即其分卷之妙，已爲可珍。

案此所謂舊鈔本，當亦爲宋舊帙，詳可參叢刊本末附孫毓修校文。復次，日本有文

〔註 21〕元方回亦嘗見《英靈集》，《瀛奎律髓》卷十，〈春日類〉，王灣〈次北固山下〉詩下
云：「天寶十一載殷璠編次《河嶽英靈集》，取灣詩八首，此爲第六，題曰〈江南
意〉，……。」所述與今本全同，惟不知其所見是何本。

政七年（1824）刊本、江戶寫本〔註22〕，筆者未見。以下論述，俱依叢刊明覆宋本。

第二節 篇卷、編選之數目及其體例

關於《英靈集》之卷數，及其所選詩人數、詩數，茲先抄錄重要書志著錄本書之情況於下，以便說明。最先著錄《英靈集》者，爲《新唐書・藝文志》丁部總集類，云：

> 殷璠《丹陽集》一卷，又《河嶽英靈集》二卷。

其後宋晁公武《郡齋讀書附志》卷五下云：

> 《河海（案：當作嶽）英靈集》二卷。右唐丹陽進士殷璠集常建、李白、王維、劉慎（案：當作昚，避孝宗諱改）盧、張渭（案：當作謂）、王季友、陶翰、李頎、高適、岑參、崔顥、薛據、蔡毋潛、孟浩然、崔國輔、儲光羲、王昌齡、賀蘭進明、崔曙、王灣、祖詠、盧象、李嶷、閻防二十四人之詩，璠謂諸人皆河海英靈也，故以名集，凡二百四十三（案：當作二百三十四）首云。

陳振孫《直齋書錄解題》卷十五云：

> 《河嶽英靈集》二卷，唐進士殷璠集常建等詩二百三十四首。

《宋史》卷二〇九〈藝文志〉總集類云：

> 殷璠《河嶽英靈集》二卷。

此外，宋王應麟《玉海》卷五十九。元馬端臨《文獻通考》卷二四八著錄此書俱作二卷。然亦有作一卷者，如《日本國見在書目》、《崇文總目》、《通志》。又有作三卷者，如《四庫全書總目提要》。有作五卷者，如《國史經籍志》。

依上所述，《英靈集》卷帙之多寡，於歷代著錄可謂頗爲紊亂。然如前引，較早之書志除《日本國見在書目》、《崇文總目》、《通志》外，皆作二卷，尤其璠自序云：「分爲上下卷」，則作五卷、三卷者，其謬可知矣。至乎作一卷者，難以斷言其故〔註23〕，尤其《日本國見在書目》，約撰成於其國寬平三年至九年間，相當於唐昭宗大順二年至乾寧四年（891～897）〔註24〕，時代不可謂不早，然亦作一卷，頗爲費解。

〔註22〕見古亭書屋影印《內閣文庫漢籍分類目錄》。

〔註23〕楊守敬《日本訪書志》卷十二，以爲「當是北宋已有佚脫，故《崇文總目》只一卷」，然而《日本國見在書目》亦作一卷，此則不得其解。

〔註24〕見長谷川惠吉〈日本書目解說〉。原文未見，此轉引自王師夢鷗《初唐詩學著述考》，頁29，臺灣商務印書館印行。

今傳本《英靈集》如叢刊明本、毛氏汲古閣本、明刊白口九行本皆爲三卷，《四庫提要》即據此三卷本著錄，而以《英靈集》原分三卷爲「隱喻鍾嶸三品之意」，然《蕘圃藏書題識》卷十則云：

> 《河嶽英靈集》二卷，毛斧季手校本，渠所據云是舊鈔本，集中改正處，尚未細審是否，即其分卷之妙，已爲可珍。案陳振孫《書錄解題》總集類有云：「《河嶽英靈集》二卷，唐進士殷璠集常建等詩二百三十四首」，則此分卷與解題合，近人撰集書目，僅據俗本分卷之三，而爲之説曰：推測其意，似以三卷分上中下三品，奚啻癡人説夢。

其所言即針對《四庫提要》而發，余嘉錫《辨證》亦力辨《提要》之謬，茲不贅言。

《英靈集》所選錄之詩人數及詩作數，璠自序云：

> 粵若王維、昌齡、儲光羲等二十四人，皆河嶽英靈也，此集便以河嶽英靈爲號，詩二百三十四首，分爲上下卷。

所云人數與詩數皆與《郡齋讀書志》、《直齋書錄解題》合，又毛晉《常建集·跋》云：

> 丹陽進士殷璠選《河嶽英靈集》，起甲寅、終癸巳，上下四十年，品藻二十四人，譔錄二百三十四詩。

然則宋以後所見，皆以《英靈集》選詩人二十四，詩二百三十四首爲言。而《全唐文》錄此序則云：

> 粵若王維、王昌齡等三十五人，皆河嶽英靈也，此集即以河嶽英靈爲稱，詩一百七十首，分爲上下卷。

如前述《全唐文》此序與《文苑英華》所錄者同，蓋錄自《文苑英華》者也。案《文苑英華》乃北宋太平興國七年（983）奉詔編，雍熙三年（986）奏上〔註25〕，其時代較前列書志皆早。又此序亦收錄於《文鏡秘府論》，《文鏡秘府論》乃日僧空海所著，空海於唐德宗貞元二十年（804）至中國，從長安青龍寺惠果大師受灌頂禮，法號遍照金剛，惠果卒於永貞元年（805），空海即於次年——元和元年返回日本，並帶回一批中土內外經典書籍，歸國後爲教日人撰作漢文，乃編《文鏡秘府論》一書。近世日本學者考證空海編撰此書之年代，約在大同四年至弘仁十年，即唐憲宗元和四年至十四年（809～819）。殷璠自序云其選詩之下限爲天寶十二載（752），則空海錄此文距殷璠編撰《英靈集》之時間，至多不過六、七十年，其所言當最爲可據，而《文鏡秘府論》南卷引璠序文云：

〔註25〕見《文苑英華》書首「纂修文苑英華事始」。

　　　粵若王維、昌齡、儲光羲等三十五人，皆河嶽英靈也，此集便以河嶽
　　　英靈為號，詩二百七十五首，為上下卷。

《文鏡秘府論》於清末始傳回中土，而《文苑英華》所錄乃原本流傳於中土者，二
者不可能相襲，而所錄俱云選詩人三十五，何其若合符契，一至於此？

　　由上述，可以斷定，即自璠編成《英靈集》後，至宋初《文苑英華》編纂時，
至少，由殷璠序可知，《英靈集》所選詩人為三十五人，而詩數當為二七五首，《文
苑英華》作一百七十首者，當二百七十之訛也〔註26〕。蓋自《英靈集》成書後，容
有遭後人改竄及散佚者，《四庫全書總目提要》云：

　　　張謂條下，稱其〈代北州老翁答〉、〈湖上對酒行〉，而集中但有〈湖
　　　上對酒行〉，無〈代北州老翁答〉，疑傳寫有所脫佚，其中字句，多與《國
　　　秀集》小異。又毛晉刊本，綦毋潛條下，註曰：「小序與時刻不同」，蓋校
　　　刊者互有點竄，已非盡舊本矣。

除《四庫提要》所云外，案宋計有功《唐詩紀事》，於今本《英靈集》二十四人之小
序，除李白、賀蘭進明二人外，多加以引錄，以計氏所引小序與叢刊明本所引相較，
二者文不盡同，如評王昌齡，叢刊明本作：

　　　……余常觀王公〈長平伏冤〉，又〈弔枳道賦〉，仁有餘也，奈何晚節
　　　不矜細行，謗議沸騰，垂歷遐荒，使知音者歎惜。

而《紀事》所引作：

　　　……余常觀昌齡〈齋心詩〉、〈弔軹道賦〉，謂其人孤潔恬澹，與物無
　　　傷，晚節謗議沸騰，言行相背，及淪落竄謫，竟未減才名，固知善毀者不
　　　能掩西施之美也。

又叢刊本有明顯脫佚者，如評王維云：

　　　維詩詞秀調雅，……一字一句，皆出常境，至如「落日山水好，漾舟
　　　信歸風。」又「澗芳襲人衣，山月映石壁」；「天寒遠山淨，日暮長河急」，
　　　「日暮沙漠陲，戰聲烟塵裏。」

《紀事》引作：

　　　維詩辭秀調雅，……一字一句，皆出常境，至如「落日山水好，漾舟
　　　信歸風」，又「澗芳襲人衣，山月映石壁」；又「天寒遠山靜，日暮長河急」，
　　　又「賤日豈殊眾，貴來方悟稀」；又「日暮沙漠陲，戰聲烟塵裏」，詎肯慙

〔註26〕《英靈集》編選成，至宋初《文苑英華》編纂時，集中詩篇容有散佚（詳下文），然
　　　晁公武、陳振孫所見仍存二三四首，則《文苑英華》編者所見，當不止於一七〇首，
　　　蓋二七〇之訛也。

於古人也。

《紀事》所引末多一句「詎肯愧於古人也」，如此上文「至如」所引諸詩句乃有一安頓處，可知叢刊明本「至如」末必有脫佚。不僅小序如此，集中所錄詩，亦有些問題，如集卷中選崔國輔詩十三首，末三首爲〈秦中感興寄遠上人〉、〈夜渡湘江〉、〈渡浙江問舟中人〉，案《英靈集》稍後芮挺章之《國秀集》，亦選錄〈渡浙江問舟中人〉，然芮氏明將此詩屬之孟浩然，而毛本《英靈集》，崔國輔〈秦中感興寄遠上人〉詩下，毛氏亦校註云：「一刻下三首孟浩然作，崔集亦不載。」是《英靈集》選崔國輔詩十三首，末三首是否原本如此，頗有可疑。由此看來，今傳本似非殷璠之舊，且不惟非殷璠之舊，即與晁、陳所見本，亦已大有不同。晁、陳所見本，存詩人二十四，與今本合，然詩數作「二百三十四首」，而今本僅存二百二十八首〔註27〕，較二三四首仍缺六首。總之，璠《英靈集》所選詩人數當依《文鏡》、《文苑英華》作三十五人，而詩數則當依《文鏡》爲二百七十五首。今本較原本少十一人，詩少四十七首。

《英靈集》之編撰體例，其選詩一如《珠英學士集》，以人爲主，每人選若干首不等。詩人先後之次，因今本較原本少十一人，恐與原本有相當之出入，頗難考其先後次例。即以孫毓修所校錄毛扆、何焯兩二卷本考之，毛扆本上卷以常建爲始李頎爲終，下卷以高適爲始閻防爲終；何焯本上卷以常建爲始岑參爲終，下卷以崔顥爲始而閻防爲終，蓋皆據殘存二十四人之《英靈集》，以意依序文分爲二卷也，故除首末常建、閻防相同外，頗不一致。其三卷之本，更無論矣。唯中澤希男以爲今本第十三人綦毋潛，至賀蘭進明止六人，除孟浩然未登第外，乃按詩人登第之年配列，而上卷以常建爲首，其次李白、王維，當是較接近原本之配列。又謂就璠自序觀之，璠似最推崇王維、王昌齡、儲光羲三人，唯王維小序過短，似不宜置於上卷壓卷地位，而常建之小序爲僅次於昌齡小序之長文，且璠於此序中對建懷抱高才，而淪於一尉，以慷慨激越之語調，寄以無限之同情，頗適宜置於壓卷之位置，考南宋初計有功所見《英靈集》，仍以常建爲卷首〔註28〕，可信上卷以常建爲壓卷，乃《英靈集》原本之形式。至於下卷之壓卷，中澤希男以爲是王昌齡，因如前述璠特別推崇王昌齡，且其小序最長，置於卷首極爲相稱。又璠自序云「開元十五年後，聲律風骨始備矣」，所以特別標舉「開元十五年」，蓋因常建和王昌齡俱於開元十五年登第，

〔註27〕叢刊明本據卷首目錄數之爲二二九首，然常建稱十五首者，實祇十四首，故僅爲二二八首。

〔註28〕計有功《唐詩紀事》卷三十一，「常建」條云：「丹陽殷璠撰《河嶽英靈集》，首列建詩，愛其『山光悅鳥性，潭影空人心。』」

故特別標出「開元十五年後，聲律風骨始備」〔註29〕。今案《英靈集》中選王昌齡詩最多，達十六首，其次即為常建，達十五首（案：今本卷內僅十四首），則中澤氏謂上卷蓋以常建壓卷，下卷以王昌齡壓卷，似頗有可能。至於集中詩人之前後次序，是否依登第之年配列，則存疑可也。

　　此外，《英靈集》於體例上，最值重視、最具價值之處，在於其除選詩人作品外，且在詩人作品之前，每位詩人下，立一小序，仿鍾嶸《詩品》之例，作簡要而中肯之批評〔註30〕。如此，《英靈集》可說是結合《詩選》與鍾嶸《詩品》二種體例。而小序中之品題，頗多採取摘句品評之形式，最多者，如王昌齡小序竟摘達二十餘聯。案摘句品評，為齊梁以來逐漸風行之批評方式〔註31〕，鍾嶸《詩品》亦略有援用，至唐初且出現如元兢《古今詩人秀句》二卷〔註32〕之專門著作。然則瑤《英靈集》實際上，乃綜合《詩選》、鍾嶸《詩品》、元兢《古今詩人秀句》三種體裁〔註33〕，誠為一創新而具理想體裁之詩歌選集。其小序敘述之例，如：

　　　　高才無貴士（《紀事》引作位），誠哉是言，曩劉楨死於文學，左思終於記室，鮑照卒於參軍，今常建亦淪於一尉，悲夫！建詩似初發通莊，卻尋野徑，百里之外，方歸大道，所以其旨遠，其興僻，佳句輒來，唯論意表。至如「松際露微月，清光猶為君」，又「山光悅鳥性，潭影空人心」，此例十數句，並可稱警策，然一篇盡善者，「戰餘落日黃，軍敗鼓聲恐，今與山鬼鄰，殘兵哭遼水。」屬思既苦，詞亦警絕。潘岳雖云能敘悲怨，未見如此章。（評常建）

　　　　白性嗜酒，志不拘檢，常林棲十數載，故其為文章，率皆縱逸，至如〈蜀道難〉等篇，可謂奇之又奇，然自騷人以還，鮮有此體調也。（評李白）

　　　　評事性拓落，不拘小節，恥預常科，隱迹博徒，才名自遠。然適詩多胸臆語，兼有氣骨，故朝野通賞其文，至如〈燕歌行〉等篇，甚有奇句，且余所最深愛者，「未知肝膽向誰是，令人卻憶平原君。」（評高適）

或述作者世次官宦，或論其德行行事，或總評其詩風，或摘拈其警句，或標其代表作，使人於詩人之性情、風格，及其警句名篇有一大致之了解。尤其重要者，為有

〔註29〕上引中澤希男之說，俱見其〈河嶽英靈集考〉。
〔註30〕《四庫全書總目提要》云：「姓名之下，各著品題，仿鍾嶸詩品之體」。
〔註31〕蕭子顯《南齊書》卷五十二「文學傳」論云：「張眎摘句褒貶。」似為後代摘句品評之始。
〔註32〕見《新唐書》卷六十，〈藝文志〉總集類。此書今佚，其序見錄於空海《文鏡秘府論》南卷。
〔註33〕參考中澤希男〈河嶽英靈集考〉。

此小序，使人更清楚其選詩標準之所在。此種選詩加小序之體例，後亦為高仲武《中興閒氣集》所模仿，故《唐音癸籤》謂《中興閒氣集》「仿《河嶽英靈》，人各冠之以評」〔註34〕。唐以後如金元好問《中州集》、清錢謙益《列朝詩集》、《吾炙集》、朱彝尊《明詩綜》、沈德潛《唐詩別裁》等，於選詩外多附詩人小傳兼評其人詩風，皆可謂此一體例之嫡系。

第三節　命名涵意、編選目的及其選詩標準

《英靈集》之命名涵意，據璠自序云：

> 粵若王維、昌齡、儲光羲等二十四人，皆河嶽英靈也，此集便以河嶽英靈為號。

案其所謂「河嶽英靈」，蓋即如《隋書》卷四十二〈李德林傳〉云：

> 德林美容儀，善談吐，……陳使江總目送之曰：此即河朔之英靈也。

又如《北史》卷七十〈柳遐傳〉云：

> 陳郡謝舉時為僕射，引遐與語，甚嘉之，顧謂人曰：江漢英靈見於此矣。

故璠之取名，蓋言所選皆河嶽具英華之氣之詩人也。

此集之編選目的，璠自序云：

> 梁昭明太子撰《文選》，後相效著述者十有餘家，咸自盡善。高聽之士，或未全許。且大同至于天寶，把筆者近千人，除勢要及賄賂，中間灼然可上者，五分無二，豈得逢詩輒纂，往往盈帙。蓋身後立節，當無詭隨，其應銓簡不精，玉石相混，致令眾口謗鑠，為知音所痛。（《文鏡秘府論》，南卷）

蓋頗不滿前此之選集，「逢詩輒纂」、「銓簡不精，玉石相混，致令眾口謗鑠，為知音所痛」。璠序又云：

> 然挈瓶庸受之流，責古人不辯宮商徵羽，詞句質素，恥相師範，於是攻異端、妄穿鑿，理則不足，言常有餘，都無興象，但貴輕艷，雖滿篋笥，將何用之。自蕭氏以還，尤增矯飾，武德初，微波尚在，……開元十五年後，聲律風骨始備矣。

自此觀之，璠之編撰《英靈集》，除不滿前此選集「逢時輒纂，往往盈帙」，「銓簡不精，玉石相混」之情況外，實還有標舉創作方向，指導創作原則之意義。案初唐詩

〔註34〕見明胡震亨《唐音癸籤》卷三十一，「中興閒氣集」條原註，頁267，世界書局印行。

人〔註35〕，沿襲齊梁詩風，彩麗競繁，興寄都絕，於是稍後之詩壇作家乃起而矯之，矯正之法，循兩端行之，或以理論結合創作，如陳子昂、李白等是；或以理論結合選詩，標舉創作軌範，如璠《英靈集》、元結《篋中集》等是。故就此點言之，璠編選《英靈集》，還有標舉創作方向，指導創作原則之意義。最後，就璠集中所選詩人觀之，中澤希男據集中王維〈送綦毋潛落第還鄉〉詩，始云「聖代無隱者，英靈盡來歸」，而結以「吾謀適不用，勿謂知音稀」，以為璠《英靈集》之題名與此有關。且璠本人為寒門不遇之士，而其集中所選，亦幾乎皆沈淪下僚之詩人，則璠此集之編選，頗有表彰才多興高而身處逆境之詩人，以寓己不遇之情者〔註36〕。案璠曾於評高適小序中云：「如〈燕歌行〉等篇，甚有奇句，且余所最深愛者，『未知肝膽向誰是，令人卻憶平原君。』」表示他最深愛高適〈邯鄲少年行〉中，慨歎不遇可輸肝膽之平原君之句，可見中澤氏之推測，亦頗近實。

探討《英靈集》之選詩標準，實即探討殷璠之詩論，而今欲知殷璠之詩論，亦唯此《英靈集》是賴。《英靈集》雖僅一詩歌選集，非論詩之專著，然璠選詩自有其一定之標準、尺度，就其去取加以研究，亦可見殷璠之詩論。尤其集中自序、集論，及詩人前之小序，最可作為探討璠詩論之線索。

璠論詩，注重詩歌形式技巧與思想內容之統一，即聲律修辭與風骨興象之兼備，其自序云：

> 夫文有神來、氣來、情來，有雅體、野體、鄙體、俗體。編紀者能審鑒諸體，委詳所來，方可定其優劣，論其取捨。至如曹、劉，詩多直語，少切對，或五字並側，或十字俱平，而逸價終存。然挈瓶庸（《文鏡》引作膚）受之流，責古人不辯宮商徵羽，詞句質素，恥相師範。於是攻異端、妄穿鑿，理則不足，言常有餘，都無興象，但貴輕艷，雖滿篋笥，將何用之？自蕭氏以還，尤增矯飾，武德初，微波尚在，貞觀末，標格漸高，景雲中，頗通遠調，開元十五年後，聲律風骨始備矣。

殷璠在此對南朝至盛唐之詩歌發展，作了概略論述。蓋至初唐仍沿南朝以還，雕琢詞藻，講求對偶聲病之詩風，此由流行一時，以「綺錯婉媚」為特色之上官體，及初唐人所為討論聲病對偶之詩學著作，如上官儀《筆札華梁》、元兢《詩髓腦》、崔

〔註35〕本文於唐詩之分期，採一般通說，即自高祖武德元年（618）至睿宗延和元年（712）為初唐期，玄宗開元元年（713）至肅宗寶應末年（762）為盛唐期，代宗廣德元年（763）至敬宗寶曆二年（826）為中唐期，文宗大和元年（827）至唐亡（906）為晚唐期。

〔註36〕見中澤希男〈河嶽英靈集考〉。

融《唐朝新定詩體》等可知。於此階段，初唐人繼續齊梁以來，詩文聲病對偶說之討論，以加強詩歌語言聲律之鍛煉諧調，促進新體詩型之成熟，然以偏重詩歌形式之美巧，忽略詩歌之思想內容，致初唐後期，詩壇掀起反對齊梁綺靡詩風之浪潮，如陳子昂、盧藏用輩，高舉漢魏風骨及興寄之旗幟，排擊齊梁詩風〔註37〕，頗動視聽。然卻不免矯枉過正，如中唐元稹即云：「又久之，得杜甫詩數百首，愛其浩蕩津涯，處處臻到，始病沈宋之不存興寄，而訝子昂之未暇旁備矣。」〔註38〕，蓋詩歌之風骨興寄固然重要，然其音調所形成之韵律效果，亦不容忽視。音律具統一變化之作用，使內在感情之律動，得以顯現，必諧調順暢，使聲情交融，乃臻絕境。故而至王昌齡、杜甫諸人，便又修正陳、盧之意見，主張聲律風骨——詩歌之形式技巧與思想內容，必須協調統一〔註39〕，殷璠序中所云「聲律風骨」兼備之詩觀，正此一時期之共同主張。固然此種主張已見於唐初史家如魏徵、令狐德棻等〔註40〕，然其時創作仍走齊梁詩風，直至玄宗之時，乃有實際之創作、行動與理論相配合，與唐初史家之空言，不可同日而語也。

殷璠對聲律之見解，於〈集論〉中有更進一步之說明，云：

昔伶倫造律，蓋為文章之本也。是以氣因律而生，節假律而明，才得律而清焉。豫於詞場，不可不知音律焉。如孔聖刪詩，非代議所及。自漢

〔註37〕陳子昂〈與東方左史虬修竹篇序〉云：「文章道弊五百年矣。漢魏風骨，晉宋莫傳，然而文獻有可徵者，僕嘗暇時觀齊梁間詩，彩麗競繁，而興寄都絕，每以永歎。思古人常恐逶迤頹靡，風雅不作，以耿耿也。」盧藏用〈左拾遺陳子昂文集序〉云：「宋齊之末，蓋顓頊矣。逶迤陵頹，流靡忘返，至徐庾，天之將喪斯文也。後進之士，若上官儀者，繼踵而生，於是風雅之道掃地盡矣。」

〔註38〕見《全唐文》卷六五三，元稹〈敘詩寄樂天書〉。此外，中唐詩僧皎然，雖不重音律，亦曰：「作者須知復變之道，反古曰復，不滯曰變，……如陳子昂復多而變少，沈宋復少而變多。」（《詩式》，卷五「復古通變體」條）。

〔註39〕昌齡詩論之基本觀念為格律調說，《文鏡秘府論》，南卷「論文意」引昌齡論文云：「凡作詩之體，意是格，聲是律，意高則格高，聲辨則律清，格律全，然後始有調。」杜甫詩觀，一方面親風雅重風骨，其〈戲為六絕句〉云：「別裁偽體親風雅，轉益多師是汝師」；另一方面，則兼取齊梁以來之雕琢綺麗與格律，其〈戲為六絕句〉云：「不薄今人愛古人，清詞麗句必為鄰」，〈遣悶戲呈路十九曹長〉又云：「晚節漸於詩律細」。

〔註40〕魏徵《隋書》〈文學傳序〉云：「江左宮商發越，貴於清綺；河朔詞義貞剛，重乎氣質。氣質則理勝其詞；清綺則文過其意，……若能掇彼清音，簡茲累句，各去所短，合其兩長，則文質彬彬，盡善盡美矣。」令狐德棻《周書》〈王褒庾信傳・論〉云：「文質因其宜，繁約適其變，權衡輕重，斟酌古今，和而能壯，麗而能奧，煥乎若五色之成章，紛猶八音之繁會。」二者皆提出「各去其短，合其兩長」「權衡輕重，斟酌古今」調合形式技巧與思想內容之主張。

魏至於晉宋，高唱者千餘人，然觀其樂府，猶時有小失。齊梁陳隋，下品實繁，專爭拘忌，彌損厥道。夫能文者，匪謂四聲盡要流美，八病咸須避之，縱不拈綴，未爲深缺。即「羅衣何飄飄，長裾隨風還」，雅調仍在，況其他句乎。故詞有剛柔，調有高下，但令詞與調合，首末相稱，中間不敗，便是知音，而沈生雖怪曹、王「曾無先覺」，隱侯去之更遠。（《文鏡秘府論》，南卷）

可見殷璠對詩歌聲律之見解，基本上與鍾嶸頗爲接近，璠以爲「夫能文者，匪謂四聲盡要流美，八病咸須避之，縱不拈綴，未爲深缺」，並引曹植〈美女篇〉十字九平之詩句，而稱之曰「雅調仍在」，序中璠亦嘗云：「至如曹劉，詩多直致，語少切對，或五字並側，或十字俱平」，而美之曰「逸價終存」。璠與鍾嶸相同，皆反對「專爭拘忌」之聲律，蓋過多之聲病束縛，將使詩人動輒得咎，馴至以不犯聲病爲能，一味堆砌辭藻，而忽略詩中主體之風骨興象，故璠批評沈缺乏風骨，較曹、王之不解音律「去之更遠」。殷、鍾二人一致主張較爲自然之音律，如鍾嶸云：「但令清濁通流，口吻調利，斯爲足矣」〔註41〕，璠亦云：「詞有剛柔，調有高下，但令詞與調合，首末相稱，中間不敗，便是知音」。然而殷璠亦有不同於鍾嶸者，即璠承認聲律說有一定程度之價值，蓋聲律說於詩歌演進已取得之地位與價值，有不容殷璠如鍾嶸之否定者，故璠云：「是以氣因律而生，節假律而明，才得律而清焉，豫於詞場，不可不知音律焉」，且批評漢魏至晉宋之樂府「猶時有小失」。此外就集中對詩人之評論，亦可見其不忽視聲律之傾向，如：

頃東南高唱者十數人，然聲律宛態，無出其右，雖氣骨不逮諸公，自永明以還，可傑立江表。（評劉眘虛）

國輔詩婉孌清楚，深宜諷味。（評崔國輔）

由劉眘虛之評語可知，璠之選劉眘虛，即因眘虛詩歌之「聲律宛態，無出其右」，雖其氣骨弱於他人，然於聲律上則「自永明以來，可傑立江表」。復由崔國輔之評語，亦可看出，乃就國輔詩之音律而發出之讚美。

就詩歌形式技巧而言，除音律外，璠亦注意詩人之苦思造語，蓋因此使詩歌表現不同尋常之風格，如：

屬思既苦，詞亦警絕。（評常建）

參詩語奇體峻，意亦造奇。（評岑參）

詠詩剪刻省靜（《紀事》引作淨），用思尤苦。（評祖詠）

〔註41〕鍾嶸《詩品》序，見陳延傑《詩品注》，頁9，臺灣開明書店印行。

謂〈代北州老翁答〉及〈湖中對酒行〉，在物情之外，眾人未曾說耳，亦何必歷遐遠、探古迹，然後始爲冥搜。（評劉眘虛）

季友詩愛奇務險，遠出常情之外。（評王季友）

凡此重視苦思冥搜、造語奇險，與稍後之皎然觀點頗爲一致，《文鏡秘府論》南卷論文意引皎然詩議云：

或曰：詩不要苦思，苦思則喪天眞。此甚不然，固須繹慮於險中，採奇於象外，狀飛動之句，寫冥奧之思，夫希世之珠，必出驪龍之頷，況通幽含變之文哉？但貴章成以後，有其易貌，若不思而得也。〔註42〕

可見皎然亦贊成苦思奇句，唯其所謂「但貴章成以後，有其易貌，若不思而得也」，似較璠更上一層。璠此重苦思造語之意，雖未在序中明白表示，然如上所引，在對詩人之評語中，則頗常見。尤其此種苦思冥搜、造語奇險之作詩態度，乃中唐後流行之風尚，然則璠此論實爲唐詩風氣轉變之重要參考。

至於詩歌之思想內容方面，璠注重風骨與興象，尤其在評論詩人時，益加明顯。其強調風骨者，如：

既多興象，復備風骨。（評陶翰）

適詩多胸臆語，兼具氣骨。（評高適）

晚節忽變常體，風骨凜然。（評崔顥）

據爲人骨鯁，兼有氣魄，其文亦爾。（評薛據）

元嘉以還，四百年內，曹、劉、陸、謝，風骨頓盡，今昌齡克嗣厥迹。（評王昌齡）

挾風雅之迹，得浩然之氣。（評儲光羲）

借使若人加氣質，減彫飾，則高視三百年之外。（評綦毋潛，《紀事》引）

此處所謂「風骨」、「氣骨」、「骨鯁」、「氣魄」、「浩然之氣」、「氣質」，即鍾嶸《詩品》所謂「建安風力」、陳子昂所強調之「漢魏風骨」，亦即思想感情表現健康明朗，與語言剛勁有力，所形成之爽朗剛健之藝術感染力。陳子昂稱美東方虯之詩篇「骨氣端翔，音情頓挫，光英朗練，有金石聲」〔註43〕，即風骨之具體闡釋。就此點而言，璠實繼承鍾、陳之意見，而與之相呼應。

復就「興象」而言，璠除重視鍾、陳力倡之風骨外，又主張「興象」。璠於自

〔註42〕今傳皎然《詩式》卷一亦有類似意見：「又云：不要苦思，苦思則喪自然之質，此亦不然。夫不入虎穴，焉得虎子，取境之時，須至難至險，始見奇句，成篇之後，觀其氣貌，有似等閒，不思而得，此高手也。」

〔註43〕見陳子昂〈與東方左史虯修竹篇序〉。

序中，已提出「興象」一詞，此外，見於具體詩評中者，如：

> 既多興象，復備風骨。（評陶翰）
>
> 浩然詩……，無論興象，兼復故實。（評孟浩然）
>
> 建詩似初發通莊，卻尋野徑，百里之外，方歸大道，所以其旨遠，其興僻，
>
> 佳句輒來，唯論意表。（評常建）

所謂興象者，興即「興趣」，象即「物象」，謂情感與物象合而爲一，而產生之韵味深長、體會無窮之情趣意境。璠此種興象說，對後代司空圖《詩品》之重「近而不浮」、「遠而不盡」〔註44〕之神韵說一派，有一定之影響，如明胡應麟便云：

> 作詩大要，不過二端，體格聲調，興象風神而已。體格聲調，有則可
>
> 循；興象風神，無方可執，……譬則鏡花水月，體格聲調，水與鏡也；興
>
> 象風神，月與花也，必水澄鏡朗，然後花月宛然。

胡氏乃欲從有則可尋者，進至無方可執，故其說由格調折入神韵〔註45〕，在神韵上，胡氏便使用「興象」一詞。近人錢鍾書且以爲璠自序中所謂「文有神來、氣來、情來」之「神來」，即指詩之神韵，其言曰：

> ……，故無神韵，非好詩，而祇有神韵，恐併不能成詩，此殷璠〈河
>
> 嶽英靈集序〉論文，所以神來、氣來、情來三者並舉也〔註46〕。

璠此處「神」字，是否即指神韵，因璠留存論詩資料過少，在此不敢妄下斷語，然璠詩論，對後代神韵派有一定之影響，似可斷言。

依上所論，可知璠論詩之重點，在於形式技巧──聲律修辭，與內容──風骨興象之統一，其選《英靈集》，即根據如此之標準、尺度，〈集論〉云：

> 璠今所集，頗異諸家，既閑新聲，復曉古體，文質半取，風騷兩挾；
>
> 言氣骨則建安爲儔，論宮商則太康不逮，將來秀士，無致深憾（《文鏡》
>
> 引作惑）。

「既閑新聲」便是兼取齊梁以來，講究聲律修辭之正面價值，「復曉古體」即強調漢魏詩歌風骨興寄之重要。璠此種聲律、風骨並重之選詩標準，稍後還影響大曆末之另一詩歌選集──高仲武之《中興閒氣集》，〈中興閒氣集序〉云：

> 今之所收，殆革前弊，但使體狀風雅，理致清新，觀者易心，聽者竦

〔註44〕司空圖〈與李生論詩書〉云：「近而不浮，遠而不盡，然後可以言韻外之致耳。」「近而不浮」謂詩人設景立象，近在眉睫而不流於浮淺；「遠而不盡」謂意境深遠而不盡於句中，必如此而後可言「韻外之致」。

〔註45〕參考郭紹虞《中國文學批評史》，下卷，頁218，盤庚出版社印行。

〔註46〕見錢鍾書《談藝錄》，「論神韻」條，頁48，野狐出版社印行。

耳，則朝野通取，格律兼收。

高氏所云「格律兼收」，即璠所謂「既閑新聲，復曉古體；文質半取，風騷兩挾」之意。

以上所論，皆據璠自序、〈集論〉及詩人小序，茲再就其所選詩人及詩作觀之：

（一）以所選詩人時代言。 璠自序其選詩之上下限爲「起甲寅，終癸巳」，即自玄宗開元二年（714）至天寶十二載（753），四十年間，所選詩人皆盛唐時期之詩人。

（二）就詩人入選詩作之篇數言。 二十四人中，王昌齡入選最多，達十六首，其次爲王維十五首，其次爲常建（案：書首目錄作十五首）、李頎各十四首，李白、高適、崔國輔各十三首（崔國輔末三首，疑當歸孟浩然），儲光羲十二首，劉眘虛、陶翰、崔顥各十一首，薛據十首，王灣八首，岑參、賀蘭進明、盧象各七首，張謂、王季友、綦毋潛、孟浩然、崔曙、祖詠各六首，李嶷、閻防各五首。

（三）就所選詩作之體裁言。 二二八首中，五古最多，共一三二首，其次爲五律二十八首，再次爲雜言古詩二十五首，七言古詩十九首，七言絕句十四首，五言絕句六首，七言律詩四首，全集古體詩約占十分之七以上。

（四）就所選詩作之題旨言。 二二九首中〔註47〕，贈答類最多，達三十七首，其次爲詠懷類三十五首，其次爲遊覽類三十一首，客旅、別離類各十九首，懷古、婦女類各十六首，豪俠類十首，尋訪、歌舞類各六首，仙釋、征戍、悼亡、田家、詠物類各五首，時事類三首，節序、宴會、圖畫類各二首，以贈答、詠懷、遊覽、客旅、別離諸類佔多數。

第四節　《英靈集》與鍾嶸《詩品》、高仲武《中興閒氣集》之關係

《英靈集》與鍾嶸《詩品》之關聯，前文已隨文略有論述，此處特再標出，蓋欲就中國詩學源流探究二者承先啓後之關係。《英靈集》之體例，除精選詩人之作品外，對所選詩人尚有一簡要而中肯之評述。就前者言，似受《昭明文選》之影響，

〔註47〕此部分參考日學者小川昭一〈關於唐人選唐詩〉第一表，載《斯文》二十八期。毛本、叢刊明本俱實存二二八首，小川氏此處作二二九首，不知何故，此依其所分故仍之作二二九首。

璠曾於序中提及《昭明文選》，蓋以《文選》中亦有詩選。至於後者，璠雖未明言，然其模仿鍾嶸《詩品》，似可斷言，唯璠並未如《詩品》般指陳詩人之源流及分等品第〔註48〕。璠自序云：

> 且大同至於天寶，把筆者近千人，除勢要及賄賂，中間灼然可尚者，五分無二，豈得逢詩輒纂，往往盈帙，蓋身後立節，當無詭隨，其應銓簡不精，玉石相混，致令眾口謗鑠，爲知音所痛。（《文鏡秘府論》南卷）

其中「逢詩輒纂，往往盈帙」云云，竊疑即針對鍾嶸《詩品》序所云「至于謝客集詩，逢詩輒取，張隲文士，逢文即書，諸英志錄，並義在文，曾無品第」一段而發。此外，再就品評詩人之語觀之，《英靈集》評常建云：

> 建詩似初發通莊，卻尋野徑，百里之外，方歸大道，……。

非特此種印象式之批評與《詩品》相似，即批評之字句，亦有頗爲相類之處，如《英靈集》評綦毋潛云：

> 拾遺詩舉體清秀，蕭蕭跨俗，……借使若人加氣質，減彫飾，則高視三百年之外也。（《紀事》引）

《詩品》評劉楨云：

> 真骨凌霜，高風跨俗，但氣過其文，彫潤恨少。

雖二詩人詩風一者彫飾過多，一者彫潤恨少，而評者用以評述之語氣，卻相當類似。又如《英靈集》評盧象云：

> 象詩雅而平，素有大體，得國士之風。

與《詩品》評任昉：

> ……晚節愛好既篤，文亦遒變，善銓事理，拓體淵雅，得國士之風。

也相當類似。復次，《英靈集》摘句批評之方式，如評孟浩然云：

> 浩然詩，文採丰茸，經緯綿密，半遵雅調，全削凡體，至於「眾山遙對酒，孤嶼共題詩」，無論興象，復兼故實，又……。

而《詩品》評陶潛云：

> 其原出於應璩，又協左思風力，文體省淨，殆無長語，……至如「歡言酌春酒，日暮天無雲」，風華清靡，豈直爲田家語耶，古今隱逸詩人之宗也。

二者摘句敘述之方式，可謂如出一轍。然上述不過就字句敘述之類似而言。再就彼此觀點而言，除前文述及彼此同主張較爲自然之音律外，《英靈集》評王昌齡時云：

〔註48〕參考劉大杰、李慶甲、王運熙《中國文學批評史》上冊，頁245。

元嘉以還，四百年內，曹、劉、陸、謝，風骨頓盡，……。

此處「曹劉陸謝」合爲一談，便透露出一些消息。蓋此四人所代表者，既非相同之時代，亦非相同之詩風，曹劉代表漢魏，詩風近古，自陸機以下，則漸入輕綺，至謝靈運，益尚修辭，王夢鷗嘗云：

> 陸謝是引發齊梁詩體的關鍵人物，而殷璠引之以爲同調，這顯然已逾越陳子昂專意漢魏的觀點，倘以這點意見，看作初唐至於盛唐之間的趣味轉變，就約略可知盛唐人對於陳子昂之復古詩論，已經有了修正，他們崇尚漢魏，且及於晉宋〔註49〕。

所言頗是，唯殷璠以「曹劉陸謝」相提並論，亦受詩品之影響啓發有關。蓋此四人鍾嶸《詩品》皆列爲上品，且《詩品》序云：

> 昔曹劉殆文章之聖，陸謝爲體貳之才，銳精研思，……。

可見鍾嶸已將此四人平等看待，共同論列，然則璠之將四人相提並論，而不以爲異，實是受鍾嶸《詩品》之影響。《四庫提要》謂《英靈集》「姓名之下，各著品題，仿鍾嶸《詩品》之體」，所言雖極是，然於兩者之關係，則似仍未達一間也。

《英靈集》編撰後，至大曆末，另有一詩歌選集，即高仲武之《中興閒氣集》，此集所選以大曆詩人爲主，其與《英靈集》之關係，耐人尋味，高氏自序云：

> 詩人之作，本諸詩心，心有所感而形於言，言合典謨，則列於風雅。暨乎梁昭明載述已往，撰集者數家，推其風流，《正聲》最備，其餘著錄，或未至焉，何者？《英華》失於浮游，《玉臺》陷於淫靡，《珠英》但紀朝士，《丹陽》止錄吳人，此繇曲學專門，何暇兼包眾善，使夫大雅君子，所以對卷而長歎也。

高氏於此將從前之一些詩歌選集，作了批評，雖高氏云「推其風流，正聲最備」，似最推崇孫季良之《正聲集》，然《正聲集》所選皆初唐之詩〔註50〕，與《英靈集》專選盛唐者不同。高氏對璠另一詩歌選集——《丹陽集》，亦作了批評，唯獨對《英靈集》，一言不發，若非高氏未見此集，則似高氏亦頗贊同璠此一選集。且璠選詩下限爲天寶十二載（753），而高氏《閒氣集》選詩之上限爲「起自至德元首」〔註51〕，

〔註49〕見王師夢鷗〈唐詩人王昌齡生平及其詩論（上）〉。
〔註50〕《新唐書》卷六十，〈藝文志〉云：「孫季良，《正聲集》三卷。」又《玉海》卷五十九云：「唐正聲詩集，舊史：孫季良，開元中爲集賢院直學士，撰《正聲集》三卷」。《唐新語》云：「孫翌撰《正聲集》，以希夷詩爲集中之最」（《唐詩紀事》卷十三「劉希夷」條引），《唐音癸籤》卷三十一著錄《正聲集》，歸於「選初唐」詩之類，今佚。
〔註51〕見高仲武〈中興閒氣集序〉。

即肅宗至德元年（756），其間差距僅隔三年。又《閒氣集》之體例，亦於每一詩人下，先敘其人生平仕歷，並品藻其詩作風格。此外，二集選詩標準亦大致相同，故不能不引人懷疑，高氏《閒氣集》乃有意續《英靈集》而作。所以如此者，主要關鍵，在璠《英靈集》把握到盛唐詩歌之特色與優點，即一方面吸收了南朝以至初唐講究聲律修辭之合理因素，另一方面，則又克服前此「都無興象，但貴輕豔」和「專事拘忌」之弊病，致詩歌的思想內容與形式技巧，理論與創作皆獲得成功之融合。

第五節 《英靈集》之評價

今存唐人編選唐詩中，《英靈集》爲最受後人注目之詩歌選集，自唐至清皆占有十分崇高之地位。曾爲《詩品》作者司空圖稱譽「當爲一代風騷主也」〔註52〕之晚唐詩人鄭谷，於其〈讀前集〉詩二首之一云：

> 殷璠鑒裁《英靈集》，頗覺同才得旨深，何事後來高仲武，品題閒氣未公心〔註53〕。

此以爲高仲武所編選之《中興閒氣集》，品鑒不夠公允，不如璠所編選之《英靈集》。五代之孫光憲，且將璠《英靈集》與劉勰《文心雕龍》並列，其〈白蓮集序〉云：

> 風雅之道，孔聖之刪備矣；美刺之說，卜商之序明矣。降自屈宋，逮乎齊梁，窮詩源流，權衡辭義，曲盡商榷，則成格言，其惟劉氏之《文心》乎！後之品評，不復過此，有唐御宇，詩律尤精，列姓字，掇英秀，不啻十數家，惟丹陽殷璠，優劣升黜，咸當其分，性之深於詩者，謂其不誣，……〔註54〕。

以爲屈宋以下，逮乎齊梁，能「窮詩源流，權衡辭義，曲盡商榷，則成格言者」惟劉勰《文心雕龍》，而有唐一代，則唯丹陽殷璠「優劣升黜，咸當其分」。至宋，魏慶之《詩人玉屑》卷十一論王安石《唐百家詩選》云：

> 荊公《百家詩選》，蓋本於唐人《英靈》、《閒氣》集〔註55〕。

謂王安石《唐百家詩選》，蓋本於唐《英靈集》、《中興閒氣集》。復次，計有功《唐詩紀事》，亦多引「商璠曰」云云，實即引璠《英靈集》評詩人之小序也。且《唐詩

〔註52〕見辛文房《唐才子傳》卷，「鄭谷」條，頁160，世界書局印行。

〔註53〕見計有功《唐詩紀事》卷七十，「鄭谷」條，頁1042，木鐸出版社出版。

〔註54〕見齊己《白蓮集》，四部叢刊本。

〔註55〕嚴羽《滄浪詩話》〈考證〉亦云：「王荊公《百家詩選》，蓋本於唐人《英靈》、《閒氣集》。」

紀事》於《英靈集》所取詩下每註曰「殷璠取爲《河嶽英靈集》」，則其見重於宋，可知矣。元辛文房撰《唐才子傳》，論及詩人風格，亦多援用璠之評語，如卷二評李頎云：

> 工詩，發調既清，修辭亦秀，雜歌咸善，玄理最長，多爲放浪之語，
> 足可震蕩心神，惜其偉才，只到黃綬，故其論家，往往高於眾作。

即全襲《英靈集》評李頎之小序，其他《英靈集》內詩人，辛氏多加引用。明高棅《唐詩品彙》，胡震亨《唐音癸籤》亦復如此。清王漁洋編撰《十種唐詩選》，其〈才調集〉選序云：

> 唐代諸選，殷璠、元結之流，以風骨相高，最爲傑出〔註56〕。

以爲唐代諸選，璠《英靈集》、元結《篋中集》以風骨相高，最爲傑出。

　　由上述，可知《英靈集》自唐至清，皆頗爲選唐詩，或論唐詩者所重，考其原因，蓋有數端，（一）後代論詩，以盛唐爲宗，而《英靈集》成於盛唐，所選正盛唐諸名家，（二）《英靈集》之編撰體例，在選詩之前，於每位詩人下，先有一小序，或述作者世次官宦，或論其德行行事，或總評其詩風，或摘拈其警句，或標其代表作，較一般僅選詩作之選集，價值尤高，（三）此集「既閑新聲，復曉古體，文質半取，風騷兩挾，言氣骨則建安爲儔，論宮商則太康不逮」之選詩標準，把握到盛唐詩歌之特色與優點，既吸收南朝以至唐初講究聲律修辭之合理因素，又克服前此「都無興象，但貴輕豔」和「專爭拘忌」之弊病，使詩歌之思想內容與形式技巧，理論與創作皆獲得成功之融合。（四）選擇精切，品藻公允。盛唐詩作之高手，如依明高棅《唐詩品彙》總序所云：

> 開元天寶間，則有李翰林之飄逸，杜工部之沈鬱，孟襄陽之清雅，王
> 右丞之精緻，儲光羲之眞率，王昌齡之聲俊，高適、岑參之悲壯，李頎、
> 常建之超凡，此盛唐之盛者也。

以李白、杜甫、孟浩然、王維、儲光羲、王昌齡、高適、岑參、李頎、常建諸人爲「盛唐之盛者」，幾爲後世公認，而此諸人除杜甫外，全爲璠《英靈集》選入〔註57〕，足見其鑑識之精切，故《四庫全書總目提要》評《英靈集》云：「殷璠作《河嶽英靈集》，去取至爲精核」，又云：「凡所品題，類多精愜」〔註58〕。

〔註56〕見王士禎《十種唐詩選》，頁309，廣文書局印行。
〔註57〕《英靈集》不選杜甫，乃就今存《英靈集》而言，蓋《英靈集》所選今存二十四人，較原本三十五人，闕佚十一人。今人多據此殘本《英靈集》定其未選杜甫，不嫌武斷乎？
〔註58〕前句見《四庫全書總目提要》卷一四九，集部別集類「常建詩三卷」條，頁803。後

第六節 餘論——
《英靈集》小序所摘之警句名篇與集中詩篇之關係

今傳本《英靈集》有闕佚，亦有經後人增刪改易者，已略見前論。尤其集中所選詩，或有不選小序摘出之警句名篇，揆諸事理，似不當如是，故《四庫全書總目提要》云：

> 張謂條下稱其〈代北州老翁答〉、〈湖上對酒行〉，而集中但有〈湖上對酒行〉，無〈代北州老翁答〉，疑傳寫有所脫佚。

案今本《英靈集》存二十四人，除陶翰、崔國輔、崔曙三人小序未明舉其警句名篇，可置勿論外，其他二十一人中，常建、李白、王季友、李頎、高適、崔顥、綦毋潛、賀蘭進明、祖詠、李嶷十人，小序所舉之警句名篇，俱見選於集中，即今本約仍有二分之一，小序與選詩略相契合，其餘王維、劉眘虛、張謂、薛據、孟浩然、儲光義、王昌齡、王灣、盧象、閻防十一人，小序所摘之警句名篇，或有未見選於集中者。稽以大曆末與《英靈集》編撰體例完全相同之《中興閒氣集》，選詩人二十六，其中除錢起、戴叔倫、韓翃、劉長卿四人外，小序所舉之警句名篇，俱見選於集中。竊疑此等見於小序所舉之警句名篇，原本皆見選於集中，唯以傳至後代，歷時久遠，或亡佚，或經後人增刪，故今所見小序所舉與集中所選不甚一致。即或不然，小序所舉警句名篇，未必皆見選於集中，唯此警句名篇，編選者既已舉之於小序，則其重要性，似亦不在集中諸作之下，而小序中，或僅舉其篇名，或僅摘若干句，無由窺其全貌。有見於此，茲據今本小序，校以《唐詩紀事》，將小序所舉之警句名篇，見於《全唐詩》者，迻錄於後。

（一）王維 《英靈集》評王維小序云：

> 維詩詞秀調雅，意新理愜，在泉為珠，著壁成繪，一句一字，皆出常境，至如「落日山水好，漾舟信歸風」，又「澗芳襲人衣，山月映石壁」，「天寒遠山淨（《紀事》引此句上有「又」字），日暮長河急」，（《紀事》引此句下，有「又賤日豈殊眾，貴來方悟稀」）日暮沙漠陲，戰聲烟塵裏（《紀事》引此句下，有「詎肯慚於古人也」）〔註59〕。

案：「天寒遠山淨，日暮長河急」昇《英靈集》（下稱本集）〈洪上別趙仙舟〉，《紀事》所引多「賤日豈殊眾，貴來方悟稀」一聯，亦見本集〈西施篇〉，唯「落日山水好，

句見卷一八六，集部總集類「河嶽英靈集三卷」條，頁 1053。
〔註59〕《唐詩紀事》引，見卷十六「王維」條，頁 237，木鐸出版社出版校點本。《唐詩紀事》所引與叢刊本略有不同，而無關宏旨者，不校出。

漾舟信歸風，又澗芳襲人衣，山月映石壁」，及「日暮沙漠陲，戰聲烟塵裏」不見本集中。考「落日」、「澗芳」二聯，見《全唐詩》，題作〈藍田山石門精舍（原註：《英華》以前八句為另一首，註云集本二詩共為一首）〉，詩云：

> 落日山水好，漾舟信歸風。探奇不覺遠，因以緣源窮。
>
> 遙愛雲木秀，初疑路不同。安知清流轉，偶與前山通。
>
> 捨舟理輕策，果然愜所適。老僧四五人，逍遙蔭松柏。
>
> 朝梵林未曙，夜禪山更寂。道心及牧童，世事問樵客。
>
> 暝宿長林下，焚香臥瑤席。澗芳襲人衣，山月映石壁。
>
> 再尋畏迷誤，明發更登歷。笑謝桃源人，花紅復來覿〔註60〕。

《全唐詩》下小註，謂此詩《文苑英華》前八句另作一首，而《王維集》二詩共作一首，今若依本集小序，兩聯間有「又」字連接，似以作二首爲是。至於「日暮」一聯，亦見《全唐詩》，題作〈從軍行〉，詩云：

> 吹角動行人，喧喧行人起。笳悲馬嘶亂，爭渡金河水。
>
> 日暮沙漠陲，戰聲煙塵裏。盡繫名王頸，歸來獻天子〔註61〕。

（二）劉眘虛　本集評劉眘虛小序云：

> 眘虛詩，情幽興遠，思苦語奇，忽有所得，便驚眾聽。頃東南高唱者數人，然聲律宛態，無出其右，唯氣骨不逮諸公，自永明以還，可傑立江表。至如「松色空照水，經聲時有人」，又「滄溟千萬里，日夜一孤舟」，又「歸夢如春水，悠悠遠故鄉」，又「駐馬渡江處，望鄉待歸舟（《紀事》引，無以上四句）」，又「道由白雲盡，春與清溪長，時有落花至，遠隨流水香，開門向溪路，深柳讀書堂，幽映每白日，清暉照衣裳」，並方外之言也。惜其不永，天碎國寶〔註62〕。

案：「松色」一聯，見本集〈寄閻防〉。「滄溟」一聯，見本集〈海上詩送薛文學歸海東〉。「歸夢」、「駐馬」二聯，不見於本集，詩今佚，《全唐詩》據此錄句。「道由」四聯，不見於本集，《全唐詩》錄此以爲一首，題〈闕題〉，案本集若舉全首，多以篇名爲稱，則《全唐詩》以此八句爲一首，似誤〔註63〕。

（三）張謂　本集評張謂小序云：

〔註60〕見《全唐詩》，卷一二五「王維一」，宏業書局校點本，其中詩句原註「一作」者，如無關宏旨，亦不一一附入。

〔註61〕同註60。

〔註62〕《唐詩紀事》所引，見卷二十五「劉眘虛」條，頁378。

〔註63〕見《全唐詩》，卷二五六「劉眘虛」。

　　　　謂〈代北州老翁答〉及〈湖中對酒行〉，在物情之外，但眾人未曾説

　　耳，亦何必歷遐遠，探古迹，然後始爲冥搜。

案：〈湖中對酒行〉見於本集，〈代北州老翁答〉，不見於本集。考《全唐詩》題與此

同，詩云：

　　　　負薪老翁往北州，北望鄉關生客愁；自言老翁有三子，兩人已向黃沙死。

　　　　如今小兒新長成，明年聞道又徵兵；定知此別必零落，不及相隨同死生。

　　　　盡將田宅借鄰伍，且復伶俜去鄉土；在生本求多子孫，及有誰知更辛苦。

　　　　近傳天子尊武臣，強兵直欲靜胡塵；安邊自合有長策，何必流離中國人。

　　　〔註64〕

（四）岑參　本集評岑參小序云：

　　　　參詩語奇體峻，意亦造奇。至如「長風吹白茅，野火燒枯桑」，可謂

　　逸才，又「山風吹空林，颯颯如有人」，宜稱幽致也。

案：小序所舉兩聯，俱不見本集。考「長風」一聯，《全唐詩》題作〈至大梁卻寄匡

城主人〉，詩云：

　　　　一從棄魚釣，十載干明王；無由謁天階，卻欲歸滄浪。

　　　　仲秋至東郡，遂見天雨霜；昨日夢故山，蕙草色已黃。

　　　　平明辭鐵丘，薄暮遊大梁；仲秋蕭條景，拔剌飛鵁鶄。

　　　　四郊陰氣閉，萬里無晶光；**長風吹白茅，野火燒枯桑**。

　　　　故人南燕吏，籍籍名更香；聊次玉壺贈，置之君子堂〔註65〕。

「山風」一聯，《全唐詩》題作〈暮秋山行〉，詩云：

　　　　疲馬臥長坡，夕陽下通津；**山風吹空林，颯颯如有人**。

　　　　蒼旻霽涼雨，石路無飛塵；千念集暮節，萬籟悲蕭晨。

　　　　鶗鴂昨夜鳴，蕙草色已陳；況在遠行客，自然多苦辛〔註66〕。

（五）薛據　本集評薛據小序云：

　　　　據爲人骨鯁，有氣魄，其文亦爾，自傷不早達，因著〈古興詩〉云：

　　「投珠死見疑，抱玉但垂泣，道在君不舉，功成歎何及。」怨憤頗深。至

　　如「寒風吹長林，白日原上沒」，又「孟冬時短晷，日盡西南天」，可謂曠

　　代之佳句。

〔註64〕見《全唐詩》，卷一九七「張謂」。

〔註65〕見《全唐詩》，卷一九八「岑參一」。

〔註66〕同註65。

案：小序所舉，唯「寒風」一聯，見於本集，題曰〈出青門往南山下別業〉。〈古興詩〉兩聯，《全唐詩》錄作一首，題仍曰〈古興詩〉，「孟冬（《全唐詩》作窮冬）」一聯，詩今佚，《全唐詩》據此存錄句〔註67〕。

（六）孟浩然　本集評孟浩然小序云：

> 余嘗謂禰衡不遇，趙壹無祿，其過在人也。及觀襄陽孟浩然，磬折謙退，才名日高，天下籍甚，竟淪落明代，終於布衣，悲夫！浩然詩文彩芊茸，經緯綿密，半遵雅調，全削凡體，至如「眾山遙對酒，孤嶼共題詩」，無論興象，兼復故實。又「氣蒸雲夢澤，波動岳陽城」，亦為高唱。

案：文中所舉，俱不見於本集。「眾山」一聯，考叢刊本末孫毓修校錄何焯本有此詩，題作〈永嘉上浦館逢張子容〉，《全唐詩》亦錄此詩，題作〈永嘉上浦館逢張八子容〉。「氣蒸」一聯，《全唐詩》題作〈望洞庭湖贈張丞相〉，詩云：

> 八月湖水平，涵虛混太清；**氣蒸雲夢澤，波撼**（原註：一作動）**岳陽城**。
> 欲濟舟無楫，端居恥聖明；坐觀垂釣者，空有羨魚情〔註68〕。

（七）儲光羲　本集評儲光羲小序云：

> 儲公詩格高調逸，趣遠情深，削盡常言，挾風雅之迹，浩然之氣，〈述華清宮詩〉云：「山開鴻濛色，天轉招搖星」，又〈遊茅山詩〉云：「小門入松柏，天路涵虛空」，此例數百句，已略見《荊揚集》，不復廣引，璠嘗觀公《正論》十五卷，《九經外義疏》二十卷，言博理當，實可謂經國之大才。

案：小序所舉〈述華清宮詩〉、〈遊茅山詩〉俱不見本集中。考〈述華清宮詩〉「山開鴻濛色，天轉招搖星」，見《全唐詩》，題仍作〈述華清宮〉，唯《全唐詩》共錄五首，此其第五，詩云：

> 上林神君宮，此地即明庭。
> **山開鴻濛色，天轉招搖星。**
> 三雪報六有，孰為非我靈〔註69〕。

「小門入松柏，天路涵虛空」，亦見《全唐詩》，題亦仍作〈遊茅山〉，唯《全唐詩》亦錄五首，此其第五，詩云：

> 名嶽徵仙事，清都訪道書；**山門入松柏，天路涵空虛。**

〔註67〕見《全唐詩》，卷二五三「薛據」。
〔註68〕見《全唐詩》，卷一六○「孟浩然二」。
〔註69〕見《全唐詩》，卷一三六「儲光羲一」。

南極見朝采，西潭聞夜漁；遠心尚雲宿，浪跡出林居。

為己存實際，忘形同化初。此行良已矣，不樂復何如〔註70〕。

雖《全唐詩》「小門」作「山門」，「虛空」作「空虛」，與小序微有不同，然小序所摘即此詩，當無疑問也。

（八）王昌齡　本集評王昌齡小序云：

昌齡（《紀事》作元嘉）以還，四百年內，曹劉陸謝，風骨頓盡，頃有太原王昌齡，魯國儲光羲，頗從厥遊，且兩賢氣同體別，而王稍聲峻（《紀事》引，「風骨頓盡」下，唯「今昌齡克嗣厥迹」一句），至如「明堂坐天子，月朔朝諸侯。清樂動千門，皇風被九州。慶雲從東來，泱漭抱日流。」；又「雲起太華山，雲山相明滅。東峰始含景，了了見松雪。」；又「樿柟無冬春，柯葉連峰稠。陰壁下蒼黑，烟含清江樓。疊沙積為崗，崩剝雨露幽。石脈盡橫互，潛潭何時流。」；又「京門望西岳，百里見郊樹。飛雨祠上來，靄然關中暮。」；又「奸雄乃得志，遂使群心搖。赤風蕩中原，烈火無遺巢。一人計不用，萬里空蕭條。」；又「百泉勢相蕩，巨石皆卻立，昏為鮫龍窟，時見雲雨入。」；又「去時三十萬，獨自還長安。不信沙場苦，君看刀箭瘢。」；又「蘆荻寒蒼江，石頭岸邊飲。」；又「長亭酒未醒，千里風動地」，「天仗森森練雪擬，身騎駿馬白鷹臂」（以上摘句，《紀事》所引次序與此極為不同，然除「泱漭抱日流」下多「又獨飲灞上亭，寒山青門外，長雲驟落日，東來寂已晦」而無「天仗森森練雪擬，身騎駿馬白鷹臂」外，亦僅次序不同而已，無大差別）；斯並驚耳駭目，今略舉其數十句，則中興高作可知矣。余常觀王公〈長平伏冤〉（上六字，《紀事》作「〈昌齡齋心詩〉」），又〈吊枳道賦〉，仁有餘也，奈何晚節不矜細行，謗議沸騰，垂歷遐荒，使知音者嘆息（此小段與《紀事》所引不甚同，唯與此節所論無關，不校錄）〔註71〕。

案：序中唯「京門望西岳」四句及《紀事》所謂〈齋心詩〉見於本集。「京門」四句，本集題作〈鄭縣陶大公館中贈馮六元二〉。其他諸句，皆不見本集中。考「明堂坐天子」六句，見《全唐詩》，題作〈放歌行〉，詩云：

南渡洛陽津，西望十二樓；明堂坐天子，月朔朝諸侯。

清樂動千門，皇風被九州；慶雲從東來，泱漭抱日流。

〔註70〕同註69。
〔註71〕《唐詩紀事》所引，見卷二四「王昌齡」條，頁363。

昇平貴論道，文墨將何求；有詔徵草澤，微誠將獻謀。

冠冕如星羅，拜揖曹與周；望塵非吾事，入賦且邅留。

幸蒙國士識，因脫負薪裘；今者放歌行，以慰梁甫愁。

但營數斗祿，奉養每豐羞；若得金膏遂，飛雲亦可儔〔註72〕。

《紀事》所引較叢刊本多出之「獨飲灞上亭」四句，《全唐詩》題作〈宿灞上寄侍郎璵弟〉，詩云：

獨飲灞上亭，寒山青門外，長雲驟落日，桑棗寂已晦。

古人驅馳者，宿此凡幾代。佐邑由東南，豈不知進退。

吾宗秉全璞，楚得璆琳最。茅山就一徵，柏署起三載。

道契非物理，神交無留礙。知我滄溟心，脫略腐儒輩。

孟冬鑾輿出，陽谷群臣會。半夜馳道喧，五侯擁軒蓋。

是時燕齊客，獻術蓬瀛內。甚悅我皇心，得與王母對。

賤臣欲干謁，稽首期殞碎。哲弟感我情，問易窮否泰。

良馬足尚跼，寶刀光未淬。昨聞羽書飛，兵氣連朔塞。

諸將多失律，廟堂始追悔。安能召書生，願得論要害。

戎夷非草木，侵逐使狼狽。雖有屠城功，亦有降虜輩。

兵糧如山積，恩澤如雨霈。羸卒不可興，磧地無足愛。

若用匹夫策，坐令軍圍潰。不費黃金資，寧求白璧賚。

明主憂既遠，邊事亦可大。荷寵務推誠，離言深慷慨，

霜搖直指草，燭引明光佩。公論日夕阻，朝廷蹉跎會。

孤城海門月，萬里流光帶。不應百尺松，空老鍾山靄〔註73〕。

「雲起太華山」四句，見《全唐詩》，題作〈過華陰〉，詩云：

雲起太華山，雲山互明滅。東峰始含景，了了見松雪。

羈人感幽棲，窅映轉奇絕。欣然忘所疲，永望吟不輟。

信宿百餘里，出關玩新月。何意昨來心，遇物遂遷別。

人生屢如此，何以肆愉悅。〔註74〕。

「櫹柳無冬春」八句，見《全唐詩》，題作〈出郴山口至疊石灣野人室中寄張十一〉，詩云：

櫹柳無冬春，柯葉連峰稠。陰壁下蒼黑，煙含清江樓。

〔註72〕見《全唐詩》，卷一四〇「王昌齡一」。

〔註73〕同註72。

〔註74〕見《全唐詩》，卷一四一「王昌齡二」。

景開獨沿曳，響答隨興酬。旦夕望吾友，如何迅孤舟。

疊沙積爲崗，崩剝雨露幽。石脈盡橫互，潛潭何時流。

既見萬古色，頗盡一物由。永與世人遠，氣還草木收。

盈縮理無餘，今往何必憂。郴土群山高，耆老如中州。

孰云議羾降，豈是娛宦遊。陰火昔所伏，丹砂將爾謀。

昨臨蘇耽井，復向衡陽求。同疫來相依，脫身當有籌。

數月乃離居，風湍成阻脩。野人善竹器，童子能谿謳。

寒月波蕩漾，羈鴻去悠悠〔註75〕。

「奸雄乃得志」六句，詩今佚，《全唐詩》據此爲一首，題作〈失題〉〔註76〕。考小序中前此諸句，皆非引全詩，則此數句當亦非全詩。「百泉勢相蕩」四句，見《全唐詩》，題作〈小敷谷龍潭祠作〉，詩云：

崖谷噴疾流，地中有雷集。**百泉勢相蕩，巨石皆卻立。**

跳波沸崢嶸，深處不可挹。**昏爲蛟龍怒**（原註：一作窟），

清（原註：一作時）**見雲雨入。**

靈怪崇偏祠，廢興自茲邑。沈淫頃多昧，簷宇遒不茸。

吾聞被明典，盛德惟世及。生人載山川，血食報原隰。

豈伊駭微險，將以循盱揖。□飛振呂梁，忠信亦我習。

波流浸已廣，悔吝在所汲。谿水有清源，褰裳靡沾濕〔註77〕。

「去時三十萬」四句，見《全唐詩》，題作〈代扶風主人答〉，詩云：

殺氣凝不流，風悲口彩寒。浮埃起四遠，遊子彌不歡。

依然宿扶風，沽酒聊自寬。寸心亦未理，長鋏誰能彈。

主人就我飲，對我還慨歎。便泣數行淚，因歌行路難。

十五役邊地，三回討樓蘭。連年不解甲，積日無所餐。

將軍降匈奴，國使沒桑乾。**去時三十萬，獨自還長安。**

不信沙場苦，君看刀箭瘢。鄉親悉零落，冢墓亦摧殘。

仰攀青松枝，慟絕傷心肝。禽獸悲不去，路傍誰忍看。

幸逢休明代，寰宇靜波瀾。老馬思伏櫪，長鳴力已殫。

少年與運會，何事發悲端。天于初封禪，賢良刷羽翰。

三邊悉如此，否泰亦復觀〔註78〕。

〔註75〕同註72。

〔註76〕同註74。

〔註77〕同註74。

此外「蘆荻寒蒼江」兩句,「長亭酒未醒」兩句,「天仗森森練雪擬」兩句,詩今佚,《全唐詩》據此存句〔註79〕

(九)王灣。本集評王灣小序云:

> 灣詞翰早著,爲天下所稱最者,不過一二,遊吳中作〈江南意〉詩云:「海日生殘夜,江春入舊年。」詩人已來,少有此句。張燕公手題政事堂,每示能文,令爲楷式。又〈搗衣篇〉云:「月華照杵空隨妾,風響傳砧不到君」。所有眾製,咸類若斯,非張蔡之未曾見也,覺顏謝之彌遠乎!

案:「海日」二句,見於本集,題即作〈江南意〉。「月華」一聯,詩今佚,《全唐詩》據此存句〔註80〕。

(十)盧象。本集評盧象小序云:

> 象雅而平,素有大體,得國士之風。曩在校書,名充秘閣。其「靈越山最秀,新安江甚清」,盡東南之數郡。

案:本集選盧象詩七首,惟皆不見「靈越山最秀,新安江甚清」之句,詩今佚,《全唐詩》據此存句〔註81〕。

(十一)閻防。本集評閻防小序云:

> 防爲人好名博雅,其警策語多真素(《紀事》引作「防爲人好古博雅,其詩警策,語多真素」),至如「荒庭何所有,老樹半空腹」。又「熊槎庭中樹,龍蒸棟裏雲」,皎然可信也。

案:「荒庭」一聯,見於本集,題作〈百丈溪新理茅茨讀書〉,「熊槎」一聯,不見於本集,詩今佚,《全唐詩》據此存句〔註82〕。

〔註78〕同註72。
〔註79〕見《全唐詩》,卷一四三「王昌齡四」。
〔註80〕見《全唐詩》,卷一一五「王灣」。
〔註81〕見《全唐詩》,卷一二二「盧象」。
〔註82〕見《全唐詩》,卷二五三「閻防」。

書影三：《河嶽英靈集》　明刊白口九行本（明萬曆本）

河嶽英靈集上　　唐丹陽進士殷璠集

唐音詩

常建

高才無貴士誠哉是言曩劉楨死

於文學左思終於記室鮑昭卒於

叅軍令常建亦淪於一尉悲夫建

詩似初發通莊却尋野徑百里之

外方歸大道所以其旨遠其興僻

佳句輒來雖論意表至如松際露

第四章　《國秀集》考

第一節　編選者、編選之年代及其版本

　　《國秀集》編選者爲芮挺章。此書兩唐志不載，今可見有關此書之最早資料，爲附於《國秀集》末北宋人曾彥和之題跋，跋云：

　　　　《國秀集》三卷，唐人詩總二百二十篇，天寶三載，國子生芮挺章撰，樓穎（案：或作潁）序之，其詩之次，自天官侍郎李嶠至進士祖詠，凡九十人，挺章二篇、穎五篇亦在其間。……元祐戊辰，從景文借本錄之，因識於後，龍溪曾彥和題。

其次，即爲陳振孫《直齋書錄解題》，卷十五云：

　　　　《國秀集》三卷，唐國子進士芮挺章，集李嶠至祖詠九十人，詩二百二十首，天寶三載，國子進士樓穎爲之序。

據曾、陳所載，可知此集之編選者芮挺章，爲玄宗天寶時人。有關挺章之生平，今已不能詳考，《四庫全書總目提要》著錄此書，於挺章生平，亦僅云：

　　　　挺章里貫未詳，諸書稱爲國子進士，蓋太學生也〔註1〕。

今案最先以「國子進士」稱挺章者爲陳振孫。其所據，蓋以曾跋謂挺章爲「國子生」又集中卷下錄挺章己作二首，目錄作者題名「進士芮挺章」。陳氏牽連之，遂成「國子進士芮挺章」，若依其言，即謂挺章嘗以國子學生身分，參加進士科之考試〔註2〕。

〔註1〕見《四庫全書總目提要》卷一八六，〈集部‧總集類〉一「國秀集三卷」條，頁1053，漢京文化事業有限公司印行。

〔註2〕《新唐書》卷四四〈選舉志〉云：「唐制，取士之科，多因隋舊。然其大要有三，由學館者曰生徒，由州縣者曰鄉貢，皆升於有司而進退之。……此歲舉之常選也。其

唯今檢徐松《登科記考》，並無挺章登第之記載，究是文獻闕佚，或終其一生，皆未中第，則不得而知矣。

　　挺章之交遊，除《國秀集》之作序者樓穎外，據序中所云：

　　　　近秘書監陳公、國子司業蘇公嘗從容謂芮侯曰……。

可知還有「秘書監陳公」、「國子司業蘇公」，此二人日學者中澤希男以爲即陳希烈、蘇源明〔註3〕。樓穎生平事蹟無考。陳希烈《舊唐書》卷九七、《新唐書》卷二二三上有傳，日宋州人，博學，尤深黃老，工文章。開元中，玄宗留意經義，常於禁中講《老子》、《周易》。累遷中書舍人，十九年（731）爲集賢院學士，進工部侍郎，知院事。帝有所譔述，必助成之，遷門下侍郎。天寶五載（746）進同中書門下平章事，六載爲左丞相兼兵部尚書，十二載（753）兼秘書省圖書使〔註4〕，寵與李林甫侔。林甫死，楊國忠用事，素忌嫉之，乃引韋見素同列，罷希烈知政事，守太子太師，時天寶十三載也〔註5〕。希烈失恩，心頗怏怏，及祿山盜京師，與張垍、達奚珣同掌祿山之機衡，肅宗時論罪當斬，帝以上皇素遇，賜死於家。蘇源明《新唐書》卷二〇二有傳，源明初名預，字弱夫，京兆武功人。工文辭，有名天寶間。進士登第，更試集賢院，累遷太子諭德。天寶間，出爲東平太守，天寶末爲國子司業。安祿山陷京師，以病不受僞署。肅宗復兩京，擢爲考功郎中、知制誥。廣德二年（764）卒於秘書少監〔註6〕。

　　今《國秀集》卷首有序一篇，然無署名，《四庫全書總目提要》以爲即陳振孫《解題》所云樓穎之序〔註7〕，唯亦有以爲此篇是挺章之自序，而樓序早已亡佚者，如羅根澤〔註8〕。案曾跋云：「國子生芮挺章撰，樓穎序之」，陳《解題》云：「國子進士樓穎爲之序」明謂挺章撰《國秀集》，樓穎序之，俱未嘗云尚有挺章自序。且詳

　　　　天子自詔者曰制舉，所以待非常之才焉。」唐代士子入仕，大致依此三途，挺章以
　　　　國子生參加考試，即屬「生徒」一類。
〔註3〕見中澤希男〈國秀集考〉，載《日本中國學會報》第三集，頁85～91，1952年3月。
　　　　又饒宗頤亦以爲「國子司業蘇公」，即蘇源明，見〈杜甫與唐詩〉，收入吳宏一主編
　　　　《中國古典文學論文精選叢刊・詩歌類》，頁173～188，幼獅文化事業公司出版。
〔註4〕俱見《新唐書》卷六十二〈宰相表〉。
〔註5〕同註4，又見《舊唐書》卷九〈玄宗本紀〉。
〔註6〕杜甫有〈哭臺州郡司戶蘇少監〉詩，《千家註杜工部集》第十一〈哭臺州鄭司戶小監〉
　　　　註云：「鄭虔、源明是年（案：廣德二年）相繼而亡。」見中澤希男〈國秀集考〉。
〔註7〕同註1：「至舊序一篇，無作者姓氏，陳振孫《書錄解題》謂爲樓穎所作。」
〔註8〕羅根澤《中國文學批評史》云：「據宋人曾彥和跋，樓穎序之，今已亡佚，自序首云：
　　　　『昔陸平原之論文曰……』」其所引序即今《國秀集》卷首未署名之序，羅氏以此序
　　　　爲挺章自序，而穎所作序，今已亡佚。龍泉書屋出版，頁386。

觀序文，兩稱挺章爲「芮侯」，當是不欲直呼其名，故以「芮侯」稱之，蓋猶今所謂「芮君」也〔註9〕。此明是第三者口吻，若該序爲挺章自作，當不致如此托大自稱「芮侯」。可證該序非挺章自作，應爲樓穎代序，羅氏囿於一書必作者親爲之序，又見《國秀集》僅存一序，遂謂樓穎之序今已亡佚，何其不審也。復次，清盧標《婺志粹》，從樓序文義推斷此集乃芮挺章與樓穎二人共編而成〔註10〕，唯盧氏此說亦未有他證，茲仍從舊說。

樓穎生平事蹟，今亦不可考，《國秀集》卷中選其作品五首，目錄作者題名「進士樓穎」，今檢唐《登科記考》，亦不見有登科之記載。陳振孫稱之爲「國子進士」，蓋穎與挺章有同窗之誼，故挺章請爲《國秀集》作序。其交遊，可知者有《國秀集》中另一詩人李收，及太原崔參軍等〔註11〕。李收，《國秀集》卷中收其作品二首，目錄作者銜題曰「右武尉錄事」，其他無考。崔參軍，不詳其名。

《國秀集》編選之年代，樓穎〈國秀集序〉云：

　　自開元以來，維天寶三載，遣謫蕪穢，登納菁英，可被管絃者，都爲一集。

謂此集選詩之上下限，始於開元，終於天寶三載。曾跋、陳《解題》蓋即據此，謂《國秀集》作於天寶三載（744）。唯考其所謂「自開元以來」，其實亦不過約略言之耳，杜松柏先生云：

　　杜審言卒於中宗神龍景龍間，宋之問卒於玄宗先天元年，皆在入選之

　列，則所云自開元以來，維天寶三載，亦約略言之耳〔註12〕。

至於選詩之下限－天寶三載，饒宗頤先生、中澤希男俱以爲當是天寶十三載（754）之誤。饒氏據樓序「近秘書監陳公、國子司業蘇公，嘗從容謂芮侯曰：風雅之後，數千載間，詞人才子，禮樂大壞」云云，以爲：

　　國子司業蘇公當是蘇源明。源明於天寶十三載由東平太守徵入爲國子

　司業（原註：《唐文粹》九十六源明〈小洞庭離讌序〉），則此書當成於天寶十三載

　之後，非如曾彥和跋，謂作於天寶三載甚明〔註13〕。

案宋姚鉉《唐文粹》卷九十六蘇源明〈小洞庭五太守讌籍〉云：「天寶十二載七月辛

〔註9〕 中澤希男亦謂樓序中「芮侯」之「侯」，和杜詩之「李侯有佳句」之「侯」相同，乃唐人之常言，蓋敬稱也。見其〈國秀集考〉注9。
〔註10〕見民國胡宗懋《金華經籍志》「國秀集條」所引。原書未見，此轉述自中澤希男〈國秀集考〉。
〔註11〕《國秀集》卷中選錄樓穎詩五首，中有〈東郊納涼憶〉（案：《全唐詩》作「憶」）〈左威尉李錄事收昆季〉、〈太原崔參軍〉三首」。
〔註12〕見杜松柏《禪學與唐宋詩學》，頁180，黎明文化事業公司出版。
〔註13〕見饒宗頤〈杜甫與唐詩〉。

丑，東平太守扶風蘇源明……」，緊接其後一篇爲源明〈秋夜小洞庭離讌序〉，云：「源明從東平太守徵國子司業，……」天寶十二載，源明仍爲東平太守，其後由東平太守徵爲國子司業，饒氏以爲即在天寶十三載，故謂樓序中「國子司業蘇公」即蘇源明。中澤希男亦以爲「國子司業蘇公」即蘇源明，其證與饒氏同。此外，中澤希男又更進一步，謂「秘書監陳公」即陳希烈也。案希烈於天寶十二載十二月爲秘書省圖書使，十三載八月遷太子太師，中澤氏以爲秘書省之長官爲秘書監，秘書省圖書使非常置之官，即秘書監之別名也〔註14〕，蓋以希烈天寶六載爲左丞相，兼兵部尚書，而左丞相爲從二品，兵部尚書爲正三品，至天寶十二載又兼秘書省長官，然秘書監爲從三品，爲合希烈位階，故特將秘書監改爲「秘書省圖書使」，此雖爲中澤氏臆測之辭，然亦頗合情理。總之，天寶十二載十二月至十三載八月間，希烈嘗任職秘書省，此無庸置疑也。然則蘇源明爲國子司業，同時陳希烈任職秘書省之時期，蓋在天寶十三載至同年八月間也。綜上所論，二氏謂「天寶三載」蓋「天寶十三載」之誤，可謂信而有徵。

　　《國秀集》選詩之下限爲天寶十三載（754），具如上述，然則其編選之年代，當更在此後。樓序末云：

　　　　尚欲巡採風謠，旁求側陋，而陳公已化爲異物，堆案颯然，無與樂成，
　　遂因絕筆，今略編次，見在者凡九十人，詩二百二十首，爲之小集，成一
　　家言。

謂陳公已逝，遂因絕筆。案《舊唐書・肅宗本紀》，至德二載十月「壬戌，廣平王入東京，陳兵天津橋南，士庶歡呼路側。陷賊官僞署侍中陳希烈、中書令張垍等三百餘人素服待罪」，同年十二月丙午「受賊僞署左相陳希烈、達奚珣等二百餘人，並禁於楊國忠宅鞫問」，庚午「制：『……達奚珣等一十八人，並宜處斬；陳希烈等七人，並賜自盡，……』是日斬達奚珣等於子城西南隅獨柳樹，仍集百僚觀之。」然則希烈蓋死於肅宗至德二載（757）十二月，依此，《國秀集》絕筆編成之時，蓋即肅宗至德二載也。

　　《國秀集》編選於肅宗至德二載（757），唯此集各卷之首，皆列有作者目錄，作者上多冠其人官銜，如卷上目錄「天官侍郎李嶠」、「考功員外郎宋之問」，卷中目錄「金部員外郭良」、「考功員外蔣洌」，卷下目錄「進士范朝」、「魯郡錄事徐晶」等等，若依此官銜考索，即以原序《國秀集》下限天寶三載衡之，已多有不合，如卷下「進士丘爲」、「進士梁洽」、「進士祖詠」，案《登科記考》，丘爲天寶二年進士，

〔註14〕《舊唐書》卷九七，〈希烈本傳〉謂其「累遷秘書少監」，與《新唐書》微有不同。

梁洽開元二十二年進士，祖詠開元十二年進士〔註15〕，即此諸人尚未通過吏部試，亦當如卷中稱常建爲「前進士」例稱之〔註16〕，竊疑此目錄之作者官銜或爲後人所加，至少曾經後人竄改〔註17〕。又如卷中稱蔣洌爲「考功員外」，案蔣洌天寶十一載或稍前，嘗官禮部侍郎，約十二、三載又嘗官戶部侍郎〔註18〕，早已非考功員外，其他如此之例甚多，不一一列舉。中澤希男以爲樓序未言及蘇源明之卒，而源明卒於廣德初，又以爲希烈卒於至德、乾元間，再據卷中作者目錄有「尚書右丞王維」，而王維於乾元二年（759）始由給事中遷尚書右丞〔註19〕，遂謂《國秀集》編選於乾元、廣德間（758～764）。如上所述，希烈卒於肅宗至德二載，史有明文，而此處目錄作者官銜，又不盡可據，其編成更無涉源明之卒，然則《國秀集》編於乾元、廣德間說之不可從，亦可知矣。

《國秀集》之版本，丁丙《善本書室藏書志》有二：一爲舊鈔本，《善本書室藏書志》卷三十八云：

> 《國秀集》三卷（原註：舊鈔本，朱竹垞藏書）。天寶三載，國子進士樓穎爲序，元祐戊辰曾彥和題後。舊鈔本，字極古雅，有檇李項藥師藏，秀水朱氏潛采堂圖籍，徐氏元佐、周氏景武、丘周仲子印、震澤草堂圖書，孺子後人趙氏輯寧、素門歙西鮑氏知不足齋藏書諸印，迭爲名家收藏，珍重可知。

另一爲明刊本，同卷云：

> 《國秀集》三卷（原註：明刊本，小學齋藏書），唐芮挺章編，挺章仕貫無考，但稱國子進士，前有樓穎序，稱天寶三載，都爲一集。自天官侍郎李嶠至進士祖詠，凡九十人，詩二百二十首，而芮、樓之詩七篇，亦在其間，宋元祐戊辰龍溪曾彥和題，大觀戊子冬，賀方回傳於曾氏，名欠一士，而詩增一篇。今按之，實八十五人，詩二百十一首，有小學齋黃鈞次歐三印。

此二本筆者俱未見。筆者所見明本有三：一爲《四部叢刊》明覆宋書棚本；二爲崇禎元年虞山毛氏汲古閣刊《唐人選唐詩》八種本；三爲中央圖書館藏明新安汪宗尼

〔註15〕見徐松《登科記考》，五爲，卷九，頁557；梁洽，卷八，頁494；祖詠，卷七，頁448，驚聲文物供應公司印行。

〔註16〕常建，開元十五年進士，見《登科記考》卷七，頁469。

〔註17〕今人劉開揚亦云：「此官職是否原書所有，殊成疑問。」見其《高適詩集編年箋註》頁348，漢京文化事業有限公司印行。

〔註18〕見嚴耕望《唐僕尚丞郎表》第三冊，頁857～689，《中央研究院歷史語言研究所專刊》之三十六。

〔註19〕同註18，第二冊，頁468。

校刊本。觀此三本，似皆源於《四部叢刊》明覆宋書棚本，而明所覆宋書棚本，蓋即宋陳解元刊本〔註20〕。陳解元刊本今未見，然元方回《瀛奎律髓》嘗引述此本，其書卷十，〈春日類〉，王灣〈次北固山下〉〔註21〕詩下云：

> 唐人芮挺章天寶三載編次《國秀集》，《唐書・藝文志》、宋《崇文總目》無之，元祐三年戊辰劉景文得之鬻古書者，以傳曾彥和，曾以傳之賀方回。題云次北固山下作，於王灣下注曰洛陽尉，而天寶十一載殷璠編次《河嶽英靈集》，取灣詩八首，此爲第六，題曰〈江南意〉，詩亦不同，……尾句不同，……似不若《國秀》之渾全。

可知方氏所見本，後亦有曾彥和跋，與今本當爲同一系統，惟方氏所見此本與今本亦頗有差異，《瀛奎律髓》卷二十，〈梅花類〉，張子壽〈和王司馬折梅寄京邑兄弟〉詩下云：

> 明皇宰相張九齡《曲江集》二十卷、賦一卷、詩五卷，此詩在第二卷，蜀本芳榮作方榮，惜字不可認，以近本所刊芮挺章《國秀集》正之，《國秀》還聞作仍聞，……芮挺章選唐天寶三年以前諸公，凡九十人，詩二百三十首（案：似當作二百二十首），以李嶠爲第一，次宋之問、杜審言、沈佺期，又次張說、徐安貞、張敬忠、賀知章、王翰、董思恭、杜岩（案：今本作儼）、崔滌、沈宇、劉希夷，而九齡爲第十五人云。

以方氏所云詩人次與今本相較，今本賀知章下爲徐彥伯，其次王翰，而九齡爲第十六人，又《瀛奎律髓》卷二十二，〈月類〉，康令之（案：今本作康定之，或作康庭芝）〈詠月〉下云：

> 唐《國秀集》姓名下注云：河陰尉（案：今本作河陰令），天寶三載芮挺章撰，樓穎序。

此云詩人名下以注稱詩人官銜（前王灣亦同），今本則官銜置於詩人名上，且以正文出之，凡此俱與今本不同。

今三種明本中，《四部叢刊》明本最爲存舊，如卷上目錄「司勳員外張鼎」下註「二首」，而集中實僅存一首，「兵部員外趙良器」下註「一首」，而集中實有二首，卷中目錄「西河長史劉廷琦」下註「三首」，集中實僅二首，「會稽尉賀朝」下註「一首」，集中實有三首，卷下目錄「進士嚴維」下註「一首」，集中實有三首，「西河尉常非月」下註「二首」，集中實僅一首，「進士萬楚」下註「二首」，集中實有三首，

〔註20〕清莫友芝《邵亭知見傳本書目》卷十六，有陳解元刊本，不知今仍存否。

〔註21〕此詩未署作者名，前首爲杜審言〈和晉陵丞早春遊望〉，則此首當署名王灣，蓋刻本偶脱。四庫善本叢書據明本影印《瀛奎律髓》，藝文印書館印行。

「校書郎呂令問」下註「一首」、「校書郎敬括」下註「二首」、「監察御史韋承慶」下註「一首」，而集中三人詩俱闕，諸如此類叢刊明本俱仍舊未改。毛本則將分置於三卷首之作者目錄，全集置於卷首，目錄詩數與集內不符者，以小字註於其下，如「司勳員外張鼎二首」下註云：「今缺一首」。至於汪校本，亦同毛本將作者目錄集於卷首，惟皆已據集中實存詩數改正目錄原詩數，如「司勳員外張鼎一首」。復次，叢刊明本卷下目錄詩人之次，與集中實次不同，極為混亂，毛本仍舊，汪校本則不同舊本，頗有移易，頓失舊觀。可稱者，敬括詩叢刊本、毛本皆佚，汪校本補〈省試七月流火〉一詩於集末，並註云：「舊本有名無詩，今考諸集敬括上有此篇，遂補于後。」

此外，日本有文政七年（1824）刊本，中澤希男謂此本乃毛本之翻刻，惟曾跋、毛跋俱已刪除〔註22〕。本文論述以叢刊明本為據，以其最存原本舊觀而易得也。

第二節 篇卷、編選之數目及其體例

《國秀集》末曾彥和跋云：

> 《國秀集》三卷，唐人詩總二百二十篇，天寶三載，國子生芮挺章撰，樓穎序之，其詩之次，自天官侍郎李嶠，至進士祖詠凡九十人，……此集《唐書·藝文志》，洎本朝《崇文總目》，皆闕而不錄，殆三館所無，浚儀劉景文，頃歲得之鬻古書者，元祐戊辰孟秋，從景文借本錄之，因識於後，龍溪曾彥和題。

曾氏於此說明此集之來源，乃浚儀劉景文得之於賣古書者，殆三館所無，故《新唐志》及《崇文總目》皆不著錄。此跋題於「元祐戊辰」，即北宋哲宗元祐三年（1088），元方回所見及今傳諸本末俱有此一跋，當為此集最早之祖本。曾跋謂《國秀集》三卷，選天官侍郎李嶠，至進士祖詠凡九十人，詩總二百二十篇。至南宋陳振孫《直齋書錄解題》，卷十五云：

> 《國秀集》三卷，唐國子進士芮挺章集李嶠至祖詠九十人，詩二百二十首，天寶三載，國子進士樓穎為之序。

亦謂《國秀集》三卷。此後元馬端臨《文獻通考》、托托等《宋史·藝文志》、明焦竑《國史經籍志》、清《四庫全書總目提要》俱著錄三卷〔註23〕，今傳本亦皆三卷，

〔註22〕見中澤希男〈國秀集考〉。
〔註23〕馬端臨《文獻通考》卷二四八，〈經籍考〉七十五總集類云：「《國秀集》三卷」，《宋

是《國秀集》爲三卷，自古至今，皆無異辭。

其所選詩人數及詩數，自樓穎〈國秀集序〉，至曾跋、陳《解題》俱云詩人九十、詩數二百二十首，則《國秀集》所選詩人凡九十，詩總二百二十首，此自無問題者也。唯竊疑曾、陳二氏皆僅據樓序，或僅數目錄小計而謂凡九十人，詩總二百二十首，並末眞就集內一一數之也，按曾跋末又云：

大觀戊子冬，賀方回傳於曾氏，名欠一士，而詩增一篇〔註24〕。

「大觀戊子」即北宋徽宗大觀二年（1108），據跋可知賀方回所得之《國秀集》，即曾彥和之《國秀集》，而「大觀戊子」上距「元祐戊辰」，不過二十年，竟云「名欠一士，而詩增一篇」，即僅八十九人，詩二百二十一篇，與元祐間曾跋「詩總二百二十篇，……凡九十人」不同，如非曾所傳原本即已如此，頗難置信短短二十年，竟有如是之改變，又曾跋末已云「名欠一士，詩增一篇」，後代諸本，皆從此出，然則陳振孫所見恐亦如此，而非九十人、二百二十篇之完本。至明毛晉校刻《國秀集》，集末跋云：

曾氏跋云：名欠一士。茲且虛列三人，爲呂令問、敬括、韋承慶是也。

又云詩增一篇，茲且復合樓序篇什，然總非芮侯眞面目矣。

毛所說，即今見之本，集內卷上目錄小計「二十四人，詩七十四首」，卷中目錄小計「二十四人，詩七十三首」，卷下目錄小計「四十人（毛本誤刻四十八人），詩七十三首」，依此目錄所計，共八十八人，詩恰二百二十首，然集內呂令問、敬括、韋承慶三人皆有目無詩，實存八十五人，詩數據目錄作者下數之爲二一九首，實存二一八首〔註25〕。與大觀戊子跋「名欠一士，而詩增一篇」又已不同，是此集宋後變動甚多，今本尤爲混亂，而終末得九十人、二百二十首之眞面目，蓋因曾氏所傳原本即有紊亂歟？

《國秀集》之編撰體例，各卷前有作者目錄，作者多冠其人官銜，其次即爲選詩部分，其選詩以人爲主，每人若干首不等，詩人前後之次，不詳以何爲據，大致

史》卷二〇九〈藝文志〉總集類云：「芮挺章《國秀集》三卷」，焦竑《國史經籍志》卷五總集類云：「《國秀集》三卷」，《四庫全書總目提要》卷一八六〈集部·總集類〉一云：「《國秀集》三卷」。

〔註24〕此數語，緊接曾跋「龍溪曾彥和題」之後，《四庫全書總目提要》以爲亦曾彥和所跋，觀其語義，似非曾彥和所跋，然亦非賀鑄所跋。參考中澤希男〈國秀集考〉注8。

〔註25〕《四庫全書總目提要》云：「洎毛晉校刊，復謂虛列三人，今案編內實八十五人，詩二百十一首，晉未及詳檢也。」案毛晉跋所謂「茲且復合樓序篇什」蓋僅據目錄小計數之也，至《提要》謂毛本詩二百十一首，實誤，丁丙《善本書室藏書志》同誤。

入選較多之詩人置於卷上、卷中，卷下多入選一、二首之詩人〔註26〕。至於一人之中，詩之先後排列次序，大致依下列三原則：

（一）先古體後近體。如卷上宋之問六首，第一首〈同姚給事寓直省中見贈〉爲古體，其他五首〈九日登慈恩寺浮圖應制〉、〈題大庾嶺〉、〈登攝持寺閣〉、〈端州驛見杜審言王無競沈佺期閻朝隱壁有題慨然成詠〉、〈登逍遙樓〉俱爲近體。又如張九齡三首，第一首〈奉酬宋大使鼎〉爲古體，其他二首〈奉和五司馬折梅寄京中兄弟〉、〈春燕寄懷〉俱爲近體。

（二）先五言後七言。如卷上李嶠四首，前三首〈侍宴甘泉殿〉、〈餞薛大夫護邊〉、〈送崔主簿赴滄州〉俱爲五言，末首〈送司馬先生〉爲七言。又如宋之問六首，前四首皆五言，後二首爲七言。

（三）先律詩後絕句。如卷上孫逖六首，第一首〈送趙大夫（案：二字原缺，依毛本補）護邊〉爲五古，二、三首爲〈張丞相燕公挽歌詞二首〉，四爲〈送張環攝御史監南選〉俱是五律，第五首〈春日留別〉爲七律，第六首〈途中口號〉爲七絕。又如賀知章二首，第一首〈送人之軍中〉爲五律，第二首〈偶遊主人園〉爲五絕。

其中尤以（二）（三）兩條較爲嚴格遵守。此種次詩原則，於唐人選唐詩中尚有數種可見，如高仲武〈中興閒氣集序〉云：「五言詩一百四十首，七言附之」〔註27〕考其集內，確多先列五言，其次七言。又如令狐楚《御覽詩》，集中所選全爲近體，所選三十人，除司空曙、李益、霍總三人外，他皆先五言後七言，五七言中先律詩後絕句，絕無例外。準此而論，胡震亨云：

……至宋元編錄唐人總集，始于古律二體中備析五七等言爲次。〔註28〕

謂至宋元編錄唐人總集，始於古律體中析五七言爲次。其說似仍有商榷之餘地，蓋如上述，於唐人選唐詩中，若《國秀集》、《中興閒氣集》、《御覽詩》，其於律絕體、五七言之前後錄列次序，俱已鑿然有秩，不待宋人而然。至於其次詩所以先五言後七言，五七言中又先律詩後絕句，蓋因詩歌發展史上，就其成熟之時間言，五言早於七言，律詩先於絕句，而唐又以律詩取士之故也。

復次，就體例而言，《國秀集》最爲後人所詬病者，爲集中選錄編選者芮挺章、作序者樓穎自己之詩，《四庫全書總目提要》云：

〔註26〕中澤希男〈國秀集考〉以爲三卷之分，大體卷上爲初盛唐間人，中卷與下卷，乃開元天寶時人，詩人前後大致依登科早晚排列，亦可參考。
〔註27〕見李昉等編《文苑英華》卷七一二，高仲武〈大唐中興閒氣集序〉，冊九，頁4429，華文書局出版。
〔註28〕見胡震亨《唐音癸籤》卷一，頁1，世界書局印行。

－73－

　　唐以前編輯總集，以己作入選者，始見於王逸之錄楚辭，再見於徐陵
之撰《玉臺新詠》，挺章亦錄己作二篇，蓋仿其例，然文章論定，自有公
評，要當待之天下後世，何必露才揚己，先自表彰，雖有例可援，終不可
爲訓。……穎天寶中進士，其詩亦選入集中，考梁昭明太子撰《文選》，
以何遜猶在，不錄其詩，蓋欲杜絕世情，用彰公道，今挺章與穎，一則以
見存之人採錄其詩，一則以選己之詩爲之作序，後來標榜之風，已萌於此，
知明人詩社錮習，其來有漸，非一朝一夕之故矣。……特著其陋，以爲文
士戒焉。

《提要》斥《國秀集》選錄芮、樓己詩，滋生二病，一則採錄見存者之詩，有失公
評；一則選錄作序者之詩，啓後來標榜之風。案編輯總集，以己作入選者，除王逸
《楚辭章句》、徐陵《玉臺新詠》外，於有唐芮、樓之前，如貞觀間僧惠淨編《續古
今詩苑英華》中亦收錄作序者劉孝孫之作，又如天寶間李康成編《玉臺後集》，亦收
錄己作八篇〔註29〕，確是「有例可援」，唯誠如《提要》所言「文章論定，自有公
評」、「何必露才揚己，先自表彰，雖有例可援，終不可爲訓」。至於《提要》責《國
秀集》採錄見存者之詩，則似過於苛責，蓋《國秀集》乃當代人選當代詩之選集，
自不免偶錄見存者之詩，唐人選唐詩如《河嶽英靈集》、《中興閒氣集》等皆有此例。
且編選詩集是否必不可選錄存者之詩，亦尚有商榷之餘地，如清錢泳《履園譚詩》
即云：

　　　　每見選詩家總例，以蓋棺論定一語，橫互胸中，祇錄己過者。余獨謂
　　不然，古人之詩，有一首而傳，有一句而傳，毋論其人之死生，惟取其可
　　傳者而選之可也，不可以修史之例而律之也。然而亦有以人存詩，以詩存
　　人者。以詩存人，此選詩也；以人存詩，非選詩也〔註30〕。

謂選詩不可泥修史之例，必待蓋棺乃論定其人，當毋論其人死生，惟取其可傳者而
選之也，此點於探討唐人論唐詩甚爲重要。尤其所謂「古人之詩，有一首而傳，有
一句而傳」之情形，於唐代詩壇，極爲常見，如宋葛立方《韻語陽秋》卷四云：

〔註29〕晁公武《郡齋讀書志》卷二十，總集類云：「《續古今詩苑英華集》十卷，唐僧惠淨
　　　撰。輯梁武帝大同年中『會三教篇』，至唐劉孝孫『成皋望河』之作，凡一百五十四
　　　人，歌詩五百四十八篇，孝孫爲之序。」陳振孫《直齋書錄解題》卷十五，總集類
　　　云：「《玉臺後集》十卷，李康成集。……天寶間李康成所選，自陳後主、隋煬帝、
　　　江總、庾信、沈、宋、王、楊、盧、駱而下二百九人，詩六百七十首，彙爲十卷，
　　　自載其詩八篇。」《續古今詩苑英華集》收作序者之詩，《玉臺後集》則收編選者己
　　　詩。
〔註30〕見丁福保訂《清詩話》，冊三，藝文印書館印行。

唐朝人士以詩名者其眾，往往因一篇之善，一句之工，名公先達，爲之遊談延譽，遂至聲聞四馳。「曲終人不見，江上數峰青」，錢起以是得名。「故國三千里，深宮二十年」，張祜以是得名。「微雲淡河漢，疎雨滴梧桐」，孟浩然以是得名。「兵衛森畫戟，宴寢凝清香」，韋應物以是得名。「野火燒不盡，東風吹又生」，白居易以是得名。「敲門風動竹，疑是故人來」，李益以是得名。「鳥宿池邊樹，僧敲月下門」，賈島以是得名。「畫棟朝飛南浦雲，珠簾暮捲西山雨」，王勃以是得名。「華裾織翠青如蔥，入門下馬氣如虹」，李賀以是得名……〔註31〕。

當時詩人因一名句，而爲名公先達，游談延譽，遂至聲聞四馳之盛況，於此可以概見。故就《國秀集》之選錄見存者之詩，似不必過於苛責也。

第三節　命名涵意、編選目的及其選詩標準

《國秀集》之命名涵意，樓穎於序中未有說明，唯序中有云：

及源流浸廣，風雲極致，雖發詞遣句，未協風騷，而披林擷秀，揭屬良多。

所謂「披林擷秀」，即於詩林中揀擇「秀」者，然則《國秀集》云者，蓋謂所選皆國之「秀」詩，亦可擴大言之，所選諸詩人皆國之「秀」士也。至於樓穎所謂「秀」，其較確切之意義爲何，雖不易明指，然當與集中之選詩標準相去不遠。

其編選目的，樓序云：

近秘書監陳公，國子司業蘇公，嘗從容謂芮侯曰：風雅之後，數千載間，詞人才子，禮樂大壞，諷者溺於所譽，志者乖其所之，務以聲折爲宏壯，勢奔爲清逸，此蒿視者之目，聒聽者之耳，可爲長太息也。

樓穎於序中歎息風雅之後，禮樂大壞，諷者溺於所譽，志者乖其所之，時人唯重詩之聲折、勢奔，頗有提倡風雅、恢復古道之意。唯其提倡之風雅，案以集中之選詩標準，似與陳子昂、李白所謂之「風雅」不盡相同。

《國秀集》之選詩標準，樓序云：

昔陸平原之論文曰：詩緣情而綺靡，是彩色相宣，烟霞交映，風流婉麗之謂也。仲尼定禮樂，正雅頌，采古詩三千餘什，得三百五篇，皆舞而蹈之，弦而歌之，亦取其順澤者也。

序首即舉陸機〈文賦〉「詩緣情而綺靡」，奉爲圭臬，以爲詩當「彩色相宣，烟霞交

〔註31〕見何文煥輯《歷代詩話》，冊二，頁516，漢京文化事業有限公司印行。

映，風流婉麗」。其次又謂孔聖刪詩，「亦取其順澤者也」，似乎「風流婉麗」、「順澤」即其選詩標準。據此而言，其所謂「風雅」之義，實與陳子昂、李白諸人所提倡之「風雅」不同。蓋陸機〈文賦〉所謂「詩緣情而綺靡」，代表「其會意也尚巧，其遣言也貴妍，暨音聲之迭代，若五色之相宜」〔註32〕緣情一派之詩觀，與陳、李提倡具「風骨」、「興寄」之風雅，頗有不同。依陳、李之提倡風雅，必不致將陸機「詩緣情而綺靡」之詩觀，擺於序首，且置於孔聖之前。無論如何，樓穎釋「緣情而綺靡」，謂即「彩色相宣，烟霞交映，風流婉麗」，頗能把握陸機之詩觀。

復次，《國秀集》之編選者芮挺章，雖未自己為序，說明此集之選詩標準，然集中錄己得意之作二首，則亦不可謂其全無表示。本集卷下收其詩二首，第一首題作〈江南弄〉，詩云：

> 春江可憐事，最在美人家。
> 鸚鵡能言鳥，芙蓉巧笑花。
> 地銜金作埒，水抱玉為砂。
> 薄晚青絲騎，長鞭赴狹斜。

第二首題作〈少年行〉，詩云：

> 任氣稱張放，銜思在少年。
> 玉階朝就日，金屋夜昇天。
> 軒騎青雲際，笙歌綠水邊。
> 建章明月好，留醉伴風煙。

前首為平起五律，後首為仄起五律。其他毋論，即以二詩用字觀之，「春江」、「美人」、「鸚鵡」、「芙蓉」、「金埒」、「玉砂」、「玉階」、「金屋」、「青雲」、「綠水」、「明月」、「風煙」，皆詞藻豔麗，對仗工整，與陳、李提倡「風骨」、「興寄」之風雅，相去頗遠，而與樓序所云「彩色相宣，煙霞交映，風流婉麗」則頗一致。

最後，再就集中所選詩人及詩作觀之：

（一）就所選詩人之時代言。依樓序及本文所考，自開元至天寶十三載，為其選詩之上下限，是所選多盛唐詩人，唯如前論，杜審言卒於中宗神龍景龍間，宋之問卒於玄宗先天元年，皆在入選之列，是其所選實亦及於初唐詩人。故明胡震亨《唐音癸籤》卷三十一，依所選詩作時代範圍，將唐人選唐詩分為「合前代選」、「選初唐」、「合選初盛唐」、「選盛唐」、「選中唐」、「合選（案：即合選有唐一代）」六類，而歸《國秀集》於「合選初盛唐」一類。

〔註32〕陸機〈文賦〉，見郭紹虞《中國歷代文論選》上冊，頁138，木鐸出版社印行。

（二）就詩人入選詩作之篇數言。此集入選篇數最多者，為卷上之盧僎，共十三首之多，其次為卷中之崔顥、王維、孟浩然各七首，再次為卷上之宋之問、徐安貞、孫逖、卷中之崔國輔各六首，卷上之杜審言、沈佺期、張說、卷中之張諤、徐九皋、閻寬、樓穎、卷下之崔曙、王昌齡各五首，其餘在五首以下者甚多，不一一錄列。案其所選，初盛唐之名家頗多入選者，唯盧僎《新唐書》卷二○○有傳云：「盧僎，吏部尚書從愿三從父也，自聞喜尉為學士，終吏部員外郎。」並不言其有詩名，此入選十三首，居諸家之冠，頗不可解。

（三）就所選詩作之體裁言。二一八首中，以五律最多，共一一五首，其次五古四十一首，七絕三十首，五絕十九首，七律九首，雜言古詩三首，七古一首。案樓序云：「自開元以來，維天寶十三載，譴謫蕪穢，登納菁英，可被管絃者，都為一集。」似此集所選，皆可被諸管絃，供人歌唱。考唐代之樂曲詩篇，不限於樂府題、絕句，亦有截古律以歌唱者〔註33〕，此集用樂府題者近三十首，絕句有四十九首，五古、五律共一五六首，以五古五律佔大多數。

（四）就所選詩作之題旨言。二一八首中，以客旅類為最多，共三十二首，其次為遊覽類二十九首，別離類二十六首，婦女類二十二首，贈答類二十一首，征戍類十五首，悼亡、詠物類各十三首，懷古類十首，節序、宴會類各八首，詠懷類六首，尋訪類五首，豪俠類四首，田家、時事類各二首，圖畫、歌舞類各一首。以客旅、遊覽、別離、婦女、贈答類佔多數〔註34〕。

第四節　餘　論

今存唐人選唐詩中，編選於盛唐期者，除芮挺章《國秀集》外，尚有前章所論殷璠《河嶽英靈集》，及下章將論之元結《篋中集》。此三集雖皆編選於盛唐期，唯彼此所代表之詩觀，卻大有不同，日學者中澤希男依此三集所代表詩觀之不同，將盛唐詩壇分為三派，一為延長初唐詩風之藻飾派，《國秀集》屬之；一為與藻飾派極端相反之尚古派，《篋中集》屬之；三為折衷派，《河嶽英靈集》屬之〔註35〕。此盛唐三集中，《國秀集》於後代，雖其評價不如《英靈集》、《篋中集》，然其存在，則證明元結〈篋中集序〉所云：

〔註33〕參考中澤希男〈國秀集考〉。
〔註34〕見小川昭一〈有關唐人選唐詩〉第一表，載《斯文》二十八期，頁31～38，1960年10月。
〔註35〕同註33。

　　近世作者，更相沿襲，拘限聲病，喜尚形似，且以流易爲詞，不知喪
於雅正。然哉！彼則指咏時物，會諧絲竹，與歌兒舞女生污惑之聲於私室
則可矣，若令方直之士，大雅君子，聽而誦之，則未見其可矣〔註36〕。
由後人視之，《國秀集》實反映盛唐詩壇之一隅，亦研究唐代詩學可貴之資料也。

〔註36〕同註27，卷七一二元結〈篋中集序〉，頁4428。

書影四：國秀集，明新安汪宗尼校刊本

國秀集卷上

唐國子進士芮挺章集

明　新　安汪宗尼校

李嶠

侍宴甘泉殿

月宇臨丹地雲總網碧紗御筵陳桂醑天酒酌榴花

水向浮橋直城連禁苑斜承恩恣歡賞歸路滿煙霞

餞薛大夫護邊

荒隅時未通副相下臨戎授律星芒動分兵月暈空

犀皮擁青橐象齒飾彫弓決勝三河勇長驅六郡雄

第五章 《篋中集》考

第一節 編選者、編選之年代及其版本

  《篋中集》之編選者爲元結。其生平事蹟，《新唐書》卷一四三有傳，此外《唐詩紀事》、《唐才子傳》亦足資參考，近人孫望、楊承祖先生且皆撰有元結年譜〔註1〕，於元結生平事蹟論證尤詳。

  元結，字次山，始號元子，繼稱猗玕子，號浪士，或稱漫郎、聱叟，後稱漫叟。河南汝州魯山縣人，生於玄宗開元七年（719），卒於代宗大曆七年（772），享年五十有四。

  結父延祖，清淨恬儉，歷官魏城主簿、延唐丞。結十七歲始折節向學，師事宗兄元德秀，奠定爾後思想人格、文學主張之基礎。天寶六載（747），玄宗以承平日久，欲廣求天下之士，命通一藝以上者，皆詣京師就選，結應舉至長安，時李林甫弄權，恐草野之士對策斥其奸惡，乃令尚書省試之，凡布衣之士皆下第，然後上表玄宗，慶賀野無遺賢。結〈喻友〉於此事言之頗詳，云：

    天寶丁亥中，詔徵天下士人有一藝者，皆得詣京師就選，相國晉公林甫以草野之士猥多，恐泄漏當時之機，議於朝廷曰：「舉人卑賤愚瞶，不識禮度，恐有謡言，污濁聖聽。」於是奏待制者，悉令尚書長官考試，御史中丞監之，試如常吏（原註：如吏部試詩賦論策）。已而布衣之士無有第者，遂表賀人主，以爲野無遺賢。元子時在舉中，……鄉人於是與元子

〔註1〕孫望〈元次山年譜〉，見世界書局出版《新校元次山集》末附；楊承祖〈元結年譜〉，載《淡江學報》第二期；〈元結年譜辨正〉載《淡江學報》第五期。下文多依楊氏之說，不一一附註。

偕歸〔註2〕。

天寶九載（750）至十一載（752）結居商餘山習靜養病。天寶十二載冬，至京師舉進士，禮部侍郎陽浚知貢舉，大激賞之，十三載（754）春，進士及第，旋復歸家。十四載，范陽節度使安祿山興兵造反，結自商餘山率家族鄰里逃難，經襄陽入猗玗洞。肅宗乾元元年（758）史思明再度作亂，結復因亂遊居江州之瀼溪。

乾元二年（759），李光弼拒史思明於河陽，肅宗擬幸河東，意欲親征，時考功郎中蘇源明掌知制誥，上書極諫，肅宗嘉其切直，遂罷東幸，並問天下士，乃薦結可用，肅宗從之。結舉詔至長安，上問以時勢，乃上時議三篇，悉陳兵勢，頗解肅宗之憂，肅宗大悅，擢為右金吾兵曹參軍、攝監察御史，充山南東道節度參謀，先後在唐、鄧、汝、蔡諸州募集義軍，劇賊山棚、高晃等率五千餘人來歸。乾元二年（760），來瑱為山南東道節度使討史思明，次山為其參謀，理兵於泌陽，頗著戰功，史思明憚之，不敢南侵。其地於至德丁酉（757）年間為陷邑，百姓殺傷甚多，街廓亂骨，如古屠肆，結見之不忍，乃收而藏之，命曰哀丘，又憫將士戰恐，請給將士父母糧，請收養孤弱，來瑱俱納所請。

上元元年（760閏4月改元年），呂諲為荊南節度使，請益兵拒史賊，上進結為水部員外郎、兼殿中侍御史，充荊南節度判官，以兵佐諲。次年，結方欲領兵鎮九江，而史思明已為其子朝義所殺，結乃撰〈大唐中興頌〉。

自乾元三年（759）至寶應元年（762），結以一介儒生，親預戎事，雖卓有戰功，終非志之所在，乃作〈舂官引〉一首以自抒懷抱，略謂對行伍之事，自慚無能，頗有歸全山野之意，故代宗登極，欲加封邑，結即遜讓不受。適呂諲病逝，結以判官知節度觀察使事，懼貽災患，又老母久病，乃乘機進〈乞免官歸養表〉，代宗許之，改拜著作郎，遂家武昌之樊口，日與漁者酒徒為伍，放情山水，以著述耕釣自娛。唯此種閒適生活亦為時不久，即於代宗廣德元年（763）九月奉詔任道州刺史。

結於廣德二年（764）至道州履新，方至任所，即見租庸調諸使之文牒，不外令徵錢物之屬。然道州甫於去年為西原蠻賊所陷據，焚燒屠掠，百姓甚為困頓，結因進〈奏免科率狀〉，請免百姓所負租稅，代宗許其請。又作〈舂陵行〉以達下情，其序曰：

> 癸卯歲，漫叟授道州刺史，道州舊僅四萬餘戶，經賊已來，不滿四千，大半不勝賦稅。到官未五十日，承諸使徵求符牒二百餘封，皆曰：「失其限者，罪至貶削」，於戲！若悉應其命，則州縣破亂，刺史欲焉逃罪？若

〔註2〕見《新校元次山集》卷八，頁51，世界書局出版。

不應命，又即獲罪戾，必不免也。吾將守官，靜以安人，待罪而已。此州
是春陵故地，故作〈春陵行〉以達下情〔註3〕。

未幾，西原蠻賊復來犯州，結固守百餘日，賊退，結作〈賊退示官吏〉爲百姓請願，
其序曰：

癸卯歲，西原賊入道州，焚燒殺掠，幾盡而去。明年，賊又攻永州，
破邵，不犯此州邊鄙而退，豈力能制敵歟？蓋蒙其傷憐而已，諸使何忍苦
徵斂？故作詩一篇，以示官吏〔註4〕。

其憫時憂國、忠君愛民之意，形於筆墨。由於次山行古人之政，知民疾苦，處處爲
民請命，是以二年之間，歸者萬餘家，而西原蠻賊自是懷畏，不敢來犯。及任滿將
調，百姓懷之，詣闕乞再留，爲立生祠。

　　大曆三年（768）結刺道州任滿，夏，進授容州刺史、兼御史中丞，充本管經
略守捉使。後結以母老表乞解職歸養，未獲上許，乃移家浯溪，而單車赴容州。時
容、管諸州蠻豪叛據，結既到任，身入賊庭，親自撫諭，六旬而綏定八州。先前結
既表讓容州職事，代宗察其懇切，擬詔追入朝，勅書未到，結已丁母憂，乃去官奔
喪。四年夏，詔起復結守金吾衛將軍、員外置同正員、兼御史中丞，使持節都督容
州諸軍事，兼容州刺史，充本管經略守捉使，賜紫金魚袋。結忽蒙恩詔，甚爲驚惶。
蓋結方丁母憂，寄柩永州，若應命赴容州，則亡母歸葬無日，奠祀無主；若不應命，
則有負君恩，爲之進退兩難。故再矢死懇辭容州職事，俾終喪制〔註5〕，代宗憫其
孝心，終許所請。

　　結晚年居浯溪守母喪，閉門謝客，生活清簡，大曆七年（772）春，次山朝京
師，代宗甚爲禮遇，方欲加封位秩，不幸染疾，卒於旅次，享年五十四歲，贈禮部
侍郎。是年冬，歸葬於魯山。有子三人，長以方，字友直，建中元年（780）進士及
第，官京兆少尹。仲以明，字友正。季友讓，寶鼎尉、假道州長史。結著述有《元
子》十卷、《猗玗子》一卷、《浪說》七篇、《漫記》七篇、《文編》十卷及《元文後
編》、《異錄》，今有文集傳世。又編選有《篋中集》一卷，今傳。至於結之交遊狀況

〔註3〕同註2，卷三，頁34。
〔註4〕同註2，卷三，頁35。《新唐書》卷二二二下，〈西原蠻列傳〉云：「復圍道州，刺史
　　　元結固守，不能下。」，又結集卷十〈奏免科率等狀〉云：「去年賊又逼州界，防捍
　　　一百餘日。賊攻永州，陷邵州，臣州獨全者，爲百姓捍賊。」而此序云賊不犯此州，
　　　蓋蒙其傷憐者，警世之詞以示官吏耳，非史實也，詳見楊承祖〈元結年譜〉廣德二
　　　年條。
〔註5〕見《新校元次山集》卷十〈再讓容州表〉，頁157。

可參考孫望〈《篋中集》作者事輯〉與楊承祖先生〈元結交遊考〉〔註6〕，茲不贅言。

元結《篋中集》之編選年代，在今存唐人編選唐詩中，乃較無問題者，結〈篋中集序〉云：

> 元結作《篋中集》，……時乾元三年也。

是《篋中集》之編選年代爲肅宗乾元三年（760）。又案乾元三年閏四月改元爲上元，序作「乾元三年」，則《篋中集》當成於其年閏四月以前。結時年四十二，方任來瑱府之參謀，理兵於泌陽。

《篋中集》之重要版本，據書志所載，宋本有二。一爲影鈔宋本，丁丙《善本書室藏書志》卷三十八云：

> 《篋中集》一卷（原註：影鈔宋本）。唐元結次山編，所錄沈千運、王季友、于逖、孟雲卿、張彪、趙微明及其弟融七人之詩，凡二十四首。皆聲希味淡之作，前有乾元三年自序云：嗚呼！……冀其不忘於今。末有臨安府太廟前大街尹家書鋪刊行一條，實影宋本耳。

近人徐乃昌隨盦徐氏叢書本《篋中集》，即據此本。徐氏又取明刻馮己蒼評點本、汲古閣本校之，成札記一卷附末。徐氏云：

> 右《篋中集》一卷，唐元結撰。影宋鈔本。末有臨安府太廟前大街尹家書鋪刊行一行。半葉十行，行十六字。愛其字畫遒勁，付鄂工刻之。檢趙玄度藏明刻馮己蒼評點本、汲古閣本校之，而此本較勝。此書又全數收入《唐百家詩》，再取宋縣津刻互校之，成札記如左，……〔註7〕。

另一爲舊鈔本，楊守敬《日本訪書志》卷十二云：

> 《篋中集》一卷（原註：舊鈔本），是書有汲古閣刊本，多譌誤。如開篇序云：「元結作《篋中集》成，或問曰」，毛本脫或字（原註：《文苑英華》脫成字），「若令方直之士」，毛本令誤今，尤謬者「乾元三年」，元作之，豈毛氏刻成，竟未寓目耶？至於卷中亦多不合，如沈千運「豈非林園主」，毛本作豈知，「前路漸欲少」，毛本前作別，「人生各有命，在余胡不淑」，毛本命作志，淑作激，「草草門卷喧」，毛本作草草。孟雲卿「心憂轉顛倒」，毛本轉作夢。元季川「丹砂發清藻」，毛本作渠，「人無第舍期」，毛本第作茅，皆以此本爲勝。按王荊公《百家詩選》六卷，全收此集，以此本校

〔註6〕孫望〈篋中集作者事輯〉，載《金陵學報》八卷一、二期合刊；楊承祖〈元結交遊考〉，載《書目季刊》第十三卷第一期。

〔註7〕見《唐人選唐詩》，頁35，河洛圖書出版社印行。

之多合，知其原於北宋本也。

楊氏雖以此本較毛本爲勝，然以其文中所記諸句，與徐氏叢書本相校，皆不合，恐二本來源不同。明本有四，一爲前錄乃昌札記所謂馮己蒼評點本；二爲明崇禎元年（1628）虞山毛氏汲古閣刊《唐人選唐詩》八種本；三爲王文進《文祿堂訪書記》所著錄之明嘉靖刻本，王氏云：

> 《篋中集》一卷，唐元結撰。清繆藝風據宋校明嘉靖刻本，半葉十行，行十八字，白口，乾道三年自序。繆氏手跋曰：丙午仲秋前三日，據臨安府太廟前大街尹家書鋪刊行本校一過，荃孫。有錢氏幽吉堂藏、曾在汪閬源家、藝風堂藏書、雲輪閣印。

四爲何義門校本所據明鈔本，傅增湘《藏園群書題記》卷五云：

> 臨義門校本，原跋前并所佚後序錄後。
>
> 　康熙辛卯從汲古閣得見舊鈔《篋中集》，後有曾慥端伯、曾豹季貍及明初會稽唐肅、肅之子志淳四跋，脱誤甚多，四跋亦無所見，非佳書也。唯後序爲他本所無，且于逖詩次序與荊公選異同，乃手校一過存之，何焯識。……。
>
> 　義門所校爲汲古閣舊鈔本，有唐肅父子跋，則亦明鈔本矣。

義門所校爲明鈔本，唯就其存曾慥、曾豹之跋觀之，當亦淵源於宋。復次，日本有文政七年（1824）刊官版本。筆者所見僅徐氏叢書本及毛晉汲古閣本，以下論述俱依徐氏叢書本。

第二節　篇卷、編選之數目及其體例

《篋中集》首著錄於《新唐書》卷六十〈藝文志〉總集類，云：

> 元結《篋中集》一卷。

其後陳振孫《直齋書錄解題》卷十五著錄云：

> 《篋中集》一卷，唐元結次山錄沈千運、趙微明、孟雲卿、張彪、元季川、于逖、王季友七人詩二十四首，盡篋中所有次之。荊公詩選盡取不遺，唐中世詩高古如此，今人乃專尚季末，亦異矣。《館閣書目》以爲結自作，入〈別集類〉，何其不審也。

此外《崇文總目》、《中興館閣書目》、《通志》、《通考》、《國史經籍志》俱著錄一卷。惟《中興館閣書目》入別集類，似以集中詩爲次山自作，陳解題已斥其非。此集歷代皆著錄作一卷，今傳本亦俱作一卷，是《篋中集》原本一卷無疑也。《國史經籍志》

著錄此集一卷後，又重出此集題作三卷，蓋誤。

此集選詩人七，歷代皆無異說。惟詩數則有作二十二首者，如《文苑英華》卷七一二錄結〈篋中集序〉云：

> 凡七人，詩二十二首，時乾元三年也。

又編於北宋眞宗大中祥符四年（1011）〔註8〕，姚鉉之《唐文粹》卷九十三錄此序亦云：

> 凡七人，詩二十二首，時乾元三年也。

此外，計有功《唐詩紀事》、四部叢刊明本《元次山集》並作二十二首〔註9〕。然陳解題著錄此集已云「七人詩二十四首」，而今傳本亦俱存詩二十四首，且北宋舊題王安石編選之《唐百家詩選》，於《篋中集》所選盡取無遺，亦爲二十四首，疑諸書所錄〈篋中集序〉作「二十二首」者，蓋「二十四首」之訛，茲仍定《篋中集》所選錄詩以二十四首爲是。

此集之編撰體例，以人爲主，每人選若干首不等，詩人先後之次，不詳其例，所選全爲五言古詩。

第三節　命名涵意、編選目的及選詩標準

《篋中集》之命名涵意及編選目的，據結自序云：

> 風雅不興，幾及千歲，溺於時者，世無人哉，嗚呼！有名位不顯，年壽不將，獨無知音，不見稱顯，死而已矣，誰云無之。近世作者，更相沿襲，拘限聲病，喜尚形似，且以流易爲辭，不知喪於雅正，然哉！彼則指詠時物，會諧絲竹，與歌兒舞女生汙惑之聲於私室可矣，若令方直之士，大雅君子，聽而誦之，則未見其可矣。吳興沈千運獨挺於流俗之中，強攘於已溺之後，窮老不惑，五十餘年。凡所爲文，皆與時異，故朋友後生，稍見師效，能似類者，有五六人。於戲！自沈公及二三子，皆以正直而無祿位，皆以忠信而久貧賤，皆以仁讓而至喪亡，異於是者，顯榮當世，誰爲辯士？吾欲問之。天下兵興於今六歲，人皆務武，斯焉誰嗣？已長逝者，遺文散失；方阻絕者，不見盡（《文苑英華》引作「近」）作，（《文苑英華》

〔註8〕見姚鉉〈唐文粹自序〉，四部叢刊明本。
〔註9〕計有功《唐詩紀事》卷二十二「沈千運」條，節錄結〈篋中集序〉云「凡二十二首」，四部叢刊影明本《元次山集》卷七〈篋中集序〉云「詩二十二首」。

引此有「盡」字）篋中所有，總編次之，命曰《篋中集》。且欲傳之親故，

冀其不忘於今。

足見其命名，乃因「已長逝者，遺文散失；方阻絕者，不見近作」，故「盡篋中所有，

總編次之」，因盡其篋中所有編次之，故名《篋中集》。又何義門校本《篋中集》所

據汲古閣舊鈔本，錄有〈後序〉一篇，此〈後序〉似亦元結所作，諸本皆無，云：

漫士昔在高山，藏山近五千卷，及經迍亂，全家瀼濱，存者不過筐篋，

中有季川所遺沈公等雜詩一卷，不忍遺之，遂編次爲《篋中集》。其遺散

七十餘首，採奇篇四章存於集中，爲斯集已，蓋欲顯季川之志尚所存，亦

寄季川於諸公下，致之篋中，此而已矣〔註10〕。

謂安史亂後，結存藏書，不過筐篋，中有季川所遺沈千運等詩一卷，不忍遺之，並

採季川奇篇四篇，編次爲《篋中集》。依此，《四庫全書總目提要》云：

其詩皆淳古淡泊，絕去雕飾，非惟與當時作者，門徑迴殊，即七人所

作，見於他集者，亦不及此集之精善，蓋汰取精華，百中存一，特不欲居

刊薙之名，故記言篋中所有僅此云爾〔註11〕。

此謂結編選《篋中集》「特不欲居刊薙之名，故記言篋中所有僅此云爾」，揆之前引

〈後序〉，似非事實。至於其編選目的，據結〈自序〉及〈後序〉所言，共有三點，（一）

提倡風雅詩，反對當時「更相沿襲，拘限聲病，喜尚形似，且以流易爲辭，不知喪

於雅正」、「指詠時物，會諧絲竹，與歌兒舞女生汙惑之聲」之詩風；（二）表彰「獨

挺於流俗之中，強壞於已溺之後」之失意詩人；（三）顯季川志尚風雅之意。

　　此集之選詩標準，與結之詩觀有關，茲先略述結之詩觀。結論詩之基本觀點，

在於提倡風雅，反對拘限聲病、喜尚形式之形式主義。其〈二風詩論〉、〈系樂府十

二首〉、〈文編序〉及〈劉侍御月夜讌會序〉等皆有說明，〈二風詩論〉云：

客有問元子曰：子著二風詩何也？曰：吾欲極帝王理亂之道，系古人

規諷之流。……吾且不曰著斯詩也，將系規諷乎〔註12〕？

〈系樂府十二首序〉云：

古人歌詠，不盡其情聲者，化金石以盡之。其歡怨甚邪戲！盡歡怨之

聲者，可以上感於上，下化於下〔註13〕。

〔註10〕見傅增湘《藏園群書題記》卷五〈校唐人選唐詩八種跋〉。

〔註11〕見《四庫全書總目提要》卷一八六，集部總集類「《篋中集》一卷」條，頁 1053，漢
京文化事業有限公司印行。

〔註12〕同註2，卷一，頁 10。

〔註13〕同註2，卷二，頁 18。

〈文編序〉云：

> 是以所爲之文，可戒可勸，可安可順，……其意必欲勸之忠孝，誘以
> 仁惠，急於公直，守其節分，如此非救時勸俗之所須者歟〔註14〕？

〈劉侍御月夜讌會序〉云：

> 於戲！文章道喪蓋久矣，時之作者，煩雜過多，歌兒舞女，且相喜愛，
> 系之風雅，誰道是邪？諸公嘗欲變時之淫靡，爲後生之規範，今夕豈不能
> 道達性情，成一時之美乎〔註15〕？

凡此可見結之提倡風雅，實欲繼承古代諷諭美刺之傳統，要求詩歌發揮積極之社會
教育作用〔註16〕，故云「欲極帝王理亂之道，系古人規諷之流」，「可以上感於上，
下化於下」。由〈劉侍御月夜讌會序〉亦可知結極反對當時淫靡之風，故其自作，皆
以諷諭美刺爲前提，如其〈閔荒詩序〉云：「得隋人冤歌五篇，考其歌義，似冤怨時
主，故廣其義，採其歌，爲閔荒詩一篇」，〈舂陵行序〉云：「作舂陵行以達下情」，〈賊
退示官吏序〉云：「癸卯歲，西原賊入道州，焚燒殺掠，幾盡而去，……諸使何忍苦
徵斂，故作詩一篇，以示官吏」等皆是。尤其〈舂陵行〉、〈賊退示官吏〉二篇，更
激起杜甫之共鳴，杜甫見後，大爲激賞，其〈同元使君舂陵行序〉云：

> 覽道州元使君結〈舂陵行〉兼〈賊退後示官吏〉作二首，志之曰：當
> 天子分憂之地，效漢官良吏之目，今盜賊未息，知民疾苦，得結輩十數公，
> 落落然參錯天下爲邦伯，萬物吐氣，天下少安可得矣。不意復見比興體制，
> 微婉頓挫之詞，感而有詩，增諸卷軸，簡知我者，不必寄元〔註17〕。

從知民疾苦、比興微婉讚美結此二篇，可謂結之知己。

元結之反對拘限聲病、喜尙形似之形式主義，於〈篋中集序〉云：

> 近世作者，更相沿襲，拘限聲病，喜尙形似，且以流易爲辭，不知喪
> 於雅正。

指出當時詩壇只追求形式美巧，缺乏現實內容之缺點。再就結作品考之，結詩作之
體裁，有四言古詩、騷體古詩、雜言古詩、五言古詩、七言古詩，唯無一律絕，其
鄙薄近體之拘限聲病，皎然可見焉。

結《篋中集》之選詩標準，據其自序可知：一則就形式上言，反對「拘限聲病，
喜尙形似，且以流易爲辭」之作品；一則就內容上言，反對「指詠時物，會諧絲竹，

〔註14〕同註2，卷十，頁154。
〔註15〕同註2，卷三，頁37。
〔註16〕參考劉大杰著《中國文學批評史》上冊，頁256。
〔註17〕見《新校元次山集》，附錄一，頁161。

與歌兒舞女生汗惑之聲」之作品，與其論詩觀點及詩作完全一致。復次，再就其所選詩人及詩作觀之：

（一）以所選詩人之時代言。《篋中集》所選七人，除沈千運、孟雲卿，大多生平不明，然皆與結生世相當，則無可疑也。

（二）就詩人入選詩作之篇數言。二十四首中，孟雲卿之作最多，共五首。其次為沈千運、張彪、元季川各四首，其次為趙微明三首，王季友、于逖各二首。

（三）就所選詩作之體裁言。二十四首全為五言古詩，無一律絕，與結詩風相合，〈篋中集序〉所謂「凡所為文，皆與時異」者是也。

（四）就所選詩作之題旨言。二十四首中，以詠懷類最多，共七首。其次為贈答類五首，別離類四首，遊覽類、悼亡類各二首，即事類、客旅類、仙釋類、征戍類各一首〔註 18〕。

（五）就所選詩作之風格言。此集所選詩，《四庫全書總目提要》云：「其詩皆淳古淡泊，絕去雕飾」〔註 19〕，傅增湘亦云：「集中所錄皆情味眞摯，氣息淳古之作，盡矯浮華輕綺之風」〔註 20〕所論皆合實際。

第四節 《篋中集》與中唐新樂府運動

結基本詩觀與《篋中集》選詩標準之一致，已如上述，然則結之影響於元稹、白居易者，《篋中集》之倡古雅詩風，亦與有力焉。眾所周知，元、白等大量創作有關政治諷諭、反應現實之樂府詩，為中唐詩壇主流之一。唯若追溯此種「文章合為時而著，詩歌合為事而作」、「為君為臣為民為物為事而作，不為文而作」〔註 21〕之「新樂府運動」之淵源，遠者自是繼承詩經美刺比興之傳統，近者當受杜甫、元結等人之影響，白居易〈與元九書〉云：

> 唐興三百年，其間詩人，不可勝數，……又詩之豪者，世稱李杜。李之作，才矣奇矣，人不逮矣，索其風雅比興，十無一焉。杜詩最多，可傳者千餘首，至於貫穿今古，覯縷格律，盡工盡善，又過於李。然撮其〈新安史〉、〈石壕吏〉、〈潼關吏〉、〈塞蘆子〉、〈留花門〉之章，「朱門酒肉臭，

〔註 18〕見小川昭一〈關於唐人選唐詩〉表一，載《斯文》，第二十八期。
〔註 19〕同註 11。
〔註 20〕同註 10。
〔註 21〕前句見白居易〈與元九書〉，後句見白居易〈新樂府序〉。郭紹虞《中國歷代文論選》上冊，頁 411、頁 421，木鐸出版社出版。

路有凍死骨」之句，亦不過三四十首，杜尚如此，況不逮杜者乎〔註22〕。

元稹〈樂府古題序〉亦云：

> 近代唯詩人杜甫〈悲陳陶〉、〈哀江頭〉、〈兵車〉、〈麗人〉等，凡所歌行，率皆即事名篇，無復依旁〔註23〕。

元白所取於杜甫者，皆其社會寫實，有助諷諭之詩篇。至於元結，雖然元、白未嘗明言受其影響，然由元結論詩主張，及杜甫所稱美〈舂陵行〉、〈賊退後示官吏〉諸作觀之，結實亦元白新樂府運動之先驅，而與之聲氣相通者。次山〈文編序〉云：

> 是以所爲之文，可戒可勸，可安可順，……爾來十五年矣，更經喪亂，……故所爲之文，多退讓者，多激發者，多嗟恨者，多傷閔者，其意必欲勸之忠孝，誘以仁惠，急於公直，守其節分，如此非救時勸俗之所須者歟？

此與白居易〈新樂府序〉所云：

> 其辭質而徑，欲見之者易諭也；其言直而切，欲聞之者深戒也；其事覈而實，使采之者傳信也；其體順而肆，可以播於樂章歌曲也。總而言之，爲君爲臣爲民爲物爲事而作，不爲文而作也。

二者之出發點可謂一致。又元結〈舂陵行〉末所云：「何人采國風，吾欲獻此辭」、系樂府十二首〈農臣怨〉末云：「謠頌若採之，此言當可取」，與白居易〈策林〉之六十九所謂「今欲立采詩之官，開諷刺之道」〔註24〕，亦可說完全相同。

結〈篋中集序〉獨舉沈千運，蓋以七人中，沈千運年輩最爲老師〔註25〕，唯集中所選實以孟雲卿作品最多，共五首，可謂《篋中集》之代表人物。大曆末高仲武編選《中興閒氣集》，亦入選雲卿之作六首，且評云：

> 祖述沈千運，漁獵陳拾遺，詞意傷怨，如「虎豹不相食，哀哉人食人」，方於七哀「路有飢婦人，抱子棄草間」，則雲卿之句深矣，雖效於沈陳，纔得升堂，猶未入室，然當今古調，無出其右，一時之英也〔註26〕。

由高氏所摘雲卿之句「虎豹不相食，哀哉人食人」，便可知雲卿詩之內容及特色。又云：「當今古調，無出其右」，稽以晚唐張爲作〈詩人主客圖〉，以雲卿爲高古奧逸主

〔註22〕見《中國歷代文論選》上冊，頁 410。

〔註23〕同註 22，頁 422。

〔註24〕白居易欲立采詩官之意，又見其〈采詩官〉云：「采詩官，采詩聽歌導人言。……周滅秦興至隋氏，十代采詩官不置。……諍臣杜口爲冗員，諫鼓高懸作虛器，君兮君兮願聽此，欲開壅蔽達人情，先向歌詩求諷刺。」

〔註25〕見孫望〈篋中集作者事輯〉。

〔註26〕同註 7，頁 314。

〔註27〕，可信雲卿專擅者爲樂府古詩。《篋中集》所選雲卿詩，亦皆樂府古調，集內其他六人，亦無一近體。尤其趙微明之〈回軍跋者〉，歌詠一因老跛乃得離開爭戰邊城之老兵，最足發人深省。綜觀《篋中集》所選詩之題旨，雖較元、白等人所倡「爲君爲臣爲民爲物爲事而作」者，仍有所不及，然其在當時「拘限聲病，喜尙形似，且以流易爲辭」之風氣下，「獨挺於流俗之中，強攘於已溺之後」，倡導樂府古調，崇尙風雅比興，對元、白諸人大量製作樂府詩，展開波瀾壯闊之「新樂府運動」，當有若干前導之功。

〔註27〕見計有功《唐詩紀事》卷六十五「張爲」條，頁976，木鐸出版社出版。

第六章 《中興閒氣集》考

第一節 編選者、編選之年代及其版本

　　《中興閒氣集》（下省稱《閒氣集》），編選者爲高仲武。仲武生平事蹟，今全不可考，其書首題曰「渤海高仲武集」，而《四庫全書總目提要》云：

　　　　仲武自稱渤海人，然唐人類多署郡望，未知確貫何地也〔註1〕。

然則，即仲武之里籍亦不可確知矣。除《閒氣集》外，僅知仲武又撰有《格律異門論及譜三篇》〔註2〕。計有功撰《唐詩紀事》，頗引《閒氣集》評詩人之小序，唯於仲武生平，曾無隻字片語及之，明胡應麟《詩藪》，嘗對此略有微詞，云：

　　　　宋計敏夫輯《唐詩紀事》八十一卷，一千一百五十家，採摭精詳，序
　　　　次整密，允謂篤志之士。然芮挺章編《國秀集》，李康成編《玉臺》（案：
　　　　即《玉臺後集》），……又殷璠《英靈》，高武《閒氣》，品藻之語，盛見援引，
　　　　而四子名氏，開卷邈如，……可謂失之耳目之前〔註3〕。

關於仲武生平，今雖無可陳述，唯就《閒氣集》之編選者而言，前代書志，或有誤解，極待澄清疏通。元辛文房《唐才子傳》卷二「高適」條云：

　　　　適字達夫，一字仲武，……今有詩文等二十卷，及所選至德迄大曆述

〔註1〕見《四庫全書總目提要》卷一八六，〈集部・總集類〉一，「中興閒氣集二卷」條。
　　　頁 1054，漢京文化事業有限公司印行。
〔註2〕見《中興閒氣集》評孟雲卿小序。又日學者中澤希男〈中興閒氣集考〉，以爲宋志總
　　　集類所著錄「高仲武詩甲集五卷、詩乙集五卷」，亦高仲武著作，恐誤，宋志別集類
　　　著錄「高適詩十二卷」，此蓋別本高適詩，宋以後高適、高仲武或混爲同一人，詳下
　　　文。中澤氏之作，載《前橋群馬大學紀要》十一卷，頁 1～17。
〔註3〕見胡應麟《詩藪》，外編三，唐上。頁 480，廣文書局出版。

作者二十六人詩爲《中興閒氣集》二卷，並傳。

辛氏以爲《閒氣集》之編選者高仲武，即盛唐詩人高適。然宋陸游〈跋中興閒氣集〉已云：

> 高適字仲武，此乃名仲武，非適也。評品多妄，蓋淺丈夫耳，……。

又云：

> 高適字仲武，此集所謂高仲武，乃別一人名仲武，非適也〔註4〕。

謂高適與《閒氣集》編選者高仲武，非同一人。今人阮廷瑜先生復就年代考察云：

> 按《舊唐書‧高適傳》云：「永泰元年正月卒」。《新唐書‧高適傳》云：「永泰元年卒」。永泰代宗年號，僅一年，永泰元年即公元765年，後即大曆；大曆共十四年，自公元766年至公元779年。後即德宗。大曆時高適已不在人世，何能選時人之作？又〈中興閒氣集序〉云：「唐興一百七十載，……業文之人，述作中廢，粵若肅宗先帝以殷憂啓聖，反正中興，伏惟皇帝以出震繼明，保安區宇，……武不揆菲陋，輒罄謏聞，博訪詞林，采察謠俗。起自至德元年首終於大曆末年，作者數千，選者二十六人。……命曰《中興閒氣集》。」考唐高祖武德元年（公元618年）至肅宗至德元年（公元756年），其間僅一百三十八年，而至大曆十四年（公元779年），其間一百六十一年，此唐興一百七十載也，時在代宗，故有「肅宗先帝」之稱。是則《中興閒氣集》選定於大曆末年，明與高適無關；高仲武另有一人，《才子傳》誤〔註5〕。

阮氏考辨極詳，可知《閒氣集》編選者高仲武與盛唐詩人高適，決非一人，《唐才子傳》實誤。唯《唐才子傳》之誤《閒氣集》爲高適所作，亦有其故。就現存資料觀之，似即導誤於陸游〈中興閒氣集跋〉，陸氏跋謂詩人高適字仲武，然正史所載，適字達夫，未見適字仲武者，此自是陸游誤記〔註6〕，雖然，陸氏仍明知高適、高仲武非一人。唯至晁公武《郡齋讀書志》著錄《高適集》云：

> 高適，達夫也，一字仲武，渤海人。

謂高適字達夫，一字仲武。竊疑晁氏《讀書志》此說，蓋受陸游跋之影響，故謂高適一字仲武。然就晁氏《讀書志》卷二十著錄《閒氣集》之語觀之，晁氏似亦未誤

〔註4〕二引俱見陸游《渭南文集》卷二十七，頁163，文友書店出版。

〔註5〕見阮廷瑜《〈中興閒氣集〉作者渤海高仲武非高適》，載《大陸雜誌》二十五卷九期。復次，羅根澤《中國文學批評史》，亦有類似之考證，頁390，龍泉書屋出版。

〔註6〕同註1云：「陸游集有是書跋曰：高適字仲武，此乃名仲武，非適也，然適自字達夫，游實誤記而誤辨。」

會高適、高仲武爲一人。至元辛文房，不加深考，便誤合二者，以爲高適一字仲武，而此高仲武即編選《閒氣集》之高仲武。自陸游誤記高適字仲武，至辛文房以爲《閒氣集》之編選者即高適，誠可謂差以毫釐，失之千里矣。

　　《閒氣集》之編選者爲高仲武，歷代皆無異說，唯晁公武《郡齋讀書志》卷二十，著錄《閒氣集》云：

　　　　《中興閒氣集》三卷。右唐高仲武輯至德迄大曆中，錢起以下二十六

　　　人詩。自爲序，以天寶叛渙（原註：先謙案袁本二字作之亂），述作中廢，至德

　　　中興，風雅復振，故以名，仍品藻眾作，著之於前云。或又題孟彥深纂。

晁氏亦以爲《閒氣集》爲仲武所輯，然最末晁氏又載一異說云「或又題孟彥深纂」，案孟彥深即元結所稱之「孟武昌」，字士源，天寶二年（743）進士，天寶末，爲武昌令〔註7〕。寶應元年（762），元結解官歸養，居武昌樊水之郎亭山，以耕釣自娛，時彥深仍爲武昌令，遂相與往還酬唱，友情甚篤，今《全唐詩》卷一九六存其詩一首。以晁氏所載觀之，似當時《閒氣集》有題孟彥深纂者，日學者中澤希男推測此集或原本計劃仲武與彥深合編，後以論詩主張不合而各自成編，乃產生內容大致相類而編者不同之兩種《閒氣集》，故宋人嘗見題孟彥深纂之《閒氣集》。唯此說今仍未見足以支持之證據〔註8〕，且唐末鄭谷《讀前集》詩云：

　　　　殷璠鑒裁英靈集，頗覺同才得旨深，何事後來高仲武，品題閒氣未公

　　心〔註9〕。

明謂《閒氣集》之編選者爲高仲武，而毛氏汲古閣本《閒氣集》末附北宋人曾子泓元祐三年（1088）跋亦云：

　　　　渤海高氏選《中興閒氣集》，……或又云孟彥深纂，非也。

已斷言或云孟彥深纂者非也。是《閒氣集》之編選者爲高仲武而非孟彥深，可以無疑矣。

　　《閒氣集》之編選年代，高氏自序未有明言，唯云：

　　　　唐興一百七十載，屬方隅叛渙，戎事紛綸，業文之人，述作中廢，粵

　　若肅宗先帝，以殷憂啓聖，反正中原，伏惟皇帝，以出震繼明，保安區宇，

　　國風雅頌，蔚然復興，所謂文明禦時上以化下者也。仲武不揆菲陋，輒罄

　　謏聞，博訪詞林，採察謠俗，起自至德元首，終於大曆（案：當作曆）暮（案：

　　《文苑英華》作末）年。（叢刊明本末孫毓修校文）

　　〔註7〕見《唐詩紀事》卷二四，「孟彥深」條，頁360，木鐸出版社印行。
　　〔註8〕見中澤希男〈中興閒氣集考〉。
　　〔註9〕見計有功《唐詩紀事》卷七十，「鄭谷」條，頁1042。

高氏自序謂其選詩之上下限爲「起自至德元首，終於大曆暮年」，至德元首，即肅宗
至德元年（756），大曆暮年，即代宗大曆末年。案其選詩之下限爲大曆末年，又其
序中稱肅宗爲「先帝」，「肅宗先帝」下即稱「伏惟皇帝……」，此皇帝當即代宗，是
知此集當在代宗大曆末年編選成，序中所謂「唐興一百七十載」，蓋舉成數言之，阮
廷瑜先生云：

> 考高祖武德元年（公元 618 年）至肅宗至德元年（公元 756 年），其
> 間僅一百三十八年，而至大曆十四年（公元 779 年）其間一百六十一年，
> 此唐興一百七十載也，時在代宗，故有「肅宗先帝」之稱，是則《中興閒
> 氣集》選定於大曆末年，……〔註 10〕。

依此，《閒氣集》蓋編選於代宗大曆十四年（779）五月以前，蓋若過五月，則德宗
繼位，代宗亦成「先帝」，不惟「肅宗先帝」而已；若在大曆十三年以前，則舉成數
言之，亦僅能云唐興一百六十載，不當云「唐興一百七十載」也，故其選詩下限「大
曆暮年」，約當是代宗大曆十三年（778），而其編成，則在大曆十四年（779）也。

　　唯日人中澤希男以爲此集當編於貞元九年（793）至貞元末年（804）約十年間，
其理據在於（一）序所謂「唐興一百七十載」，正當德宗貞元四年（788），蓋此集編
選年代之概數。（二）序云選詩下限爲「大曆末年」，故其編成當在德宗朝，而非代
宗朝。（三）此集體例乃仿殷璠《河嶽英靈集》，《河嶽英靈集》不錄存者，故此集蓋
亦當不錄存者。此集所錄大致爲大曆貞元間之詩人，其中竇參之歿年，可信是在貞
元九年（參考本傳及《唐書》宰相表，貞元八年之條）。故若《閒氣集》非兼選存者
之詩歌選集，其編成當在貞元九年至貞元末約十年間〔註 11〕。

　　案中澤氏所依之理據中，以第（三）點爲最重要之根據，第（一）、（二）之「唐
興一百七十載」、「大曆末年」皆據此而說。中澤氏謂《河嶽英靈集》不錄存者，高
仲武編選《閒氣集》，體例大致皆仿於《河嶽英靈集》，故《閒氣集》蓋亦不錄存者。
案筆者第三章〈河嶽英靈集考〉已論及中澤氏謂《英靈集》不錄存者之說，未必可
據〔註 12〕，然就《英靈集》小序觀之，確有數人殷璠編選《英靈集》時已歿，至於
《閒氣集》，除謂皇甫冉「長轡未聘，芳蘭早凋，悲夫」，可確定冉已逝外，其他入
選詩人，俱無跡象顯示仲武編選《閒氣集》時，何人已歿。其次，考集中詩人小序，
或有以官銜稱詩人者（《唐詩紀事》引同），如稱錢起爲「員外」，稱皇甫冉「補闕」，
稱韓翃「員外」，稱郎士元「員外」，稱崔峒「拾遺」（案：崔峒《紀事》引無稱官銜），

〔註 10〕見阮廷瑜〈《中興閒氣集》作者渤海高仲武非高適〉。
〔註 11〕同註 8。
〔註 12〕見本論文第三章〈《河嶽英靈集》考〉第一節。

稱張繼「員外」，稱皇甫曾「侍御」，其中除皇甫冉卒於補闕，張繼卒於員外〔註13〕，合於仲武所稱官銜外，其他仲武所稱皆非其人最終官銜，如錢起，《新唐書》卷二〇三云：

> 起，吳興人，天寶中舉進士，與郎士元齊名，時語曰：前有沈宋，後有錢郎。終考功郎中。

謂起終考功郎中，是仲武稱起「員外」，非其卒官也。韓翃《新唐書》卷二〇三云：

> 翃字君平，南陽人，……俄以駕部郎中知制誥，……終中書舍人。

案《唐詩紀事》謂翃以員外為駕部郎中，時在德宗建中初〔註14〕，據《新唐書》，其卒官為中書舍人，是仲武稱翃「員外」，非其卒官也。郎士元《唐詩紀事》卷四三云：「柳渾南劍，厯拾遺、郢川刺史」，未明其卒官為何。崔峒，《新唐書》卷一〇三云：「峒終右補闕」，是仲武稱峒「拾遺」，非其卒官也。皇甫曾，《唐才子傳》卷三云：

> 仕歷侍御史，後坐事貶舒州司馬，量移陽翟令。

可知仲武稱曾「侍御」，非其卒官也。依上述，仲武稱錢起「員外」、韓翃「員外」、崔峒「拾遺」、皇甫曾「侍御」，均非其人之卒官，換言之，仲武編成《閒氣集》時此諸人仍見在，然則謂《閒氣集》不錄存者，其誤可知矣。中澤氏（一）、（二）理由均據此而說，此說既破，（一）之「唐興一百七十載」、（二）之「大曆末年」本能兩釋，茲不贅言。

　　《閒氣集》之版本，據書志所載，宋刻本或校宋本有三：清錢曾《讀書敏求記》四之下云：

> 《中興閒氣集》二卷。渤海高仲武，自至德元首，終大曆暮年，採二十六人詩總一百三十二首，命曰《中興閒氣集》，每人冠以小序，鑒公衡平，自鄶以下，非所敢隸焉。此本從宋刻摹寫，字句絕佳，即如朱灣詠三詩，首句獻玉屢招疑，三獻玉也，次云終朝省復思，三省三思也，頷聯既哀黃鳥興，還復白圭詩，三良三復也，頸聯請益先求友，將行必擇師，益者三友，三人行也，結云誰知不唯者，獨下仲舒帷，三年不鳴，三年不窺園也。後人不解詩義，翻疑三為譌字，妄改題曰詠玉，凡元至明刻本皆然。不知唐人戲拈小題，偶吟一律，便自雋永有味，非若今之人詩成而後著題

〔註13〕見《文苑英華》卷七一二，獨孤及〈左補闕安定皇甫冉集序〉，頁4429，華文書局印行。張繼卒於員外。《唐詩紀事》卷二十五，「張繼」條錄有劉長卿〈哭張員外〉詩，頁381。

〔註14〕見《唐詩紀事》卷三十，「韓翃」條，頁468。

也，世有玄對吾語者，始可與言詩矣。

此本筆者未見。其次，瞿鏞《鐵琴銅劍樓藏書目錄》卷二十三著錄何焯校宋本云：

> 《中興間氣集》二卷（原註：校宋本）。唐高仲武集并序，義門何氏以
> 蔣文肅所藏舊鈔宋本，參校核汲古毛氏刊本，李希仲〈薊門行〉一首，誤
> 分二首，李嘉佑〈衍和苗員外秋夜省直〉一首，章八元闕〈小序〉，又少
> 〈寄都官李郎中〉一首，朱灣少〈對蘇使君席詠箏柱子〉一首。何氏手跋
> 曰：康熙戊戌十月望，以事往南海淀借宿蔣西谷寓舍，架上有抄本唐《中
> 興間氣集》一冊，視其行數字數，似從宋雕影寫，問之，乃述古堂故物也，
> 因借歸呵凍是正，遂成善本，……。

此本嘗流入日本，楊守敬《日本訪書志》卷十二云：

> 《中興間氣集》二卷（原註：何義門校本）。何義門校舊鈔本，不知何時
> 流入日本，此日本人以汲古閣本過錄者，所選詩凡二十六人，共一百三十
> 二首，以毛本校之，或次第異（原註：張南史毛本在末，此本在姚倫前），或多寡
> 異（原註：戴叔倫二首，毛本八首，章八元一首，毛本一首，朱灣八首，毛本七首），或
> 題同而詩異（原註：錢起〈送溫逸人〉），或詩與題皆異（原註：李嘉佑〈送從弟錄
> 事參軍〉，毛本則為〈和苗員外秋夜省置〉），至於字句之異，尤不勝舉，又毛本闕
> 張眾甫、章八元、戴叔倫、孟雲卿、劉灣五人評語，此本皆在焉，……，

此本筆者亦未見，唯叢刊明本末附孫毓修校文，有校錄何焯校本異文。最後，即清
光緒十九年（1893）「武進費氏」影南宋刊本，此本筆者曾過目。

明本有三：一為蕘圃藏書題識，藏其所著錄之明刻本，云：

> 《中興間氣集》二卷（原註：明刻本）。崇禎己卯春中得趙玄度鈔宋本，
> 較增於空居閣，馮舒。嘉慶癸亥秋得一鈔本，與馮校本大同而小異，因用
> 墨筆手校一過，然卷中先有墨筆校者，故每於校處鈐江夏印章別之，所最
> 異者，李嘉佑末一首，及戴叔倫之或作七首或作二首耳，蕘翁黃丕烈記。

此本筆者未見。二為四部叢刊明覆宋本，即傅增湘《藏園群書題記》卷五所謂「嘉
靖刻本」；三為明崇禎元年虞山毛氏汲古閣刊《唐人選唐詩》八種本。此二本筆者皆
曾過目。

就筆者所見光緒十九年「武進費氏」影南宋刊本、四部叢刊明覆宋本、毛氏汲
古閣本言之，毛本與叢刊本，雖字句小異，然篇章次第悉同，且俱闕卷上張眾甫、
章八元、戴叔倫，卷下劉灣、孟雲卿小序，及卷下鄭常小序、詩三首，蓋毛本即出
於叢刊明覆宋本。唯叢刊明本無仲武自序，毛本有，然毛本仲武自序，當是據其跋
所謂舊鈔本所補，毛本末毛晉跋云：

予家藏《中興閒氣集》凡三本，俱逸五人評語，……簡得一舊鈔本，後有元祐曾氏跋，考覈甚確，向所缺張眾甫、章八元、戴叔倫、孟雲卿諸評具在，獨劉灣無考，……。

案毛刻內張眾甫等四人名下註曰：「評載卷首」，則毛氏似原擬將小序補刻於卷首，然未知何故，後改刻於補遺內。此毛晉後得之舊抄本不知爲何本，考武進費氏本有毛晉印鈐，然此本當非毛所謂舊抄本，因費本劉灣小序具在，與「獨劉灣無考」不合，蓋毛氏在刊刻後始得費本。總之毛本與叢刊本皆屬曾彥和傳本系統，此外據中澤希男〈中興閒氣集考〉日本有昌平校刊本，亦屬此系統。

武進費氏影南宋本，爲不同於曾本系統之《中興閒氣集》，費氏於此書題曰「宋臨安府書棚本」，中澤希男以爲當是南宋末臨安陳起父子之刻本，興前引瞿鏞著錄何焯校本所謂之述古堂影抄宋本，爲同一系統〔註15〕。此本與叢刊明本系統不同處在於（一）費本有仲武自序；（二）費本於本文外，加有約一百三十條之校語（案：明本亦有十條校語，合於費本者僅六條）；（三）費本有明本欠缺之「鄭常」之小序及詩三首；（四）費本有明本欠缺之「張仲甫」等五人之小序；（五）費本無毛本之「曾子泓跋」；（六）明本、毛本卷末爲張南史，費本張南史在姚倫前，其次爲皇甫曾、鄭常、孟雲卿，劉灣置於卷末；（七）費本、明本、毛本間詩題、詩數有差異〔註16〕；（八）詩總數，費本爲一三四首，明本爲一三二首。由上述可知，費本較明本、毛本爲全，乃今存較善之本〔註17〕。唯費本坊間不易得，故以下論述仍依叢刊明本及末所附孫毓修校文爲據。

第二節 篇卷、編選之數目及其體例

《閒氣集》首著錄於《新唐書》卷六十〈藝文志〉，云：

高仲武《中興閒氣集》二卷。

其後，晁公武《郡齋讀書志》卷二十，云：

《中興閒氣集》三卷。右唐高仲武輯至德迄大曆中錢起以下二十六人

〔註15〕同註8。

〔註16〕詩數之異，費本章八元二首，明本一首；戴叔倫二首，明本六首；朱灣八首，明本七首；孟雲卿六首，明本四首。詩之異者，費本錢起〈送溫逸人〉，明本爲〈過溫逸人舊居〉；李嘉佑〈送從弟永任饒州錄事參軍〉，明本爲〈和苗員外秋夜省直〉；皇甫曾〈寄張仲甫〉，明本爲〈送杜中丞還京〉；〈贈霈禪師〉，明本爲〈早朝日寄所知〉等等。

〔註17〕參考中澤希男〈中興閒氣集考〉。

詩，自爲序，以天寶叛渙，述作中廢，至德中興，風雅復振，故以名，仍
品藻眾作，著之於前云。

陳振孫《直齋書錄解題》卷十五，云：

> 《中興閒氣集》二卷。唐渤海高仲武序，集至德以後，終於大曆錢起
> 等二十六人，詩一百三十二首，各有小傳，敘其大略，且拈提其警句，而
> 議論文辭皆凡鄙。

王應麟《玉海》卷五十九，云：

> 唐《中興閒氣集》。志：高仲武，二卷。書目：集至德大曆名人錢起、
> 張仲甫等二十六人詩，一百三十二首（原註：序云五言詩一百四十，七言附之），
> 略品敘其詩格，且摘其警句列於首（原註：以至德興復，風雅復振，故名）。

《宋史》卷二〇九〈藝文志〉，總集類云：

> 高仲武《中興閒氣集》二卷（原註：錢起、張仲甫等詩）。

此外，《崇文總目》、《國史經籍志》著錄作二卷，《文獻通考》著錄作三卷〔註18〕。
據上述，《新唐志》、《崇文總目》、陳《解題》、《玉海》、《宋志》、《國史經籍志》俱
作二卷，唯晁志、通考作三卷，案《閒氣集》仲武自序云：

> 起自至德元首，終於大曆暮年，述者數千，選者二十六人，詩總一百
> 三十二首，分爲兩卷，七言附之，略敘品彙人倫，命曰：《中興閒氣集》。

高氏自序云「分爲兩卷」，今傳本亦無作三卷者，則晁志、《通考》作三卷者，蓋二
卷之誤也。

《閒氣集》之詩人數及詩數，晁志僅云二十六人，陳《解題》及《玉海》並作
二十六人，詩一百三十二首，今叢刊明本序正作「選者二十六人，詩一百三十二首」，
而武進費氏本序作「選者二十六人，詩總一百三十四首」，唯毛本序又作「選者二十
六人，五言詩一百四十首，七言詩附之」，是此集共選二十六人，歷代書志及今傳本
皆同。然詩數，歷代書志及明本序作一百三十二首，費本序作一百三十四首，毛本
序作「五言詩一百四十首，七言詩附之」，究以何者爲是？考仲武序亦見錄於《文苑
英華》，云：

> 起自至德元年首，終於大曆末年，作者數千，選者二十六人，五言詩
> 一百四十首，七言詩附之，列爲兩卷〔註19〕。

所言「五言詩一百四十首，七言詩附之」，與毛本序所云全同，可信《閒氣集》原本

〔註18〕見《崇文總目》卷五；《國史經籍志》卷五；《文獻通考》卷二四八。
〔註19〕見《文苑英華》卷七一二，高仲武〈大唐中興閒氣集序〉，冊九，頁4429。

詩數，當如《文苑英華》、毛本仲武自序所云「五言詩一百四十首，七言詩附之」，而書志、明本序之一百三十二首、費本序之一百三十四首，皆據集內詩數臆改仲武原序文也。

唯仲武原序云：「五言詩一百四十首，七言詩附之」，則其所謂一百四十首者，僅指集中五言詩而言，故集內詩總數，當不止於一百四十也。今傳叢刊明本，卷首姓氏下所稱之詩數，與目錄、集中所錄詩數，三者俱不相同。依姓氏下所稱詩數計之，凡一三七首，依目錄計之，僅一二八首，而集中所錄實一三二首也。一三二首中，七言詩十五首，七五雜言詩二首，則五言詩實僅一一五首，故叢刊明本五言詩數較原本一百四十首，仍缺二十五首，如《文苑英華》卷一五六引《閒氣集》孟雲卿〈汴河阻風〉，而今叢刊明本姓氏下云「孟雲卿六首」，集內實僅四首，並無此詩，唯孫毓修校文所錄影宋鈔本則仍存此詩，知此詩亦五言詩一百四十首之一也。近人王叔武據叢刊明本及孫毓修校文，校補《閒氣集》篇目，總數得一百四十首，而以為「是集自宋元祐以下，迄今將九百年均告殘闕，今幸可得一覯舊觀焉」〔註20〕，核以仲武原序，實不盡然。即以諸本所錄詩或有不同言之，王氏所謂「可得一覯舊觀」，小非也。

《閒氣集》之體例，與《河嶽英靈集》略同，亦以人為主，每人選詩若干首不等。其評錢起小序云：「文宗右丞，許以高格，右丞沒後，員外為雄。」評郎士元小序云：「右丞以往，與錢更長。」可見最推崇者為此二人，故以二人為上下卷之壓卷，至於集中其他詩人先後之次，其例不得而知。詩人中之詩次，仲武自序云：「五言詩一百四十首，七言詩附之」，蓋先列五言詩，而以七言詩附後。考諸集內，五、七言詩並入選者有錢起、皇甫冉、朱灣、郎士元、崔峒、張繼、劉長卿、李季蘭、靈一、皇甫曾、張南史諸人，其中除錢起、張南史五七言詩先後之次，略有混亂外，皆如序所云，先列五言，其次附以七言。如選郎士元詩十二首，前十首為五言詩，其次為七律、七五雜言；又如選崔峒詩九首，前七首為五言詩，其次為七律、七絕。此種先五言後七言之列詩次序，其例與芮挺章《國秀集》同。復次，亦如《英靈集》，此集除選詩人作品外，且在詩人作品之前，每位詩人下，立一小序，作簡要而中肯之批評，如：

> 丹詩剪刻婉密，寶曆中（案：當作應寶中），獻二帝兩后挽歌三十首，詞旨哀楚，得臣子之致，雖不及事，朝廷嘉之，解褐任薊州錄事參軍，今選尤者，列於此。（評鄭丹）

〔註20〕見王叔武〈中興閒氣集篇目校補〉，載《中央日報》，民國36年10月27日第九版。

叔倫之爲人溫雅，善舉止，無賢不肖，見皆盡心，在租庸幕下數年，夕惕靡怠，吏部尚書劉公與祠部員外郎張繼書，博訪選材，日揖對賓客（案：曰字應在上文書字下），如叔倫者，一見稱心，其詩體格雖不越中□，然廓宇經山火，公田沒海潮，亦指事造形（案：下當有「之工者」三字），其骨稍軟，故詩家少之。（評戴叔倫）

或述作者世次官宦，或論其德行行事，或總評其詩風，或摘拈其警句，或標其代表作，使人於詩人之性情、風格，及其警句名篇有一大致之了解，更重要者，爲使人明瞭其選詩標準之所在。此外，值得一提者，此集選錄詩僧靈一及婦女李季蘭之詩作，於今存唐人編選唐詩中，可謂首開風氣，其後晚唐韋莊之《又玄集》、五代韋縠之《才調集》，皆大量入選僧、婦之作，蓋即仿此集之例。

第三節　命名涵意、編選目的及其選詩標準

《閒氣集》之命名涵意，仲武自序云：

唐興一百七十載，屬方隅叛渙，戎事紛綸，業文之人，述作中廢，粵若肅宗先帝，以殷憂啓聖反正中原，伏惟皇帝，以出震繼明，保安區宇，國風雅頌，蔚然復興，所謂文明御時，上以化下者也，……命曰《中興閒氣集》。

謂安史之亂以來，戎馬倥傯，以文爲業之詩人們，中斷創作，至肅宗、代宗反正中原，保安區宇，使國風雅頌，蔚然復興，故冠以「中興」，晁公武云：

以天寶叛渙，述作中廢，至德中興，風雅復振，故以名〔註21〕。

即是此意。「閒氣」云者，謂所選諸詩人皆爲傑出之才士〔註22〕，合而言之，「中興閒氣」，即謂肅、代中興風雅以來傑出之詩人也。

《閒氣集》之編選目的，除在於反映肅、代之間「國風雅頌、蔚然復興」、「文明御時，上以化下」之盛況外，一方面亦因前此之詩歌選集，其編選不盡合人意，仲武自序云：

暨乎梁昭明載述以往，撰集者數家，推其風流，《正聲》最備，其餘著錄，或未至焉，何者？《英華》失於浮游，《玉臺》陷於淫靡，《珠英》但紀朝士，《丹陽》止錄吳人，此繇曲學專門，何暇兼包眾善，使夫大雅

〔註21〕見晁公武《郡齋讀書志》卷二十（衢本）。
〔註22〕參考《中文大辭典》，冊九，頁968「閒氣」條，中華學術院印行。

君子所以對卷而長嘆也。

仲武以爲梁昭明太子載述以往，編選風雅者，除開元中孫季良之《正聲集》外〔註23〕，其餘著錄，皆有不合人意之處，梁昭明太子所編《古今詩苑英華》二十卷，過於浮游〔註24〕；徐陵所編《玉臺新詠》十卷，陷於淫靡〔註25〕；崔融之《珠英學士集》五卷，但紀朝士〔註26〕；殷璠之《丹陽集》一卷，只收吳人〔註27〕，皆是「曲學專門」，不暇「兼包眾善」，因乃思編一足屬人意之《中興閒氣集》。

此集之選詩標準，基本上亦如《英靈集》、《篋中集》提倡風雅詩，仲武自序云：

> 詩人之作，本諸於心，心有所感而形於言，言合典謨，則列於風雅。……
>
> 伏惟皇帝，以出震繼明，保安區宇，國風雅頌，蔚然復興，所謂文明御時，上以化下者也。

一而再言及國風雅頌，其提倡風雅之意，無庸申說。序又云：

> 古之作者，因事造端，敷弘體要，立義以全其制，因文以寄其心，著王政之興衰，表國風之善否，豈其苟悅權右，取媚薄俗哉！今之所收，殆革前弊，但使體狀風雅，理致清新，觀者易心，聽者竦耳，則朝野通取，格律兼收，自鄶以下，非敢所隸焉。

此段即仲武自述《閒氣集》之選詩標準，「但使體狀風雅，理致清新，觀者易心，聽者竦耳，則朝野通取，格律兼收」謂不論在朝在野，或格詩〔註28〕或律詩，但使「體

〔註23〕《新唐書》卷六十，〈藝文志〉總集類云：「孫季良《正聲集》三卷。」《玉海》卷五十九云：「唐《正聲詩集》。舊史：孫季良，開元中爲集賢院直學士，撰《正聲詩集》三卷。」案《舊唐書》卷一八九下有孫季良傳，云：「孫季良者，河南偃師人也，一名翌。開元中，爲左拾遺，集賢院直學士，撰《正聲詩集》三卷，行於代。」所編《正聲詩集》今佚。

〔註24〕《舊唐志》云：「《古今詩苑英華集》二十卷（原註：梁昭明太子撰）」《新唐志》云：「梁昭明太子……，又《古今詩苑英華》二十卷。」其書今佚。唯兩唐志又著錄唐貞觀時僧惠淨「續古今詩苑英華二十卷」。不知仲武此處「英華」所指爲何。中澤希男以爲是昭明太子之《古今詩苑英華》。

〔註25〕《舊唐志》云：「《玉臺新詠》十卷（原註：徐陵撰）」；《新唐志》：「徐陵……，又《玉臺新詠》十卷。」書今存。唯《新唐志》又著錄天寶間「李康（案：晁志、陳解題俱作「李康成」）《玉臺後集》十卷」，仲武此處僅云「玉臺」，亦不知確指何者，中澤希男以爲是指除陵《玉臺新詠》。

〔註26〕詳見本論文第二章《珠英學士集》考）。

〔註27〕《新唐志》云：「殷璠《丹陽集》一卷」，書今佚，詳參本論文第三章《河嶽英靈集》考）第一節。

〔註28〕格詩，即別於律詩者，俱可謂之格詩，然又有廣狹二義，廣義之格詩即今所謂古體詩，狹義之格詩即指某種格式或格樣之詩，仲武所謂格詩，殆指廣義之格詩。格詩之解釋，詳可參陳寅恪《元白詩箋證稿》，頁331，里仁書局出版。

狀風雅，理致清新，觀者易心，聽者竦耳」之作品，皆在入選之列。所謂「體狀風雅，理致清新，觀者易心，聽者竦耳」較確切之涵意，就小序分析之，可由（一）合乎比興風骨；（二）合乎清雅閒澹；（三）合乎新麗形似；三方面加以了解，茲說明於下：

（一）合乎比興風骨者

就此方面而言，小序嘗提及兩位重要之前輩詩人，一爲陳子昂，一爲沈千運。其評蘇渙小序云：

> 渙本不平者，善放白弩，⋯⋯其文意長於諷刺，亦育陳拾遺一鱗半甲，故善之。

評竇參小序云：

> 竇君詩亦祖沈千運，比於孟雲卿，尚在廊廡間。

評孟雲卿小序云：

> 祖述沈千運，漁獵陳拾遺，詞意傷怨，如「虎豹不相食，哀哉人食人」，方於七哀「路有飢婦人，抱子棄草間」，則雲卿之句深矣，雖效於沈陳（《唐詩紀事》引作陳沈），纔得升堂，猶未入室，然當今古調，無出其右，一時之英也。

可知在此方面仲武最推崇陳子昂與沈千運，以之爲宗主。而陳子昂之詩歌主張，其〈與東方左史虬修竹篇序〉云：

> 文章道弊五百年矣，漢魏風骨，晉宋莫傳，然而文獻有可徵者，僕嘗暇觀齊梁間詩，彩麗競繁，而興寄都絕，每以永歎，思古人常恐逶迤頹靡，風雅不作，以耿耿也〔註29〕。

主張提倡風雅詩，重詩歌之風骨興寄。至於沈千運之詩，元結〈篋中集序〉云：

> 風雅不興，幾及千歲，溺於時者，世無人哉，⋯⋯近世作者，更相沿襲，拘限聲病，喜尚形似，且以流易爲辭，不知喪於雅正，然哉彼則指詠時物，會諧絲竹，與歌兒舞女生汙惑之聲於私室可矣，若令方直之士，大雅君子，聽而誦之，則未見其可矣。吳興沈千運，獨挺於流俗中，強攘於已溺之後，窮老不惑，五十餘年，凡所爲文，皆與時異，故朋友後生，稍見師效〔註30〕。

可知沈千運亦屬提倡風雅之詩人，與當時「拘限聲病，喜尚形似，且以流易爲辭，

〔註29〕見郭紹虞《中國歷代文論選》，上冊，頁388，木鐸出版社出版。
〔註30〕見《文苑英華》，卷七一二元結〈篋中集序〉，冊九，頁4428。

不知喪於雅正」者不同。是仲武於合乎風雅比興者，實宗此二人。此方面又可分三點言之：

（1）重詩教。如：

> 又「窮達戀明主，耕桑亦近郊」，則禮義克全，忠孝兼著。（評錢起）
>
> 詩體幽遠，興用洪深，因詞寫意，窮理盡性，……如「受氣何曾異，開花獨自遲」，所謂哀而不傷，國風之深者也。（評朱灣）
>
> 其「得罪風霜苦，全生天地仁」，可謂傷而不怨，亦足以發揮風雅矣。（評劉長卿）
>
> 又「李陵不愛死，心存歸漢闕」，逆子賊臣聞之，宜乎皆改節矣。（評劉灣）
>
> 其文長於諷刺，亦育陳拾遺一鱗半甲，故善之。或曰：此子左右嬖臣，侵敗王略，今著其文，可乎？答曰：漢著蒯通説詞，皇史錄列祖君彥檄書，此大所以容細也。夫善惡必書，春秋至訓，明言不廢，孟子格言，渙者其殆類乎此，但不可棄其善，亦以深戒君子之意。（評蘇渙）

評錢起詩句「禮義克全，忠孝兼著」，評朱灣詩句「哀而不傷」，評劉長卿詩句「傷而不怨」，評劉灣詩句，「逆子賊臣聞之，宜乎皆改節矣」，謂取「左右嬖臣，侵敗王略」之蘇渙之詩，亦所以深戒君子之意。凡此，皆繼承《詩經》「哀而不傷」、「怨而不怒」及美刺之優良傳統。

（2）重比興。如：

> 眾甫詩，……工於興喻，……又「自當舟楫路，應濟往來人」，得諷興之要。（評張眾甫）
>
> 詩體幽遠，興用洪深。（評朱灣）
>
> 其比興深於劉員外，筋節成（紀事引作「減」）於皇甫冉也。（評韓翃）
>
> 又「火燎原猶熱，風搖海未平」，比興深矣。（評劉長卿）

謂眾甫「工於興喻」、「得諷興之要」，韓翃「比興深於劉員外」，評長卿詩句「比興深矣」。凡此，可謂追蹤《詩經》，步武子昂，強調詩歌比興之重要。

（3）重風骨。如：

> 其詩體格雖不越中□，然「廓宇經山火，公田沒海潮」，亦指事造形之工者，其骨稍軟，故詩家少之（上兩句《紀事》引作「其骨氣稍輕，故詩亦少」。（評戴叔倫）
>
> 其比興深於劉員外，筋節成於皇甫冉也。（評韓翃）
>
> 又「人生年幾齊，憂苦亦先老」，雖其羽翼未齊，而筋骨已具。（評竇參）

評戴叔倫「骨氣稍輕」，韓翃「筋節成於皇甫冉」，竇參「筋骨已具」，雖仲武未嘗用「風骨」一辭，而其所謂「骨（骨氣）」、「筋節」、「筋骨」當即陳子昂所謂之「風骨」也。朱東潤《中國文學批評史大綱》云：

> 盛唐之詩，高談氣骨，遠紹建安，中唐以後，不作此言，盛唐中唐之別在此，就高仲武選集，即可得其消息〔註31〕。

中唐確不如盛唐之講究風骨，然如謂仲武《閒氣集》「不作此言」，其實不然。

（二）合乎清雅閒澹者

在（二）合乎清雅閒澹者，及（三）合乎新麗形似者此二方面，仲武最推崇王維，故其選詩，似頗受王維影響，其評錢起小序云：

> 越從登第，挺冠詞林，文宗右丞，許以高格，右丞沒後，員外爲雄。

評郎士元小序云：

> 員外河嶽英奇，人倫秀異，自家形（案：當作刑）國，遂擁大名，右丞以往，與錢更長。

錢、郎爲《閒氣集》上下卷之壓卷，而仲武認爲文宗右丞沒後，以此二人稱雄，則其推崇王維，亦可知矣。王維之詩，殷璠《英靈集》評云：

> 維詩詞秀調雅，意新理愜，在泉爲珠，著壁成繪，一句一字，皆出常境。

明胡應麟評云：

> 右丞五言工麗閒澹，自有二派，殊不相蒙，⋯⋯綺麗精工，沈宋合調者也，⋯⋯幽閒古澹，儲孟同聲者也〔註32〕。

「詞秀調雅」、「幽閒古澹」，道出王維詩清雅閒澹之特色，《閒氣集》評詩，有此傾向者，如：

> 體格新奇，理致清贍。⋯⋯皆特出意表，標雅古今。（評錢起）
>
> 侍御詩清雅，工於形似。（評于良史）
>
> 此所謂才力不足，務爲清逸。（評李希仲）
>
> 兩君體調，大抵欲同，就中郎公稍更閒雅，近於康樂。（評郎士元）
>
> 詩體清迥，有道者風。（評張繼）

評錢起「理致清贍」、「標雅古今」，于良史「清雅」，李布仲「才力不足，務爲清逸」，郎士元較錢起「稍更閒雅」，張繼「詩體清迥」，皆仲武注重詩歌清雅閒澹之例也。

（三）合乎新麗形似者

〔註31〕見朱東潤《中國文學批評史大綱》，頁95，臺灣開明書店出版。
〔註32〕見胡應麟《詩藪》，內篇，近體上、五言，冊一，頁219。

　　此方面除受王維「綺麗精工」之影響外，主要擷自晉宋以來詩人造意修辭之傳統。此由小序中屢將詩人與晉宋齊梁詩人相提並論，甚至齊衡爭勝可知。晉宋詩之特色，劉勰曾云：

　　　　晉世群才，稍入輕綺，張潘左陸，比肩詩衢，采縟於正始，力柔於建安。或柝文以爲妙，或流靡以自妍，此其大略也。……宋初文詠，體有因革，莊老告退，而山水方滋，儷采百字之偶，爭價一句之奇，情必極貌以寫物，辭必窮力而追新，此近世之所競也〔註33〕。

又云：

　　　　自近代以來，文貴形似，窺情風景之上，鑽貌草木之中，吟詠所發，志惟深遠，體物爲妙，功在密附。故巧言切狀，如印之印泥，不加雕削，而曲寫毫芥，故能瞻言而見貌，即字而知時也〔註34〕。

足見六朝詩是以「輕綺」、「儷采百字之偶，爭價一句之奇，情必極貌以寫物，辭必窮力而追新」爲其特色，當時詩人多注重雕飾造奇，巧言形似。《閒氣集》合乎新麗形似此一方面，亦可分三點言之：

（1）**格調新奇，特出意表。** 如：

　　　　員外詩體格新奇，理致清贍，……皆特出意表，標雅古今。（評錢起）
　　　　冉詩巧於文字，發調新奇，遠出情外。（評皇甫冉）
　　　　長卿有吏幹，剛而犯上，兩遭遷謫，皆自取之，詩體雖不新奇，甚能鍊飾。
　　　　（評劉長卿）

謂錢起「體格新奇」、「特出意表」，皇甫冉「發調新奇」，劉長卿詩體不夠「新奇」皆是也。

（2）**綺靡婉麗。** 如：

　　　　眾甫詩，婉媚綺錯，巧用文字。（評張眾甫）
　　　　袁州自振藻天朝，大收芳譽，中興高流，與錢郎別爲一體，往往涉於齊梁，綺靡婉麗，蓋吳均、何遜之敵也。（評李嘉佑）
　　　　又巫山詩終篇奇麗，自晉宋齊梁陳隋以來，採撷者無數，而補闕獨獲驪珠，使前賢失步，後輩卻立。（評皇甫冉）
　　　　常詩婉靡，雖未弘遠，已入文流。（評鄭常）

〔註33〕齊劉勰《文心雕龍》，卷二〈明詩第六〉，見王利器《文心雕龍校證》，頁 35，明文書局印行。
〔註34〕同上，卷十〈物色第四十六〉。頁 279。

評張仲甫「婉媚綺錯」，李嘉佑「綺靡婉麗」，皇甫冉巫山詩「終篇奇麗」，鄭常詩「婉靡」皆是也。

（3）巧用文字，工於形似。如：

　　侍御詩清雅，工於形似，如「風兼殘雪起，河帶斷冰流」，吟之未終，皎然在目。（評于良史）

　　「廟宇經山火，公田沒海潮」，亦指事造形之工者。（評戴叔倫）

　　冉詩巧於文字，發調新奇，遠出情外。（評皇甫冉）

　　如「雪晴山脊見，沙淺浪痕交」，此得江山之狀貌矣。（評章八元）

　　詩體幽遠，興用洪深，因詞寫意，窮理盡性，於詠物尤工。（評朱灣）

謂于良史「工於形似」，戴叔倫「廟宇經山火，公田沒海潮，亦指事造形之工者」，皇甫冉「巧於文字」，章八元「雪晴山脊見，沙淺浪痕交」得「江山之狀貌」，朱灣「於詠物尤工」，皆是也。巧用文字，工於形似，即極力發揮語言文字之功能，以體物、狀物，於此種風氣下，是詠物詩、山水詩萌芽、茁壯之最佳環境，亦詠物詩、山水詩一展身手之最佳演練場所。仲武評朱灣「於詠物尤工」，于良史「得江山之狀貌」，即注意到此一傾向，而如實反映大曆詩壇之一隅。中唐詩僧皎然嘗云：

　　大曆中詞人劉長卿、李嘉佑、兩皇甫等，竊占青山白雲，春風芳草，

以為己有，吾知詩道初喪，正在於此，末年諸公改轍，蓋知前非也〔註35〕。

當是針對大曆詩壇此一傾向，而提出之批評。

　　綜上所論，《間氣集》之選詩標準，自序所謂「但使體狀風雅，理致清新，觀者易心，聽者竦耳」，以小序分析之，可就三方面了解，（一）為合乎比興風骨者。此又可分三點言之，（1）重詩教，（2）重比興，（3）重風骨。（二）為合乎清雅閒澹者。（三）為合乎新麗形似者。此亦可分三點言之，（1）格調新奇，特出意表，（2）綺靡婉麗，（3）巧用文字，工於形似。《間氣集》所選多為中唐大曆之詩人，代表大曆之詩風，其選詩標準，包括合乎比興風骨、清雅閒澹、新麗形似三方面。後人評中唐大曆詩風有謂「大曆十才子，其間豈無盛唐之句，蓋聲氣猶未相隔也」〔註36〕；有謂「中唐反盛之風，攢意而取精，選言而取勝，所謂綺繡非珍，冰紈是貴，其致迥然異矣，然其病在雕刻太盛，元氣不完，體格卑而聲氣亦降〔註37〕。」由《間氣集》之選詩標準可知，因其重風骨比興，故可謂與盛唐「聲氣猶未相隔也」；因其重

〔註35〕見胡震亨《唐音癸籤》卷七，頁54，世界書局印行。
〔註36〕明王世懋《藝圃擷餘》，見清何文煥輯《歷代詩話》，冊二，頁777，漢京文化事業有限公司印行。
〔註37〕明陸時雍《詩鏡總論》，見丁福保訂《續歷代詩話》，冊五，藝文印書館印行。

新麗形似，故被評爲「病在雕刻太盛，元氣不完，體格卑而聲氣亦降」。唯其重清雅閒澹及新麗形似之選詩標準，對晚唐以「清雅閒逸」爲選詩標準之姚合《極玄集》，及以「清詞麗句」爲選詩標準之韋莊《又玄集》，當有若干影響。

最後，再就其所選詩人及詩作觀之：

（一）就所選詩人之時代言。仲武自序言其選詩之上下限爲「起自至德元首，終於大曆暮年」，如前考即肅宗至德元年（756）至代宗大曆十三年（778），約二十三年間，所選詩人皆肅、代宗時人。

（二）就詩人入選詩作之篇數言。一三二首中，以皇甫冉入選最多，占十三首，其次爲錢起、郎士元各十二首，其次爲崔峒、劉長卿各九首，李嘉佑八首，朱灣、韓翃各七首，戴叔倫、李季蘭各六首，皇甫曾五首，靈一、孟雲卿、劉灣各四首，張眾甫、李希仲、蘇渙、張繼、竇參、張南史各三首，于良史、鄭丹、姚倫各二首，章八元、杜誦各一首（另鄭常三首，暫不列入）。

（三）就所選詩作之體裁言。一三二首中，五律最多，共八十五首，其次爲五古二十六首，七律八首，七絕六首，五言排律四首，七古二首，最少者爲五絕，僅一首。

（四）就所選詩作之題旨言。一三二首中，以別離類最多，共四十三首，其次爲贈答類十六首，遊覽類十四首，客旅類十一首，詠懷類十首，尋訪、詠物類各七首，征戍類五首，悼亡類四首，宴會類三首，節序、仙釋、懷古、宮廷、圖畫類各二首，時事、歌舞類各一首〔註38〕。

第四節　《閒氣集》與鍾嶸《詩品》、姚合《極玄集》之關係

就編撰體例而言，《閒氣集》與《英靈集》大致相同，《英靈集》成於天寶十三載（754），較《閒氣集》早二十餘年，故《閒氣集》之編撰體例，蓋受《英靈集》之影響啓發。唯《英靈集》於詩人下立一小序，應屬得自鍾嶸《詩品》之啓發。此集體例與《英靈集》略同，自與鍾嶸《詩品》有關係，其所受《詩品》之影響，且較《英靈集》爲明顯。茲分三點言之：

（一）多與《詩品》中品評之前代詩人齊衡爭勝。如：

　　可以雄視潘張，平揖沈謝。（評皇甫冉）

〔註38〕見小川昭一〈關於唐人選唐詩〉，第一表，載《斯文》，二十八期。

役使許詢更出，孫綽復生，窮極筆力，未到此境。(評李嘉佑)

自鮑照(案：當是鮑令暉)以下，罕有其倫，……上仿班姬則不足，下比韓英則有餘。(評李季蘭)

道猷、寶月，曾何及此。(評靈一)

「潘、張」謂《詩品》上品之潘岳、張協，「沈、謝」謂中品之沈約、上品之謝靈運，許詢、孫綽爲《詩品》列於下品之詩人，鮑令暉、韓英(即韓蘭英)亦下品之詩人，班姬爲上品之詩人，道猷、寶月亦《詩品》列於下品之詩僧。

(二)多引《詩品》之品評語句。如：

韓員外詩匠意近於史，興致繁富，……方之前載，芙蓉出水，未足多也。
(評韓翃)

崔拾遺文采炳然，……斯亦披沙揀金，往往見寶。(評崔峒)

又「暮蟬不可聽，落葉豈堪聞」，古謂謝朓工於發端，比之於今，有慚沮矣。(評郎士元)

昔孟陽之與景陽，詩德遠慚厥弟，協居上品，載處下流，今侍御與補闕文辭亦爾。(評皇甫曾)

「芙蓉出水」見《詩品》卷中評顏延之云：「湯惠休曰：謝詩如芙蓉出水，……。」、「披沙揀金，往往見寶」，見《詩品》卷上評潘岳云：「謝混云：潘詩爛若舒錦，無處不佳，陸文如披沙揀金，亦往往見寶。」《閒氣集》引用《詩品》之語，最明顯者，莫過於評郎士元「古謂謝朓工於發端」云云，及評皇甫曾所云「昔孟陽之與景陽，詩德遠慚厥第，協居上品，載處下流」之語，案《詩品》卷中評謝朓云：「善自發詩端，而末篇多躓，此意銳才弱也。」是其所云「古謂謝朓工於發端」實取自《詩品》之說。又《詩品》卷下評張載云：「孟陽詩乃遠慚其弟，而近超兩傅」，是其所謂「昔孟陽之與景陽，詩德遠慚厥弟」實亦爲《詩品》之說。且仲武又明云：「協居上品，載處下流，今侍御之與補闕，文辭亦爾」，尤足見其所受鍾嶸《詩品》影響之深也。

(三)偶仿《詩品》指陳詩人之源流。如：

祖述沈千運，漁獵陳拾遺，詞意傷怨。(評孟雲卿)

竇君詩亦祖沈千運，比於孟雲卿，尚在廊廡間。(評竇參)

案《詩品》列於上、中品之詩人，鍾嶸多指出其人源流，如評李陵「其原出於楚辭」，評應璩「祖襲魏文」，評郭璞「憲章潘岳」，其例多不勝舉，此種對詩人及其作品作推源溯流之探討，雖有缺點，然亦有其不可磨滅之價值在，葉嘉瑩云：

這種推源溯流的探討，可以對詩歌之發展，建立起一種歷史性的觀

念。……這種觀念對於詩歌之品評實在極爲重要，因爲無論任何時代任何
作家的作品，都唯有放在歷史的發展中，才能看出他在繼承和開展中的眞
正成就與價值，而且也唯有將一個作家，與另一些風格相近似的作家相比
較，才能判斷出他們眞正的高低上下來〔註39〕。

所言極是，唯《閒氣集》探討詩人源流之處並不多，頗可惋惜。

《極玄集》爲文宗時姚合所編選之詩歌選集〔註40〕，所選詩人以王維、祖詠及
大曆詩人爲主，共二十一人，詩百首（案：今本僅存九十九首）。此集之選詩標準，
因原序亡佚，而集中又無如《閒氣集》之詩人小序，故頗難詳言，大致所選詩作，
皆清雅閒逸而音律精切，對偶工巧。比較此集與《閒氣集》，頗有耐人尋味之處，茲
分三點言之：

（一）以時代言，二集所選皆以大曆詩人爲主。以詩作體裁言皆以五律占大多
數。

（二）《極玄集》首列王維詩，似有以王維壓卷，或以王維爲此派宗祖之意。《閒
氣集》雖未選王維詩，然小序中獨推王維，許爲文宗，是二集皆推崇王維。

（三）同爲《閒氣集》與《極玄集》所選詩人，有錢起、郎士元、韓翃、皇甫
曾、李嘉佑、皇甫冉、劉長卿、靈一、戴叔倫等九人。《極玄集》選此九人詩共五十
四首，其中與《閒氣集》同者，有十九首之多，占三分之一強。且除靈一外，每人
所選詩，至少有一首與《閒氣集》同，戴叔倫七首中，且有六首與《閒氣集》同，
可見二集之選詩標準有極其相近之處。

就上列三點觀之，《極玄集》之受《閒氣集》影響，頗有可能，明胡震亨嘗云：

> 高渤海歷詆《英華》、《玉臺》、《珠英》三選、並訾璠《丹陽》之狹於
> 收，似又尙主韻調，姚監因之，頗與高合〔註41〕。

蓋非虛語也。

第五節　《閒氣集》之評價

仲武《閒氣集》有評論詩人之小序，其小序亦如《英靈集》頗爲後人所援引，
如宋計有功《唐詩紀事》、元辛文房《唐才子傳》、明高棅《唐詩品彙》、胡震亨《唐

〔註39〕見葉嘉瑩〈鍾嶸《詩品》評詩之理論標準及其實踐〉，輯於《中國古典詩歌評論集》，
　　　頁3，純眞出版社出版。
〔註40〕參見本論文第八章〈《極玄集》考〉。
〔註41〕見胡震亨《唐音癸籤》，卷三十一，頁267。

音癸籤》皆引述不少。唯《英靈集》得自後代之評價，實褒多貶少，而《閒氣集》
則頗受歧視，可謂貶多於褒，《英靈集》之評價，已具論於第三章，茲略述《閒氣集》
之評價。

就現存資料言之，最早不滿《閒氣集》之人，爲晚唐詩人鄭谷，其〈續前集〉
詩云：

> 殷璠鑒裁《英靈集》，頗覺同才得旨深，何事後來高仲武，品題閒氣
> 未公心。

案鄭谷所以如此說，蓋不外《閒氣集》（一）某些詩人，應選而未選；（二）對某些
詩人之評語，不夠公允。就第（一）點而言，杜松柏先生亦云：

> 大曆十才子多在選中，而以錢起、郎士元、劉長卿等之作爲多，取長
> 卿而不及韋應物，取韓翃而不錄盧綸，以方外言，有靈一而無皎然，仍未
> 爲至公〔註42〕。

謂取長卿不及韋應物，取韓翃而不錄盧綸，有一靈一而無皎然，仍未爲至公。所言
大抵不誤。就第（二）點而言，清王士禎〈論詩絕句〉亦嘗云：

> 中興高步屬錢郎，拈得維摩一瓣香，不解雌黃高仲武，長城何意貶文
> 房〔註43〕。

《閒氣集》以錢起、郎士元爲首，仲武以爲可繼王維之後，故士禎云「中興高步屬
錢郎，拈得維摩一瓣香」，至於劉長卿，仲武評云：

> 長卿有吏幹，剛而犯上，兩遭遷謫，皆自取之。詩體雖不新奇，甚能
> 鍊飾，大抵十首已上，語意稍同，於落句尤甚，思銳才窄也。如「草色加
> 湖綠，松聲小雪寒」；又「沙鷗驚小吏，湖色上高枝」；又「細雨濕衣看不
> 見，閒花落地聽無聲」；裁長補短，蓋絲之類歟，其「得罪風霜苦，全生
> 天地仁」，可謂傷而不怨，亦足以發揮風雅矣。

士禎詩所云「不解雌黃高仲武，長城何意貶文房」，蓋針對小序「詩體雖不新奇，甚
能鍊飾，大抵十首已上，語意稍同，於落句尤甚，思銳才窄也」之語而發，唯《四
庫全總目提要》替仲武辯護云：

> 仲武持論頗矜慎，其謂劉長卿十首以後，語意略同，落句尤甚，鑑別
> 特精，而王士禎論詩絕句獨非之，蓋士禎詩修詞之功多於鍊意，其模山範
> 水，往往自歸窠臼，與長卿所短頗同，殆以中其所忌，故有此自護之論耶

〔註42〕見杜松柏先生《禪學與唐末詩學》，頁181，黎明文化事業公司印行。
〔註43〕見惠棟編《漁洋山人精華錄訓纂》卷五下，臺灣中華書局印行。

〔註44〕。

謂仲武持論矜愼，其評劉長卿十首以後，語音略同，落句尤甚，鑑別特精。而士禎所以非之者，蓋士禎詩亦有此病，仲武之評，恰中其忌，故有此迴護之論也。

　　總之，鄭谷只謂仲武品題閒氣，不夠公允，未嘗鄙其議論。至南宋陸游〈跋閒氣集〉云：

　　　　高適字仲武，此乃名仲武，非適也，評品多妄，蓋淺丈夫耳，其書乃傳至今，天下事出於幸不幸，固多如此，可爲一歎。

　　　　高適字仲武，……議論凡鄙，與近世宋百家詩中小序可相甲乙，唐人深於詩者多，而此等議論乃傳至今，事固有幸不幸也〔註45〕。

謂《閒氣集》「品評多妄」、「議論凡鄙」，一再慨歎「此等議論乃傳至今」。其後陳振孫亦襲放翁之論，謂《閒氣集》「議論文辭皆凡鄙」，然《四庫全書總目提要》云：

　　　　《陸游集》有是書跋曰……，至稱其評品多妄，又稱其議論凡鄙，則尤不然。今觀所論，如杜誦之「流水生涯盡，浮雲世事空」，語本習徑，而以爲得生人始終之理，張繼之「女停襄邑杼，農廢汶陽耕」，句太實相，而以爲事理雙切，頗不免逗漏末派，其餘則大抵精確，不識游何以詆之？至所稱錢起之「窮達戀明主，耕桑亦近郊」，劉長卿之「得罪風霜苦，全天生地仁」，此自詩人忠厚之遺，尤不得目以凡鄙〔註46〕。

此謂《閒氣集》之議論，大抵精確，詆爲凡鄙者，非也。至如稱錢起之「窮達戀明主，耕桑亦近郊」，劉長卿之「得罪風霜苦，全生天地仁」，此自詩人忠厚之遺，尤不得目以凡鄙，其說是也。復次，清何焯題此集云：

　　　　此集所錄，詩格卑淺，殊未愜心〔註47〕。

以爲《閒氣集》所錄，詩格卑淺。何氏之意蓋以此集無選盛唐，而選盛唐以下之大曆詩，故謂之「詩格卑淺」。唯此集以選大曆詩爲主，反映當代詩壇，如謂之「詩格卑淺」，此自大曆時代之詩風，固不得歸咎於仲武。何況如前分析，仲武所選亦頗存盛唐之遺風，實今日研究大曆詩壇最寶貴之資料也。

〔註44〕同註1。
〔註45〕同註4。
〔註46〕同註1。
〔註47〕見楊守敬《日本訪書志》，卷十二「《中興閒氣集》二卷（原註：何義門校本）」條。

第六節　餘論——
《閒氣集》小序所摘警句名篇與集中詩篇之關係

　　《閒氣集》之編撰體例，一如《英靈集》，詩人下有一小序品評詩人，小序中頗摘詩人之警句名篇，如筆者第三章第六節所論，此小序所摘之警句名篇，疑原本皆與集中所選詩相符，見選於集中，惟因流傳至後代，歷時久遠，或亡佚、或經後人增刪，故今所見本，小序與集中所選，頗有不一致者。此種情況《英靈集》較爲嚴重，《閒氣集》二十六詩人中，僅錢起、戴叔倫、韓翃、劉長卿四人例外，其他諸人小序所舉警句名篇，仍與集中所選詩相契。茲據小序，校以《唐詩紀事》，將錢起、戴叔倫、韓翃、劉長卿四人小序所舉警句名篇，不見《閒氣集》（下稱本集）內者，依《全唐詩》迻錄於後。

（一）錢起　本集評錢起小序云：

> 員外詩體格新奇，理致清贍，越從登第，挺冠詞林，文宗右丞，許以高格，右丞沒後，員外爲雄，芟齊宋之浮游，削梁陳之靡嫚，迥然獨立，莫之與群。且如「鳥道挂踈雨，人家殘夕陽」，又「牛羊上山小，煙火隔林踈」，又「長樂鐘聲花外盡，龍池柳色雨中深」，皆特出意表，標雅古今，又「窮達戀明主，耕桑亦近郊」，則禮義克全，忠孝兼著，足可弘長名流，爲後楷式，士林語曰：前有沈宋，後有錢郎。

案：小序所舉「鳥道挂踈雨，人家殘夕陽」一聯，見於本集，題作〈太子李舍人城中別業與文士逃暑〉；「長樂鐘聲花外盡」一聯，亦見本集，題作〈闕下贈裴舍人〉；「窮達戀明主」一聯，亦見本集，題作〈東皋早春寄郎四校書〉；唯「牛羊上山小，煙火隔林踈」一聯，不見於本集，考此詩《全唐詩》存，題作〈題玉山村叟屋壁〉，詩云：

> 谷口好泉石，居人能陸沈，牛羊下（原註：一作上）山小，煙火隔雲（原註：一作林）深，一徑入溪色，數家連竹陰，藏虹辭晚雨，驚隼落殘禽，涉趣皆流目，將歸羨在林，卻思黃綬事，辜負紫芝心〔註48〕。

雖「煙火隔林踈」，《全唐詩》「踈」作「深」，一字之差，然小序所摘，當指此詩無疑也。

（二）戴叔倫　本集評戴叔倫小序云：

〔註48〕見《全唐詩》，卷二三八「錢起三」，宏業書局校點本。以下所引《全唐詩》俱依此本，詩原註「一作」者，如無關本旨，不一一附入。

叔倫為人溫雅，善舉止，無賢不肖，見皆盡心，在租庸幕數年，夕惕靡怠，吏部尚書劉公與祠部員外張繼書云，博訪選材，揖對賓客，如戴叔倫，其見推稱如此，詩體雖不中越格，然「廨宇經山火，公田沒海潮」，亦指事造形之工者，其骨氣稍輕，故詩亦少〔註49〕。

案：「廨宇經山火」一聯，本集無，孫毓修校文所錄舊鈔本有之，孫氏已校錄出，茲不煩引。

（三）韓翃　本集評韓翃小序云：

韓員外詩，匠意近於史，興致繁富，一篇一詠，朝士珍之，多士之選也。如「星河秋一雁，砧杵夜千家」，又「客衣筒布潤，山舍荔支繁」，又「疎簾看雪捲，深戶映花關」，方之前載，芙蓉出水，未足多也，其比興深於劉員外，筋節成於皇甫冉也。

案：小序所舉，唯「疎簾看雪捲」一聯，見於本集，題作〈題薦福寺衡嶽禪師房〉；「星河秋一雁」一聯，此詩《全唐詩》存，題作〈酬程延秋夜即事見贈〉，詩云：

長簟迎風早，空城澹月華，星河秋一雁，砧杵夜千家，節候看應晚，心期臥亦賒，向來吟秀句，不覺已鳴雅〔註50〕。

「客衣筒布潤」一聯，亦見《全唐詩》，題作〈送故人歸蜀〉，詩云：

一騎西南遠，翩翩入劍門。客衣筒布潤，山舍荔枝繁，古廟祠金馬，春江帶白黿，自應成旅逸，愛客有王孫〔註51〕。

（四）劉長卿　本集評劉長卿小序云：

長卿有吏幹，剛而犯上，兩遭遷謫，皆自取之。詩體雖不新奇，甚能鍊飾，大抵十首已上，語意稍同，於落句尤甚，思銳才窄也。如「草色加湖綠，松聲小雪寒」（此兩句《紀事》引長卿他詩作「春風吳草綠，古木剡山深，明日滄洲路，歸雲不可尋」），又「沙鷗驚小吏，湖色上高枝」，又「細雨濕衣看不見，閒花落地聽無聲」，裁長補短，蓋絲之類歟，其「得罪風霜苦，全生天地仁」，可謂傷而不怨，亦足以發揮風雅矣〔註52〕。

案：依《紀事》所錄小序，則除「沙鷗驚小吏」一聯外，皆見於本集。「春風吳草綠」

〔註49〕見《唐詩紀事》卷二十九「戴叔倫」條，頁456，木鐸出版社出版。此條叢刊明本有缺字，且文句不若《紀事》通暢，所舉警句二者相同，故依《紀事》所引。以下所引《紀事》，亦依此本，無關題旨者不校出。

〔註50〕見《全唐詩》卷二四四，「韓翃二」。

〔註51〕同註50。

〔註52〕《紀事》所引，見卷二十六「劉長卿」條，頁396。

兩聯，其詩本集題作〈送張繼司直適越〉，「細雨濕衣看不見」一聯，其詩本集題作〈送郎士元〉，「得罪風霜苦」一聯，其詩本集題作〈謫至于越亭作〉。若依叢刊明本小序，則除「沙鷗驚小吏」一聯外，「草色加湖綠」一聯，亦不見於本集。「沙鷗驚小吏」一聯，其詩《全唐詩》存，題作〈初貶南巴至鄱陽題李嘉佑江亭〉，詩云：

> 巴嶠南行遠，長江萬里隨，不才甘謫去，流水亦何之，地遠明君棄，天高酷吏欺，清山獨往路，芳草未歸時，流落還相見，悲懽話所思，猜嫌傷蕙茝，愁暮向江籬，柳色迎高塢，荷衣照下帷，水雲初起重，暮鳥遠來遲，白首看長劍，滄洲寄釣絲，**沙鷗驚小吏，湖月上高枝**（原註：一本無此二句），稚子能吳語，新文怨楚辭，憐君不得意，川谷自透迤〔註53〕。

《全唐詩》所錄「色」作「月」，略有不同。《全唐詩》小註云：「一本無此二句」，若此二句非屬他詩，則當以有此二句為是也。「草色加湖綠」一聯，其詩《全唐詩》存，題作〈送盧判官南湖〉，詩云：

> 漾舟仍載酒，愧爾意相寬，**草色南湖綠，松聲小署寒**，水禽前後起，花嶼往來看，已作滄洲調，無心戀一官〔註54〕。

《全唐詩》所錄「加」作「南」、「雪」作「署」略有不同，然小序所指，亦當即此詩也。

〔註53〕見《全唐詩》卷一四九「劉長卿三」。
〔註54〕見《全唐詩》卷一四七「劉長卿一」。

書影五：《中興閒氣集》　清光緒十九年武進費氏影南宋臨安府書棚本

唐中興閒氣集卷上

錢起十二首

貞外詩體格新奇理致清贍一作越從登第

挺冠詞林文宗右丞許以高格右丞歿後貞

外為雄救一作宋齊之浮游削梁陳之靡嫚

迥然獨立莫之與羣且如鳥道挂疎雨人家

殘夕陽又牛羊上山小煙火隔雲深又長樂

鐘聲花外盡龍池柳邑雨中深皆特出意表

標準古今又窮達戀明主耕桑亦近郊則禮

義克全忠孝兼著足可弘長名流為後生楷

第七章 《御覽詩》考

第一節 編選者、編選之年代及其版本

《唐御覽詩》兩唐志不載，首著錄於陳振孫《直齋書錄解題》，其書卷十五云：

> 《唐御覽詩》一卷，唐翰林學士令狐楚纂。

又較陳解題稍早之陸游，亦嘗跋此集云：

> 右《唐御覽詩》一卷，……元和學士令狐楚所集也〔註1〕。

可知此集之編者為令狐楚。

令狐楚之生平事蹟，《舊唐書》卷一七二、《新唐書》卷一六六有傳。此外宋姚鉉《唐文粹》卷六十，劉禹錫〈唐宣武軍節度副大使檢校禮部尚書令狐公先廟碑銘并序〉、《全唐文》卷六○五，劉禹錫〈唐故相國贈司空令狐公集序〉，《唐詩紀事》、《唐才子傳》，亦足資參考。

令狐楚，字殼士，敦煌人〔註2〕，自謂唐初十八學士令狐德棻之後。生於唐代宗大曆元年（766），卒於唐文宗開成二年（837），享年七十有二。

楚祖崇亮，綿州昌明縣令〔註3〕。父承簡，太原府功曹。楚生五歲，能為辭章。貞元七年（791）杜黃裳知舉，楚登進士第。及第後，桂管觀察使王拱愛其材，欲以禮辟召，懼楚不至，乃先奏而後聘。楚不得已往，雖在拱所，以父緣太原，不得奉

〔註1〕見陸游《渭南文集》卷二十六，頁155，文友書店出版。

〔註2〕劉禹錫〈唐宣武軍節度副大使檢校禮部尚書令狐公先廟碑銘并序〉云：「令狐，晉邑也，晉大夫魏顆以輔氏之功始封焉，其易名文，《國語》所謂令狐文子是也，……其後三十七世藍田侯蚪仕拓魏，為敦煌郡太守，子孫因家，遂占數為郡人」。

〔註3〕同註2作「綿州昌化縣令」，案《新唐書》卷四二〈地理志〉，劍南道綿州有昌明縣，疑作昌化縣者誤。

養，滿歲，乞歸奉養，即歸太原。李說、嚴綬、鄭儋相繼鎮太原，高其行義，皆辟爲從事，自掌書記至節度判官，歷殿中侍御史。

楚才思文麗，德宗好文，每太原奏至，能辨楚之所爲，頗稱之。鄭儋在鎮暴卒，不及處分後事，軍中喧嘩，將有急變。中夜十數騎持刃迫楚至軍門，諸將環之，令草遺表，楚在白刃之中，搦管即成，讀示三軍，無不感泣，軍情乃安，自是聲名益重。憲宗元和初，丁父憂，以孝聞。免喪，徵拜右拾遺，改太常博士、禮部員外郎。後以母憂去官。服闋，以刑部員外郎徵，轉職方員外郎、知制誥。

時皇甫鎛以言利得幸，楚與皇甫鎛、蕭俛同年登進士第，素厚善。元和九年（814）乃薦俛、楚俱入翰林，充學士，遷職方郎中、中書舍人，皆居內職。後與裴度不合，出爲華州刺史。十三年（818）皇甫鎛作相，以楚爲河陽懷節度使。十四年鎛薦楚入朝，爲中書侍郎、同中書門下平章事，與鎛同處台衡，深承顧待。十五年（820）憲宗崩，詔楚爲山陵使，撰哀冊文。

穆宗即位，會有告楚充奉山陵時，親吏韋正牧等同隱官錢，不給工徒，乃出楚爲宣歙觀察使，再貶爲衡州刺史。時元稹初得幸，爲學士，素惡楚、鎛膠固希寵，草楚衡州制，略云：「楚早以文藝，得踐班資，憲宗念才，擢居禁近，異端斯害，獨見不明，密贊討伐之謀，潛附奸邪之黨。因緣得地，進取多門，遂忝臺階，實妨賢路。」楚深恨稹。

敬宗立，拜楚爲河南尹，遷宣武節度使，汴軍以驕故，而韓弘弟兄務以峻法繩治，士偷于安，無革心。楚至，解去酷烈，以仁惠爲治，去其太甚，軍民咸悅，翕然從化。大和二年（828）徵爲戶部尚書，三年，檢校兵尚書、東都留守、東畿汝都防禦使。十一月，進位至檢校右僕射、鄆州刺史、天平軍節度、鄆曹濮觀察等使。奏故東平縣爲天平縣，屬歲旱儉，人至相食，楚均富贍貧，而無流亡者。大和六年（832）改太原尹、北都留守、河東節度等使。楚久在并州，練其風俗，綏撫有方，因人所利而利之，雖屬歲旱，人無轉徙，軍民胥悅。七年，入爲吏部尚書，仍檢校右僕射。九年（835）守尙書左僕射，進封彭陽郡開國公。十一月。李訓作亂，京師大擾，亂平，誅李訓等。

開成元年（836）上巳，賜百僚曲江亭宴，楚以新誅大臣李訓等，暴骸未收，不宜賞宴，獨稱疾不赴，論者美之。四月，檢校左僕射、興元尹、充山南西道節度使。二年（837），卒於鎮，年七十二〔註4〕，冊贈司空，諡曰文。

楚風儀嚴重，若不可犯，然寬厚有禮，門無雜賓。嘗與從事宴語方酣，有非類偶

〔註4〕同註2，作享年七十。

至，立命撤席，毅然色變。累居重任，貞操如初。未終前三日，猶吟詠自若，當歿之夕，端坐與其子緒、絢曰：「吾生無益於人，勿請諡號。葬日，勿請鼓吹，唯以布車一乘，餘勿加飾。銘誌但志宗門，秉筆者無擇高位。」言已而終。著有《元和辨謗略》十卷、《漆盒集》一百三十卷、《斷金集》一卷、《彭陽唱和集》三卷、《僧廣宣與令狐楚唱和》一卷〔註5〕，及《三舍人集》〔註6〕，又奉命編選《御覽詩》一卷。

　　《御覽詩》編選之年代，因今傳本無序文，頗難考定。此書兩唐志不著錄，南宋陸游《渭南文集》卷二十六〈跋唐御覽詩〉云：

> 《御覽》一名《唐新詩》，一名《選集》（案：當依《直齋書錄解題》作《選
> 進集》），一名《元和御覽》云，紹興乙亥（案：南宋高宗紹興二十五年，公元1155），
> 十一月八日，吳郡陸某記。

據陸跋，可知《御覽詩》又名《唐新詩》，一名《選進集》、《元和御覽》，乃憲宗元和時（806～820）命侍臣令狐楚，編采當時名家之詩，以供御覽之詩歌選集。今案楚此書既是奉勅編選，書成當有獻上之奏表，惜此奏表，今亦不可得見。

　　雖《御覽詩》之序文及楚獻上之奏表，今不可見，然《御覽詩》究編選於元和那一年，亦非全不可考。今傳《御覽詩》首題曰：「翰林學士朝議郎守中書舍人賜紫令狐楚奉勅纂進」，元方回即據此云：

> 令狐楚爲翰林學士時選進唐《御覽詩》，凡三十家〔註7〕。

謂此集乃楚爲翰林學士時所選進。《四庫全書總目提要》亦據此進一步考云：

> 是書乃憲宗時奉勅編進，其結銜題翰林學士朝議郎守中書舍人。考楚
> 本傳稱皇甫鎛與楚厚善，薦爲翰林學士，進中書舍人，元和十二年，裴度
> 以宰相領彰義節度使，楚草制，其詞有所不合，停楚學士，但爲中書舍人，
> 則此書之進，在元和十二年以前也〔註8〕。

《四庫提要》據楚本傳考之，以爲此書當進於元和十二年（817）以前，唯仍未能確定其選進年代。今案《舊唐書》卷十五〈憲宗本紀〉，元和九年十一月「以職方員外

〔註5〕《新唐書》卷五十九〈藝文志〉，丙部子錄儒家類「《元和辨謗略》十卷」（原註：令狐楚、沈傳師、杜元穎撰），同書卷六十丁部隹錄別集類有「令狐楚《漆盒集》一百三十卷」，同書丁部集錄總集類有「《斷金集》一卷（原註：李逢吉、令狐楚唱和）、「《彭陽唱和集》三卷（原註：令狐楚、劉禹錫）」、「《僧廣宣與令狐楚唱和》一卷」。

〔註6〕《唐詩紀事》卷四十二「張仲素」條云：「右王涯、令狐楚、張仲素五言七言絕句共作一集，號《三舍人集》」，頁647，木鐸出版社印行。

〔註7〕見方回《瀛奎律髓》卷十七，晴雨類，劉復〈春雨〉詩下。

〔註8〕見《四庫全書總目提要》卷一八六，〈集部・總集類〉一「唐御覽詩一卷」條，頁1053，漢京文化事業有限公司印行。

郎、知制誥令狐楚爲翰林學士」，是楚爲翰林學士在元和九年（814）。又案唐丁居晦重修《翰林壁記》，令狐楚「十二年三月，遷中書舍人。八月四日，出守本官。」是令狐楚遷中書舍人在元和十二年（817），而其出翰林院在該年八月四日，《冊府元龜》卷五五三云：

> （元和）十二年七月丙辰，以中書侍郎平章事裴度爲門下侍郎平章事，充彰義軍節度、申光蔡等州觀察、淮西宣慰處置等使，其制翰林學士中書舍人令狐楚所草也。度以兼招撫，請改其辭中未蕫其類，未革其志，又以韓弘爲都統，請改更張琴瑟爲近輆樞軸，又改煩我台席爲授以成算，憲宗皆從之，乃罷楚學士。

丙辰，即楚出院前五日也，可知楚於元和十二年八月四日以後，已出翰林院。然則楚爲翰林學士、中書舍人，即《御覽詩》題銜「翰林學士朝議郎守中書舍人」之時期，僅元和十二年三月至八月四日間也〔註9〕。而其選進《御覽詩》之年代，亦當在此一時期，換言之，《御覽詩》蓋即編選於元和十二年（817）三月至八月四日間也。

　　《御覽詩》今可知版本甚少，除明崇禎元年（1628）虞山毛氏汲古閣刊《唐人選唐詩》八種本外，僅清陸心源《皕宋樓藏書志》著錄舊鈔本，及黃丕烈撰、繆荃孫等輯《蕘圃藏書題識》著錄有鈔校本而已。《皕宋樓藏書志》卷一一二云：

> 《御覽詩》一卷（原註：舊抄本）。唐翰林學士朝議郎守中書舍人賜紫令狐楚奉勅纂進。右唐《御覽詩》一卷，……吳郡陸游記。

《蕘圃藏書題識》卷一云：

> 《唐御覽詩》一卷（原註：鈔校本）。此唐《御覽詩》爲寒山趙靈均所校而箋注其異同者，非復本書舊觀矣。余友陶蘊輝識是靈均手蹟，持以示余，余以青蚨一金易得，蓋靈均所寫，余固未灼見，而楮墨頗饒古趣，列諸名鈔秘冊中，當亦得一位置地也。

此二本，今不知仍存否，筆者均未見。毛氏汲古閣本不知其所據本爲何，今可知者元方回嘗見一本，其《瀛奎律髓》卷七，〈風懷類〉，李愿〈觀翟玉妓〉詩下云：

> 愿，李晟之子，李朔之弟，……此詩見《御覽詩集》。

卷十七，〈晴雨類〉，劉復〈春雨〉詩下云：

> 令狐楚爲翰林學士時選進《唐御覽詩》，凡三十家，劉復四首。

〔註9〕參考岑仲勉〈翰林學士壁記注補〉，載《中央研究院歷史語言研究所集刊》十五本，頁95～98。

卷三十,〈邊塞類〉,鄭鏦〈入塞曲〉詩下云:

> 《唐御覽詩》,鄭鏦四首。

卷四八,〈僊逸類〉,盧綸〈送道士〉詩下云:

> 《唐御覽詩》,元和學士令狐楚選進,盧綸墓碑謂三百一十篇,公詩
> 居十之一,今世傳本綸三十二首與焉,陸放翁嘗跋云。

據其所述「劉復四首」、「鄭鏦四首」皆與毛本同,所錄詩字句亦與毛本無大差異,又就其盧綸〈送道士〉詩下所云,似其所見之本,亦如毛本,末附有陸游跋,即陸氏所傳之本,當與毛本同出一源也。此外,日本有文政七年(1824)刊本、江戶寫本〔註10〕,筆者亦未見。以下論述,俱依毛氏汲古閣刊本。

第二節　篇卷、編選之數目及其體例

《御覽詩》之卷數,自陸游跋、陳振孫《直齋書錄解題》、元馬端臨《文獻通考》,至《四庫全書總目提要》俱作一卷,今傳本亦為一卷。

至於編選之詩人數及詩數,陸游跋云:

> 右《唐御覽詩》一卷,凡三十人,二百八十九首,元和學士令狐楚所
> 集也。按盧綸墓碑云:元和中,章武皇帝命侍臣采詩第名家,得三百一十
> 篇,公之章句奏御者居十之一。今《御覽》所載綸詩,正三十二篇,所謂
> 居十之一者也。據此,則《御覽》為唐舊書不疑,然碑云三百一十篇,而
> 此纔二百八十九首,蓋散逸多矣,姑校定訛謬,以俟完本。

謂《御覽詩》所選共三十人,三百一十首,而陸所見本,凡三十人,惟詩僅餘二百八十九首,已較原本佚失二十一首。其後,陳振孫《直齋書錄解題》云:

> 《唐御覽詩》一卷,唐翰林學士令狐楚纂,劉方平而下迄於梁鍠,凡
> 三十人,詩二百八十九首。

方回《瀛奎律髓》云:

> 令狐楚為翰林學士時選進《唐御覽詩》,凡三十家,……一名《選進
> 集》,一名《元和御覽》。盧綸墓碑云:三百一十篇,今傳者二百八十九篇
> 云〔註11〕。

二家所載詩人數與詩數,皆與陸跋同。陳氏解題云「劉方平而下,迄於梁鍠」亦與

〔註10〕見古亭書屋影印《內閣文庫漢籍分類目錄》。
〔註11〕同註7。

今本合。由此可知《御覽詩》原共選詩人三十，詩三一〇首，然至南宋，詩僅餘二八九首，佚失二十一首〔註12〕。以今本按之，詩人數爲三十，與前載合，惟詩僅二百八十六首〔註13〕，較前載又已佚失三首，較原本三百一十首，佚失二十四首。

《御覽詩》之編撰體例，與其他《唐人選唐詩》無大差異，主爲詩選部分，無小序評語、詩人傳略。其選詩亦以人爲主，每人若干首不等。詩人先後之次，不詳其例。每人中詩次大略先五言後七言，先律詩後絕句，如選皇甫冉十六首，前十首爲五律，其次五絕五首，又次七律一首。又如選盧綸三十二首，前十首爲五律，其次五絕十首，又次七律二首，而以七絕十首殿後，全集僅司空曙、李益、霍總三人詩次，略有紊亂，不依此例。

第三節　命名涵意、編選目的及其選詩情形

據陸游跋、陳振孫解題，《御覽詩》又名《唐新詩》、《選進集》、《元和御覽》。稱《選進集》、《元和御覽》者，顧名思義，蓋謂憲宗元和間選進以供御覽者也。至於名《唐新詩》者，蓋一則所選多當代名家之詩，一則以所選皆近體詩，故稱爲《唐新詩》。

此集之編選目的，於諸《唐人選唐詩》中較爲特別，陸游跋據盧綸墓碑云：

　　元和中，章武皇帝命侍臣采詩第名家，得三百一十篇。

書首編選者題銜處亦云「奉勅纂進」，然則此集乃皇帝命侍從之臣品采當時名家之詩，以奏上供御覽者，與他選之標舉創作方向，提供創作典範，或「長樂暇日，陋巷窮時，聊撼膝以書紳，匪攢心而就簡」〔註14〕之編選目的皆有不同。

《御覽詩》之選詩標準，因無序文、奏表可供參考，亦頗難探究，且此集如前所述，與唐人他選不同，乃選進以供御覽者，則（一）其采擇標準，是以楚本人之標準而采擇，抑其間尚有迎合憲宗喜好者？（二）其間是否有標榜友朋之情形？此諸問題，皆爲探討此集選詩情形之前，必須先疏通說明者。

茲先就第一點探討，宋王讜《唐語林》卷二〈文學〉云：

〔註12〕明胡震亨《唐音癸籤》卷三十一云：「《御覽詩》（原註……凡三十人，詩三百餘首）」謂《御覽詩》凡三十人，詩三百餘篇，當是指《御覽詩》原本詩數，非其所見本仍存三百餘首也。

〔註13〕同註8云：「此本人數詩數，均與游所跋相合，蓋猶古本。」今取四庫本以校毛本，其篇章次第，以至詩下小注，皆同毛本，蓋即出於毛本者，毛本凡三十人，詩二八六首，四庫本自亦如此，提要謂「此本人數詩數，均與游所跋相合」似誤。

〔註14〕韋莊〈又玄集序〉，見《唐人選唐詩》，頁348，河洛圖書出社印行。

水部員外郎賈嵩説云：「文宗好五言詩，品格與肅、代、憲宗同，而古調尤清峻。」

據此，可知憲宗亦能爲詩，惜今《全唐詩》不見憲宗之作。今《御覽詩》三十人中，入選詩數最多者爲李益，其次爲盧綸，考諸史傳，此二人皆頗受憲宗注意，《舊唐書》卷一三七《李益傳》云：

李益，……長爲歌詩，貞元末，與宗人李賀齊名，每作一篇，爲教坊樂人以賂求取，唱爲供奉歌詞，……然少有癡病，而多猜忌，防閑妻妾，過於苛酷，……以是久之不調，而流輩皆居顯位，蓋不得意，北遊河朔，幽州劉濟辟爲從事，常與濟詩而有「不上望京樓」之句。憲宗雅聞其名，自河北召還，用爲秘書少監集賢殿學士。

憲宗盛聞李益詩名，乃自河北召還，爲秘書少監集賢殿學士。自此觀之，憲宗不僅武功號稱有唐中興，其於文士亦未嘗不措意焉。今《御覽詩》三十人中，入選詩歌最多者即爲李益，全集二八六首中，竟占三十六首之多，似非偶然也。復次，《新唐書》卷二○三〈盧綸傳〉云：

……舅韋渠牟得幸德宗，表其才，召見禁中，帝有所作，輒使賡和。異日問渠牟：「盧綸、李益何在？」答曰：「綸從渾瑊在河中。」驛召之，會卒。綸與吉中孚、韓翃、錢起、司空曙、苗發、崔峒、耿湋、夏侯審、李端皆能詩齊名，號「大曆十才子」。憲宗詔中書舍人張仲素訪集遺文，文宗尤愛其詩。

盧綸之詩深受德、憲、文三帝之喜愛。憲宗且詔張仲素訪集其遺文，《御覽詩》詩作入選次多者，即爲盧綸，達三十二首之多，此與李益之例相同，似亦與憲宗之厚遇、喜愛有關。然楚所選亦非盡以迎合憲宗爲主，明楊愼《升庵詩話》卷三云：

令狐楚與王涯、張仲素同時爲中書舍人，其詩長於絕句。

以爲楚詩長於絕句。今觀楚所選《御覽詩》，絕句共一六四首，占全數百分之五十七，較律詩爲多，此種絕句多於律詩之選詩情況，於《唐人選唐詩》中，可謂絕無僅有，其中緣由，恐亦與楚本人長於絕句，不無關係。且《四庫全書總目提要》亦嘗云：

劉禹錫和楚詩，雖有風情不似四登壇句，而今所傳詩一卷，惟宮中樂五首，從軍詞五首，年少行四首，差爲可觀，氣格色澤，皆與此集（案：指《御覽詩》）相同，蓋取其性之所近〔註15〕。

綜上所論，似乎楚編選《御覽詩》，一方面既有迎合憲宗者；另一方面亦取己之所長，

〔註15〕同註8。

與己性之相近者。

就第二點而言，令狐楚選此集以供上御覽，是否有藉以標榜友朋之情形？今就集中所選諸人觀之，似無此傾向，何以言之？考楚本傳，與楚相善者，如王拱、皇甫鎛、蕭俛等；與楚相唱和者，如李逢吉、劉禹錫、僧廣宣、王涯、張仲素〔註16〕、白居易〔註17〕諸人，其中不乏作詩能手，而集中無一入選，故探究此集之選詩情形，此點可以毋論。

上述問題既明，以下便就集中所選詩人、詩作，探究其選詩之情形：

（一）就所選詩人之時代言。所選詩人以玄宗天寶至憲宗元和間爲範圍，而以大曆、貞元間之詩人爲多。生世較早者，如梁鍠、劉方平、韋應物皆是。以登第年份言，最晚者爲張籍，貞元十五年（799）進士。可注意者，後代以爲元和時代之代表詩人，如元稹、柳宗元、劉禹錫（三人俱貞元九年進士）、韓愈（貞元八年進士）、孟郊（貞元十二年進士）、白居易（貞元十六年進士）〔註18〕諸人俱未入選，是頗堪玩味。杜松柏先生云：

> 取張籍而不及韓愈、賈島、孟郊，取韋應物而不及柳宗元，劉禹錫、
> 元稹、白居易之作，無一入選，殊可怪也，實不足以代表元和之風會〔註19〕。

後世以元、白之譏諷時事，及韓、孟之聲牙崛奇爲元和詩風之特色，惟此集皆未選入，故杜氏以爲不足以代表元和之風會。唯考此集之所以不選元、白、韓、孟諸人詩，除此集所選皆爲近體外，恐亦與憲宗之好惡有關，《唐語林》卷二〈文學〉云：

> 李珏奏曰：「……臣聞憲宗爲詩，格合前古，當時輕薄之徒，摛章繪句，
> 聲牙崛奇，譏諷時事，爾後鼓扇名聲，謂之元和體，實非聖意好尚如此。」

如李珏之言可據，憲宗實不喜當時所謂「元和體」之詩風特色，故楚進《御覽詩》遂亦摒此類詩。

（二）就詩人入選之篇數言。二八六首中，以李益入選最多，共三十六首，其次爲盧綸三十二首，再次爲楊凝二十九首，楊憑十八首，楊凌十七首，皇甫冉十六首，楊巨源、盧殷各十四首，劉方平十三首，鄭錫、顧況、梁鍠各十首，柳中庸九首，李端八首，韋應物、霍總各六首，司空曙、馬逢各五首，劉復、鄭鏦、紇

〔註16〕參考註5、6。

〔註17〕《全唐詩》卷二三四載楚詩，其中與白居易酬唱者如〈節度宣武酬樂天夢得〉。感思白居易，如〈春思寄夢得樂天〉、〈皇城中花園譏劉白賞春不及〉、〈賦山〉小注云：「白居易分司東洛。朝賢悉會興化亭送別，酒酣，各請一字至七字詩，以題爲韻。」皆可見楚與白居易之交遊關係。

〔註18〕諸人登第之年，俱依徐松《登科記考》，驚聲文物供應公司出版。

〔註19〕見杜松柏先生《禪學與唐宋詩學》，頁180，黎明文化事業公司出版。

干著、劉皁各四首，于鵠三首，李嘉佑、李愿各二首，李何、張何、張起、李宣遠、姚係、張籍各一首。

（三）就所選詩作之體裁言。二八六首皆爲近體，即〈巫山高〉等之用樂府題者，亦皆律詩〔註20〕。其中五律一一〇首，爲數最多，其次爲七絕一〇七首，又次爲五絕五十七首，最少者爲七律，僅十二首。此獨重近體之現象，《四庫全書總目提要》曾解釋云：

> 蓋中唐以後，世務以聲病諧婉相尚，其奮起而追古調者，不過韓愈等
> 數人，楚亦限風氣不能自異也。

由其專取近體，以聲病諧婉相尚，顯示此集頗重格律。

（四）就所選詩作之題旨言。二八六首中，最多者爲別離類，共四十五首，其次爲客旅類四十三首，婦女類三十七首，詠物類三十六首，征戍類二十四首，節序類十九首，贈答類十八首，遊覽類十五首，宮廷類十五首，歌舞類七首，時事類六首，詠懷類六首，仙釋、懷古、豪俠類各五首〔註21〕。客旅、別離兩類向爲唐人編選唐詩之大宗，可以毋論。此外，此集婦女、詠物、宮廷、歌舞諸類入選之多，除五代韋縠《才調集》外，其他諸集皆難與匹〔註22〕。

（五）就所選詩作之風格言。此集之皇甫冉、李嘉佑二人，亦見於高仲武《中興閒氣集》，惟詩同者僅皇甫冉〈巫山高〉一首，顯見此集與《閒氣集》「但使體狀風雅，理致清新」〔註23〕之選擇標準頗有不同。此集所選詩之風格，元方回云：

> 令狐楚爲翰林學士時，選進《唐御覽詩》，凡三十家，劉復四首，所
> 選大抵工麗〔註24〕。

又云：

> 《唐御覽詩》，鄭縱四首，皆豔麗，令狐楚所選大率取此體，不主平
> 淡，而主豐碩云〔註25〕。

以爲此集所取詩之風格，大抵爲「工麗」，不主平淡，而主豐碩，所論頗近實。至於《四庫全書總目提要》論及此集之風格，則言之益詳，提要云：

> 劉禹錫和楚詩，雖有風情不似四登壇句，而今所傳詩一卷，惟……差

〔註20〕參考同註8。
〔註21〕參考小川昭一〈關於唐人選唐詩〉第一表，載《斯文》二十八期。
〔註22〕同註21。
〔註23〕參考本論文第六章《中興閒氣集》考〉第三節。
〔註24〕同註7。
〔註25〕方回《瀛奎律髓》卷三十，〈邊塞類〉，鄭縱〈入塞曲〉詩下。

爲可觀，氣格色澤，皆與此集相同，蓋取其性之所近。其他如〈郡齋詠懷〉詩之「何時豇闍闍」，〈九日言懷〉詩之「二九即重陽」，〈立秋日悲懷〉詩之「泉終閉不開」，〈秋懷寄錢侍郎〉詩之「燕鴻一聲叫」，〈和嚴司空落帽臺宴〉詩之「馬奔流電妓奔車」，〈郡齋栽竹〉詩之「退公閒坐對嬋娟」，〈青雲干呂〉詩之「瑞容驚不散」，〈譏劉白賞春不及〉之「下馬貪趨廣運門」，皆時作鄙句。而〈贈毛仙翁〉一首，尤爲拙鈍，蓋不甚避俚俗者。故此集所錄，如盧綸〈送道士〉詩、〈駙馬花燭〉詩、鄭鏦〈邯鄲俠少年〉詩，楊凌〈閣前雙槿〉詩，皆頗涉俗格，亦其素習然也。然大致雍容諧雅，不失風格，上比《篋中集》則不足，下方《才調集》則有餘〔註26〕。

謂此集氣格色澤與楚本人之作相近，雖頗涉俗格，然大致雍容諧雅，不失風格，亦近實之論。

〔註26〕同註8。

第八章 《極玄集》考

第一節 編選者、編選之年代及其版本

　　《極玄集》之編選者爲姚合。合《新唐書》卷一二四有傳，惟甚簡略。晁公武《郡齋讀書志》卷十八著錄《姚合集》、《四庫全書總目提要》卷一五一集部別集類著錄《姚少監集》附論其生平，較爲詳細。此外，《唐詩紀事》、《唐才子傳》，亦可供參考。

　　姚合，吳興人〔註1〕，開元名相姚崇兄元素之曾孫〔註2〕。憲宗元和十一年（816）登進士第，調武功縣主簿，世號「姚武功」，又爲富平、萬年二縣尉。敬宗寶曆中（825～826）〔註3〕遷監察御史、戶部員外郎，出爲金、杭二州刺史〔註4〕，後爲刑、戶二部郎中，諫議大夫，給事中。文宗開成四年（839），由給事中爲陝虢觀察使〔註5〕，後爲秘書少監，卒於武宗會昌（841～845）以後〔註6〕。有子名潛〔註7〕。著有《詩

〔註1〕舊史皆謂合陝州硤石人，蓋因史謂合爲崇之曾孫，崇陝州硤石人，故亦謂合陝州硤石人，實則合爲崇兄元素之曾孫，非崇之嫡系曾孫。沈亞之《異夢錄》直稱姚合爲「吳興姚合」，合〈送喻鳧歸毘陵〉詩亦明云：「吾亦家吳者，無因到弊廬」（《全唐詩》卷四九六），當以吳興人爲是。參考王師夢鷗〈唐『武功體』詩試探〉，載《東方雜誌》十六卷十二期。

〔註2〕參考〈唐『武功體』詩試探〉。

〔註3〕《郡齋讀書志》、《唐詩紀事》、《唐才子傳》、《四庫全書總目提要》俱作「寶應」中，案寶應爲代宗年號（762），合憲宗元和十一年（816）方登第，故當爲「寶曆」之誤。見〈唐『武功體』詩試探〉。

〔註4〕見晁公武《郡齋讀書志》卷十八。

〔註5〕見《舊唐書》卷十七下，〈文宗本紀〉。

〔註6〕諸書皆謂合開成末（840）卒於秘書少監（《新唐書》卷一二四「終秘書監」），開成爲文宗年號，然《姚少監集》卷十有〈文宗皇帝挽詞〉，又同卷有〈哭賈島三首〉，

集》十卷，《詩例》一卷，及所編選《極玄集》一卷〔註8〕，《詩例》今佚。

合有詩名，與當時詩人、詩僧迭相唱合。詩人如張籍、劉禹錫、楊巨源、賈島、殷堯藩、王建、朱慶餘、顧非熊、李餘、李群玉、李頻、喻鳧等，詩僧如靈一、無可、默然、栖眞、元緒、暉上人、不疑、清塞等俱與之遊〔註9〕。其詩長於五言，尤其是五律，刻意苦吟，工於點綴小景，冥搜物象，務求古人體貌所未到，世號「武功體」，唐末張爲作〈詩人主客圖〉，以李益爲清奇雅正主，合爲入室。

合〈極玄集序〉今佚，唯存「此皆詩家射鵰手也，合於眾集中更選其極玄者，庶免後來之非，凡念一人，共百首。」〔註10〕寥寥數語，不及其他，是以其編選此集之年代，亦頗難確定。惟書首題曰「唐諫議大夫姚合選」〔註11〕然則此書編選之年代，蓋姚合官諫議大夫時也。惜合官諫議大夫之時日，史無明文，頗費猜疑。李德裕《文饒別集》卷八云：

> 戊辰歲，仲春月，戊申夜，余宿於洞庭西，夢與中書令姚公偶坐，……
>
> 余對曰：去歲居守東周，於公曾孫諫議某處，觀金石之刻，……。

岑仲勉據同集卷六有〈與姚諫議郃書〉三首，謂郃即郤之誤，而郤爲合之異體，以爲卷八所云之「公曾孫諫議某」即姚合〔註12〕，戊辰即宣宗大中二年（848），「去歲」即大中元年，易言之，合官諫議時在大中初也。然晁公武《郡齋讀書志》卷十八云：

> 元和十一年，李逢吉知舉進士，歷武功主簿，富平、萬年尉。寶應（案：當作寶曆）中，監察、殿中御史，戶部員外郎，出金、杭二州刺史，爲刑、戶二部郎中，諫議大夫，給事中，陝、虢觀察使，開成末，終祕書監，世號姚武功云。

而島卒於武宗會昌三年（843），故謂合卒於開成末者，恐誤。詳見〈唐『武功體』詩試探〉。

〔註7〕見岑仲勉〈唐集質疑〉，「姚合與李德裕及其系屬」條，載《中研院史語所集刊》第九本。

〔註8〕俱見《新唐書》卷六十〈藝文志〉。

〔註9〕俱見《姚少監詩集》。清塞，《全唐詩》卷五〇三載錄其詩，其中有〈留辭杭州姚合郎中〉、〈寄姚合郎中〉、〈贈姚合郎中〉諸詩，可見其與合之交遊關係。

〔註10〕此數語毛氏汲古閣本缺，明萬曆刻本有之。見《唐人選唐詩》，頁318，河洛圖書出版社印行。

〔註11〕丁丙《善本書室藏書志》，卷三八著錄明萬曆邵重生參本。書首題云：「唐杭州刺史姚合集」不知其所據。楊守敬《日本訪書志》著錄元刊本、毛氏汲古閣本俱題「唐諫議大夫姚合纂（毛本作選）」，此據元刊本、毛本。

〔註12〕同註7。

晁氏於此歷敘合之仕歷，竊疑晁氏所述合仕歷，非漫亂無次，蓋以合歷官先後爲序，合於開成四年（839），由給事中爲陝虢觀察使，史有明文，其後蓋由陝、虢觀察使召爲秘書監。《新唐書》卷一二四合本傳云：

> 遷監察御史，累轉給事中，……歷陝虢觀察使，終秘書監。

於陝虢觀察使下，亦直接秘書監，不云其間嘗歷他官，然則合於大中初任諫議大夫之可能性甚微，其任諫議大夫之時期，當在爲刑戶二部郎中之後，給事中之前也。唯合任刑戶二部郎中、給事中之時間均不可考，所略可考者，合任杭州刺史之年代。合刺杭州之年代，岑仲勉云：

> 合刺杭州，勞格《杭州刺史考》（原註：雜識七）附於寶曆下，非也。考《白氏集》六五〈送姚杭州赴任因思舊遊〉第二首末聯云：「舍人雖健無多興，老校當時八九年」，即送姚合之詩，居易長慶四年五月罷杭州，再閱八九年，應大和六七年；但姚少監詩九又有〈謝李太尉牧杭州德裕〉詩（原註：德裕二字應旁注。），似在會昌時代，兩者孰眞，尚須待他事證之〔註13〕。

岑氏謂合刺杭州之年代，或在大和六、七年（832～833），或在會昌中（841～846），尚不能解。案筆者前文推測，晁氏《讀書志》述合之官歷，大抵皆依其歷官先後之次，其敘金杭刺史於陝虢觀察使之前，合開成四年（839）爲陝虢觀察使，則其爲杭州刺史之年代，自當在此之前，換言之岑氏兩說中，似以大和六、七年合刺杭州之說較爲恰當。合爲諫議大夫，在爲杭州刺史之後，陝虢觀察使之前，而《極玄集》之編選年代，亦約在此期間，即大和六年（832）至開成四年（839）七年之間也。

　　《極玄集》之版本，據書志所載，宋版有一，清錢曾《述古堂書目》卷二，曾著錄有宋本影抄《極玄集》二卷，此本後歸蔣西谷，何焯嘗借以爲評校本，何氏評校本先據元蔣易刻姜白石評點本，次又據此本，其書有跋云：

> 康熙戊戌十月望，借蔣西谷架上述古堂宋本影鈔《極玄集》勘校，始知戴叔倫詩中亦誤一首，前此所見元板姜白石點本非完書，今後庶幾爲善本矣，焯記。何氏據述古影宋本補戴叔倫〈送謝夷甫宰鄮縣〉五律一首，爲汲古本所無，沅叔附記〔註14〕。

是此本與汲古閣本最大不同處，在於戴叔倫多〈送謝夷甫宰鄮縣〉一首。元版有一種，楊守敬《日本訪書志》卷十二云：

> 《唐詩極玄集》二卷（原註：元刊本）。首題《唐詩極玄集》，唐諫議大

〔註13〕同註7。
〔註14〕見傅增湘《藏園群書題記》卷五，「校唐人選唐詩八種跋」條。

夫姚合纂，宋白石先生姜夔點。目錄後有姚武功自題云：此皆詩家射鵰手也，合於眾集中，更選其極玄者，庶免後來之非，凡廿一人，共百首（原註：夾注今校諸本，皆闕一首）。又有姜堯章云：唐人詩措辭妥貼，用意精切，或譏其卑下，非也，當以唐人觀之。又云：吾所不加點者，亦非後世所能到。再後建陽蔣易序云云（原註：蔣易有《皇元風雅詩選》）。卷內詩多用密點，與呂東萊《古文關鍵》，樓鑰《崇古文訣》，體裁又不同。其以本集、中興集互校，與汲古閣刊本同，而字句則往往勝之。如祖詠〈夕次圃田店中夜渡京水〉，毛本作涇水，按圃田安得有涇水，閣百詩已議之。……其他皆與《唐詩紀事》所引合。據毛氏跋亦稱有武功自題，而所刻本乃刪之，何耶？又稱向傳姜白石點本最善，竟不行於世，近刊掛空名于簡端，是毛氏所見本只有白石名而無點，若有點，安得謂之空名？況其所點皆矜慎不苟，絕非坊賈所能，若以為無評品語而疑之，則淺之乎視白石矣。《愛日精廬藏書志》所載秦西巖手鈔本，即從此出也，日本文政八年有翻刻本。

楊氏載此元本甚詳，此本筆者未見〔註15〕。明本有三，一為丁丙《善本書室藏書志》卷三十八著錄明萬曆本，云：

《極元集》二卷（原註：萬曆刊本，何夢華藏書）。唐杭州刺史姚合集，明武林外史古庵邵重生參，孫男泰來泰清較。……前有姚武功自題，及元至元五年建陽蔣易序，明萬曆丁亥古庵邵重生復為之參，自為之序，殆元之又元也，首有詩則曰：詩有一長、有二經、有三正、有四則、有五體、有六成、有七成、各分著參說於下，有黃汝亨、虞淐貞兩序，……版心下刻「藏之名山」四字，有何元錫印。

二為瞿鏞《鐵琴銅劍樓藏書目錄》，卷二十三所著錄之明鈔本，云：

《唐詩極玄集》二卷（原註：明鈔本）。唐姚合選，有至元五年蔣易跋，每葉版心有「又玄齋」三字。卷末有題記四行，云：此系吾鄉秦西巖手錄，庚寅上元日遵王見贈，弗乘。庚申九月九日得於虞城肆中，超然（原註：卷中有五嶺山人又玄齋校閱過二朱記）。

此本蓋即楊氏《訪書志》所稱秦西巖手鈔本，從元本出。三即明崇禎元年（1628）虞山毛氏汲古閣刊《唐人選唐詩》八種本。毛氏此本，據楊氏《訪書志》所載觀之，

〔註15〕元方回亦嘗見《極玄集》，其《瀛奎律髓》，卷二十二〈月類〉，錢起〈裴迪書齋望月〉詩下云：「姚合《極玄集》取此詩，月滿作獨上，予以獨字重，改從元本，鵲元本作鶴，予改從姚本。」其所舉與毛本《極玄集》同，惜所敘甚略，不知其所見本究竟如何也。

字句與元刊本，略有異同，唯楊氏亦云「其以本集中興集互校，與汲古閣刊本同」，且毛本首亦冠元蔣易序，竊疑毛本即出於元刊本而略有刪易，茲進一步言之，毛晉《極玄集》末有跋，云：

> 按武功自題云：此皆詩家鵰射（案：當作射鵰）手也。凡廿一人，共百首，今已缺其一，吉光片羽，良可惜也，向傳姜白石點本最善，竟不行於世。即留署中近刻，祇掛空名于簡端。雖然，劉須溪點次鴻文典冊，奚止什伯，悉爲坊間冒濫，淆人耳目，贋刻之行，日以長僞，何如原本之藏，適以存眞也。

毛氏此跋可注意者三，其所見本（一）亦有武功自題；（二）書首亦銜有姜白石之名；（三）亦有點次。凡此皆與楊氏著錄之元刊本《極玄集》同，故竊疑毛本即從元本出，而略有刪易，蓋毛氏所見本原亦有武功自題，而刊刻時削之，故楊氏質云：「據毛氏跋亦稱有武功自題，而所刻本乃刪之，何耶？」，毛氏又云「向傳姜白石點本最善，竟不行於世，即署中近刻，祇掛空名於簡端」，恐即如楊氏所臆，以其本「無評品語而疑之」，遂謂「祇掛空名於簡端」，疑有點次之本「悉爲坊間冒濫，淆人耳目」之贋刻，故毛刊印時悉刪去之，唯存姚合所選，所謂「原本之藏，適以存眞也」。此外，日本有文政八年（1825）刊本及江戶寫本〔註16〕。筆者所見惟毛氏汲古閣本，以下論述即以此本爲據。

第二節　篇卷、編選之數目及其體例

《極玄集》今本皆二卷〔註17〕，案此書自《新唐志》以下，《崇文總目》、鄭樵《通志》、《直齋書錄解題》、馬端臨《文獻通考》、《宋史·藝文志》、明焦竑《國史經籍志》俱著錄一卷，且唐末韋莊撰《又玄集》，其序云：

> 昔姚合所撰《極玄集》一卷，傳於當代，已盡精微〔註18〕。

亦謂《極玄集》一卷，是《極玄集》當以一卷爲是。自前錄述古堂影抄本已爲二卷觀之，則《文獻通考》、《宋志》、《國史經籍志》之作一卷者，蓋從舊目也。又影抄宋本爲二卷，則《極玄集》由原來之一卷本釐爲今所見之二卷本，蓋自宋始也。

此集編選之詩數及詩人數，《直齋書錄解題》，卷十五云：

〔註16〕見古亭書屋影印《內閣文庫漢籍分類目錄》。

〔註17〕錢謙益《絳雲樓書目》，卷三嘗著錄有一卷本《極元集》，不知其爲何刊本，恐今已不存。

〔註18〕見李昉等編《文苑英華》，卷七一四韋莊〈又玄集序〉。

《極元集》一卷，唐姚合集王維至戴叔倫二十一人，詩一百首，曰此詩家射鵰手也。

謂《極玄集》所選詩人自王維至戴叔倫，共二十一人，詩一百首，與姚合自題「凡念一人，共百首」合。此百首，今本佚一首，僅存九十九首。案楊氏《訪書志》著錄元刊本云：

目錄後有姚武功自題云：此皆詩家射鵰手也。合於眾集中更選其極玄者，庶免後來之非，凡廿一人，共百首（原註：夾注今校諸本，皆闕一首）。

毛晉汲古閣刊本跋云：

按武功自題云：此皆詩家鵰射（案：當作射鵰）手也，凡廿一人，共百首，今已缺其一，吉光片羽，良可惜也。

是元明以來，皆佚一首。唯前錄述古堂影鈔宋本，較汲古閣本戴叔倫多〈送謝九甫宰鄮縣〉一首，叔倫此詩亦見影宋鈔本《中興閒氣集》，是《極玄集》百首，實未嘗佚也，與陳氏解題「詩一百首」合。

至於此集所選詩人數，頗有異說。宋計有功《唐詩紀事》云：

合有《極玄集》，取王維等二十六人詩百篇，曰：此詩中射雕手也〔註19〕。

而元辛文房云：

選集王維、祖詠等一十八人詩爲《極玄集》一卷，序稱維等皆詩家射鵰手也〔註20〕。

明淩迪知又云：

選唐詩二十三家爲《極玄集》〔註21〕。

可見二十一人之說外，又有二十六人、十八人、二十三人諸說。唯辛文房謂十八人、淩迪知謂二十三家，彼前書志，未見此說，今之傳本，亦非此數，其誤顯然。而計有功「王維二十六人」之說，雖計氏爲高宗紹興時人〔註22〕，其時代較陳氏解題稍早，然其說與諸本所載武功自題，及今傳本之數皆不合，且影鈔宋本亦是二十一人，故其說恐亦非也。

《極玄集》之編撰體例，與一般唐人選唐詩同，以人爲主，每人選若干首不等，詩人先後之次，大致而言，王維、祖詠爲盛唐詩人居首，而以方外靈一等殿後，其

〔註19〕見計有功《唐詩紀事》，卷四九「姚合」條，頁749，木鐸出版社出版。

〔註20〕見辛文房《唐才子傳》，卷六「姚合」條，頁103，世界書局出版。

〔註21〕見淩迪知《古今萬姓統譜》，卷二九「姚合」條，頁562，正光書局出版。

〔註22〕參考余嘉錫《四庫提要辨證》，卷二四「唐詩紀事」條。頁1587，藝文印書館印行《四庫全書總目》，冊八。

間諸人之次，似無規則可循，而戴叔倫置於集末，亦頗不可解。集中選皇甫冉、曾兄弟，而以弟曾置於兄冉之前，《四庫全書總目提要》云：

> 皇甫曾註天寶十二載進士，皇甫冉註天寶十五載進士，以登科先後爲次，置曾於冉之前〔註23〕。

以爲是以登科先後爲次。案以集中其他諸人之先後，似未必以登科先後爲次也，如卷下之首韓翃，其次爲皇甫曾、李嘉佑、皇甫冉、朱放、嚴維諸人，考韓翃爲天寶十三載（754）進士、皇甫曾天寶十二載（753）進士、李嘉佑大寶七載（748）進士、皇甫冉天寶十五載（756）進士，朱放註無言登第時間，嚴維至德一載（756）進士，可見其先後之次與登科早晚無關，然則安見置曾於冉之前，乃以登科先後爲次？復次，此集選詩僧四人，較今存唐人選唐詩中，首選僧、婦入集之《中興閒氣集》，增加不少。其次，此集體例上最值得一提，與其他唐人選唐詩不同之處，在於此集除方外詩僧，於每作者下，註一詩人小傳，略述其人字號里居，登科年代及仕歷，如王維下小註云：

> 字摩詰，河東人，開元九年進士，歷拾遺、御史。天寶末，給事中。肅宗時，尚書右丞。

盧綸下小註云：

> 字允言，河東人，天寶末，舉進士不第。大曆初，王縉奏爲集賢學士，終戶部郎中。

《四庫全書總目提要》謂此云：

> 二十一人之中，惟僧靈一、法振、皎然、清江四人不著始末，祖詠不著其字，暢當字下作一方空，蓋原本有而傳寫佚闕，其餘則凡字及爵里，與登科之年一一詳載，觀劉長卿名下註曰：宣城人，與《唐書》稱河間人者不同，又皇甫曾註天寶十二載進士，皇甫冉註天寶十五載進士，以登科先後爲次，置曾於冉之前，與諸書稱兄弟同登進士者亦不同，知爲合之原註，非後人鈔撮諸書所增入，總集之兼具小傳，實自此始，亦足以資考證也。

提要以小註爲合原有之註，故謂「總集之兼小傳，實自此始」。然此註是否爲姚合原有，頗成疑問。何以言之？（一）方外之士，俱不著其始末。（二）大寶紀年有稱年者，如稱郎士元「天寶十五年進士」，然天寶三載起，即改年爲載〔註24〕，姚合唐

〔註23〕見《四庫全書總目提要》卷一八六，〈集部・總集類〉一「極元集二卷」條，頁1054，漢京文化事業有限公司印行。

〔註24〕《舊唐書》卷九，〈玄宗本紀〉云：「（天寶）三載正月丙辰朔，改年爲載」。

人，應無不知。（三）祖詠下僅註「開元十三年進士」，合距祖詠之時代，至多不過百餘年，於祖詠所知，何僅止於此？（四）耿湋下小註云：「或作緯，寶應二年進士，官至左拾遺，湋音爲」，合距湋之時代，亦不過數十年，而耿湋之名究作湋或緯，合竟不能辨乎？尤可怪者，著其人生平，又恐人不知「湋」音，且註曰：「湋音爲」。（五）若此小註果爲合原有，即爲《極玄集》體例之重要特色，而陳氏解題，竟無片語隻字及之。故此註是否爲合原有，頗可懷疑。《四庫提要》僅據小註劉長卿之里居與唐書所載不同，及皇甫冉、曾兄弟登第之年不一，與「諸書」所謂兄弟同登進士不同〔註25〕，而斷此註爲合原有，其證似仍不足令人信服。惟無論此註是否爲合原有，觀毛本已是如此，則其所自亦頗早，誠如《提要》所云「亦足以資考證也」。

第三節　命名涵意、編選目的及選詩情形

　　《極玄集》或作《極元集》，作元者，蓋避宋帝先祖玄朗、或清聖祖玄燁諱也。《極玄集》之命名涵意，武功自序僅云：

　　　　合於眾集中，更選其極玄者。

此極玄之義，頗不易解，徧檢《姚少監詩集》，亦不見姚合再用「極玄」二字。唯姚合稍後，於五律頗沿武功一派之詩僧齊己〔註26〕，其〈寄謝高先輩見寄二首〉之二云：

　　　　詩在混茫前，難搜到極玄，有時還積思，度歲未終篇，片月雙松際，

　　高樓闊水邊，前賢多此得，風味若爲傳〔註27〕。

詩中謂「詩在混茫前，難搜到極玄」，此「極玄」當即用姚合《極玄集》「極玄」之意。又案齊己〈寄南徐劉員外二首〉之二云：

　　　　晝公評眾製，姚監選諸文，風雅誰收我，編聯獨有君〔註28〕。

「姚監選諸文」蓋即指合選《極玄集》一事，而此處將晝公皎然與姚監並論，頗堪玩味。蓋姚合詩觀頗受皎然詩論之影響（詳第四節），由齊己「難搜到極玄」一語，

〔註25〕案《新唐書》、《唐詩紀事》僅謂冉、曾兄弟「踵登進士」，並未言二人「同登進士」，《唐才子傳》更明載二人不同年登科，謂冉「天寶十五年，盧庚榜進士」，曾「天寶十七年（案：當是十二年之誤，《登科記考》引作十二年），楊儇榜進士」，不知提要所謂「諸書」何指。

〔註26〕《四庫全書總目提要》卷一五一，齊己「白蓮集十卷」條云：「惟五言律詩，居全集十分之六，雖頗沿武功一派，而風格獨道。」

〔註27〕見《全唐詩》卷八四一。

〔註28〕同註27。

參以皎然詩論觀之，此極玄之意，蓋謂「刻意苦吟，冥搜物象」〔註29〕至「可以意冥，難以言狀」〔註30〕之極致境界，故謂之「極玄」。

其編選目的，武功自序云：

> 合於眾集中，更選其極玄者，庶免後來之非。

元蔣易推演姚合之意云：

> 蓋當是時以詩鳴者，人有其集，製作雖多，鮮克全美，譬之握珠懷璧，豈得悉無瑕類者哉。

謂其時以詩鳴者，人有其集，然製作雖多，鮮克全美。故合於眾集中，更選其極玄者，庶免後來之非。

《極玄集》之選詩標準，因今存武功自序，僅寥寥數語，難窺其意。案新唐志著錄有《姚合詩例》一卷，明胡震亨謂此書「亦名極玄律詩例」〔註31〕，雖不知是否，然必與《極玄集》有相當密切之關係，惜其書今已亡佚，無由考較。今人吳彩娥《〈極玄集〉的選錄標準試探》〔註32〕，嘗就集中詩人及所選詩探究其選詩標準，頗足參考，茲依其歸納研究，略述於下：

（一）就所選詩人之時代言。所錄乃開元、天寶、至德、大曆、貞元間著名詩人，亦即盛唐、中唐間詩人，而中唐詩人入選較多，大曆十才子尤多。

（二）就詩人入選詩作之篇數言。二十一人中，以耿湋、司空曙、錢起、郎士元、皇甫冉五人入選最多，各八首，其次劉長卿、戴叔倫各七首，祖詠五首，李端、盧綸、韓翃、嚴維、靈一、皎然各四首，王維、暢當、皇甫曾各三首，朱放、法振、清江各二首，李嘉佑一首。換言之，盛唐詩人篇數少，而中唐詩人篇數多，大曆十才子尤多，蓋以十才子最擅五律，音律綿密精切，對偶研鍊工巧，並與合本人錘鍊求工之作風暗合。

（三）以所選詩作之體裁言。《極玄集》所選詩，以五律為主，共八十五首，五絕次之八首，五排〔註33〕、七絕又次之各三首。顯見五言，尤其是五律，為《極玄集》最重視之詩體，觀《姚少監詩集》五一○首詩中，五律竟占三○八首，可見合最擅長、最喜作之體亦為五律，此與《極玄集》多選五律一致。

〔註29〕見《四庫全書總目提要》卷一五一，集部別集類「姚少監詩集十卷」條，頁811。

〔註30〕見皎然《試式》卷五序。

〔註31〕見胡震亨《唐音癸籤》卷三十二，頁272，世界書局印行。

〔註32〕吳彩娥《〈極玄集〉的選錄標準試探》，民國72年12月18日第五屆中國古典文學研究會發表論文。

〔註33〕五排三首，吳氏原作五古三首，案此三首為王維〈送晁監歸日本〉、李端〈贈苗員外〉、劉長卿〈送鄭一二歸盧山〉似當屬五排為是。

（四）就所選詩作之題旨言。九十九首中，送別尋訪類最多三十七首，其次為著題詠物二十首，寄贈酬和十八首，旅人途況七首，山川登覽四首，懷古感舊三首，悼亡傷逝三首，技藝二首，朝省、宴集、時序、兄弟、閒適類各一首。以送別尋訪、著題詠物、寄贈酬和等題材佔大多數。

（五）就所選詩作之風格言。多取詩人清奇雅淡一面之作品，所謂「清奇雅淡」，即指同善於以自然清景入詩，所造就之超塵脫俗、清逸閑遠之風格意境。

（六）以所選詩藝術技巧言。鍊字修辭講求平淡簡易，而對仗精工貼切，所謂「貌似平易，境實難得」者也，整體意象之塑造則趨向清新雅淡。

吳氏由集中詩及詩人探測歸納《極玄集》之選詩標準，頗詳細明晰，誠如其文中所云「雖不中，亦不遠」矣。

第四節　姚合《極玄集》與皎然詩論之關係

姚合《極玄集》除受高仲武《中興閒氣集》之影響外，最重要者，還是受皎然之影響。上文嘗引齊己〈寄南徐劉員外〉詩第二首，云「晝公評眾製，姚監選諸文」，晝公即中唐詩僧皎然，觀唐人「評眾製」、「選諸文」者頗多，並非僅有皎然、姚合，何以齊己獨以此二人共同論列？其間必有相當之緣故。茲先略述皎然生平，再探討兩者關係。

皎然，字清晝，吳興人，俗姓謝，南朝宋謝靈運十世孫也，幼負異才，性與道合，安史亂前，投寄江寧長干寺數年，遁入空門後，博訪名山法席，精研內典之餘，亦兼攻經史子集，善為詩文，大曆七年（772），顏真卿為湖州刺史，聚文士編撰《韵海鏡源》，皎然亦預其論著，至是聲價藉甚。時與名士李萼、陸羽、褚沖、潘述等相友善，頻唱和。其卒年，宋贊寧《高僧傳》謂「貞元年終」，然貞元八年（792）皎然尚為文集請序於于頔，以此知其卒年必於貞元八年以後，約在貞元末至永貞初（804～805），而其生年約在開元十年（722）前後〔註34〕。

贊寧《高僧傳》卷二九，謂皎然：

> 幼負異才，性與道合，初脫羈絆，漸加削染，登戒於靈隱戒壇，守直律師邊聽毗尼道。

可知皎然後來受戒於靈隱寺，從守直律師聽毗尼道，其文集卷八〈靈隱山天竺寺故大和尚塔銘並序〉亦云：「靈隱大師諱守直，住靈隱峰，時大曆二年也。晝之身戒，

〔註34〕參考王師夢鷗〈試論皎然《詩式》〉，載《中華文化復興月刊》十四卷三期。

亦忝門人。」所謂「毗尼」者，佛家語，即戒律之意，是知皎然初入釋門，學爲律宗。及至中年，由律入禪，《高僧傳》云：

　　及中年謁諸禪祖，了心地法門，與武丘山元浩會稽靈澈爲道交。

既耽求禪理，頗了心法，樂在其中，文集卷六〈偶然〉詩云：「樂禪心似蕩，吾道不相妨」，又文集卷一附載于頔〈郡齋臥疾贈晝上人〉詩云：「吻合南北宗，晝公我禪伯」，南禪主頓，北禪主漸，皎然由律入禪，猶自漸修而後頓悟，故于頔謂之「吻合南北宗」。皎然除潛心佛理外，於詩道亦素所擅長，《高僧傳》云：

　　　　特所留心於篇什中，吟詠情性，所謂造其微矣，文章儁麗，當時號爲
　　釋門偉器哉。

皎然雖入空門，亦所究心於文章篇什，吟詠情性，且以「文章儁麗」而深受重視，所著除詩集十卷外，另有《晝公詩式》五卷〔註35〕，今俱傳，劉夢得嘗云：「世之言詩僧，多出江左，……獨吳興晝公能備眾體」，宋嚴羽亦嘗云：「釋皎然之詩，在唐諸僧之上」〔註36〕，非虛語也。

　　吾人既知皎然生平大略，以下便試探索姚合《極玄集》與皎然詩論之關係。皎然卒於貞元末永貞初，其時與姚合之生存年代相接，唯就二人詩集觀之，並不見有直接交遊之跡象，此或以皎然謝世之時，合仍年幼，不足與皎公論交。雖然，二人之關係並非無可推測者，（一）二者俱爲吳興人。皎然爲姚合之鄉先輩，此「吳興老釋子」〔註37〕之文名盛於當代，合亦雅善詩道，於此詩僧之種種，當素有所聞。（二）姚合雖未出家，然所交遊，甚多僧侶，如前所云靈一、無可、默然、栖眞、元緒、暉上人、个疑、清塞等皆是。且其本人，於佛埋亦頗有了悟，如合詩集卷三〈送僧栖眞歸杭州天竺寺〉詩云：「勞師相借問，知我亦通禪」，卷四〈書懷寄友人〉詩云：「精心奉北宗，微宦在南宮」。尤其合所交遊清塞，年輩猶及見皎然，與皎然頗有往來〔註38〕，合藉清塞之關係，於皎然當亦頗有所聞〔註39〕。

　　綜上所述，即令合不及與皎然直接論交，然由同鄉、友人之關係，當於皎然事蹟多所聽聞，則其論詩受皎然之影響，非無可能。合嘗見皎然之詩論，其最明顯之證據，在於合自序《極玄集》云：「此皆詩家射鵰手也」，考皎然《詩式》卷

〔註35〕俱見《新唐書》卷六十〈藝文志〉。
〔註36〕見郭紹虞《滄浪詩話校釋》，頁172，東昇出版事業公司印行。
〔註37〕見韋應物《韋蘇州集》卷三，〈寄皎然上人〉詩。
〔註38〕《全唐詩》卷五○三，周賀（案：即清塞）有〈宿甄山南溪晝公院〉、〈贈皎然上人〉
　　　　二詩。
〔註39〕同註2。

二「律詩」云：

> 評曰：樓煩射鵰，百發百中，如詩人正律破題之作，亦以取中爲高手。泊有唐以來，宋員外之問、沈給事佺期，蓋有律詩之龜鑒也。但在矢不虛發，情多興遠，語麗爲上，不問用事格之高下。宋詩曰：「象溟看落景，燒刧辨沈灰。」沈詩曰：「詠歌麟趾合，簫管鳳雛來。」凡此之流，盡是詩家射鵰之手。

自皎然已評沈宋爲「詩家射鵰之手」，可知合以「詩家射鵰手」讚美詩人，其來有自，蓋即取自皎然論詩之語。所謂「詩家射鵰手」，杜松柏嘗引《史記・李將軍傳》、《北齊書・斛律尤傳》，以爲詩中射鵰手，乃謂力巧兩臻極致，射而能中，巧之事也，射而能至，力之事也，雲中射鵰，極巧力之能事矣，以喻所選者乃詩家中之佼佼〔註40〕。杜氏所釋，自是就「射鵰手」之原典而釋。唯就前引皎然《詩式》之語觀之，所謂「詩家射鵰之手」，蓋即「但在矢不虛發，情多興遠，語麗爲上」之律詩作家也。

其次，再就姚合詩之風格特色，與皎然詩論比較而觀。姚合詩之風格特色，《四庫全書總目提要》云：

> 其自作則刻意苦吟，冥搜物象，務求古人體貌所未到。（卷一五一《姚少監詩集》）

> 合爲詩刻意苦吟，工於點綴小景，搜求新意而刻畫太甚，流於纖仄者，亦復不少。（卷一八六《極元集》）

辛文房《唐才子傳》卷六云：

> 島難吟，有清冽之風，合易作，皆平澹之氣。

可知合詩之風格特色，在於刻意苦吟，冥搜物象，務求古人體貌所未到。而辛氏所謂合詩「易作」，乃鍛鍊後之易，非平易之易也，皎然云：

> 或曰：詩不要苦思，苦思則喪於天眞，此甚不然。固須繹慮於險中，採奇於象外，狀飛動之句，寫冥奧之思，夫希世之珠，必出驪龍之頷，況通幽含變之文哉？但貴章成以後，有其易貌，若不思而得也。「行行重行行，與君生別離」，此似易而難到之例也〔註41〕。

所謂「章成之後，有其易貌，若不思而得」，正可說明姚合之「易作」，皎然又云：

> 凡詩者，惟以敵古爲上，不以寫古爲能。立意於衆人之先，放詞於群才之表，獨創，惟取使耳目不接，終患依傍之手〔註42〕。

〔註40〕見杜松柏《禪學與唐宋詩學》，頁182，黎明文化事業公司出版。
〔註41〕見空海《文鏡秘府論》南卷，「論文意」，頁147，河洛圖書出版社出版。
〔註42〕同註41，頁145。

此所謂「獨創」，亦與合詩「刻意苦吟，冥搜物象，務求古人體貌所未到」之風格特色相符。復次，皎然《詩式》卷一有「辨體十九字」，以總括文章德體風味，其中似最重高、逸之作，於逸格且曾云：「古今逸格，皆造其極妙矣。」〔註43〕，又嘗云：

> 至於天眞挺拔之句，與造化爭衡，可以意冥，難以言狀，非作者不能
> 知也〔註44〕。

其重逸格及所謂「天眞挺拔之句，與造化爭衡，可以意冥難以言狀」，或可說明合《極玄集》多取清逸閒遠之作，而取名難以索解之「極玄」之故也。

　　綜上所論，可知齊己以「畫公評眾製，姚監選諸文」二者相提並論，固不僅合《極玄集》有選皎然之詩，亦因二人詩觀有相襲之處也。與齊己同時之另一詩僧貫休，亦有同樣之看法，其《禪月集》卷十六〈覽皎然集南鄉集〉（案：《全唐詩》卷八三三作〈覽皎然渠南鄉集〉）詩云：

> 學力不相敵，清還髣髴同，高於寶月月，誰得射鵰弓，至鑒逢姚監，
> 良工遇魯公，如斯深可羨，千古共清風。

緊接此詩之後，爲〈覽姚合《極玄集》〉詩，云：

> 至鑒如日月，今時即古時，發如邊草白，誰念射聲□，好鳥挨花落，
> 清風出院遲，知音郭有道，始爲一吟之。

貫休將此〈覽皎然渠南鄉集〉、〈覽姚合《極玄集》〉二詩，前後相次，亦當非偶然，蓋有見於兩者之關係也。

〔註43〕見皎然《詩式》卷一。
〔註44〕同註30。

第九章 《又玄集》考

第一節 編選者、編選之年代及其版本

　　《又玄集》之編選者爲韋莊。莊《唐書》、《五代史》俱無傳，近人夏承燾據《浣花集》、《蜀檮杌》、《唐詩紀事》、《唐才子傳》、《十國春秋》等撰韋端己年譜〔註1〕，論證精詳，頗足參考。

　　韋莊，字端己，京兆杜陵人，約生於唐文宗開成元年（836），卒於蜀高祖武成三年（910），享年七十有五。

　　莊爲唐相韋見素之後，孤貧力學，才敏過人，性疏曠不拘小節。工詩，尤善長短句。早年僑居下邽縣，僖宗乾符四年（877）自鄠杜移居虢州，六年居長安。廣明元年（880），於長安應舉，值黃巢犯闕，僖宗西行，莊陷兵中，大病，與弟妹相失。中和元年（881），兵中與弟妹相遇。二年春離長安，東寓洛陽。三年三月，於洛陽作〈秦婦吟〉，敘述黃巢浩刼，語極沈痛，時人號「秦婦吟秀才」。昭宗乾寧元年（894），中進士第，爲校書郎。乾寧三年七月，李茂貞逼京師，昭宗至華州。四年四月，莊在華州駕前，爲兩川宣諭和協使李詢辟爲判官，時西川節度使王建自將攻東川，昭宗遣李詢、莊宣諭兩川，入蜀詔建罷兵，建不奉詔，旋即還朝。光化三年（900）夏，自右補闕改左補闕。天復元年（901），以中原多故，潛欲依王建，建辟爲掌書記，乃再入蜀，尋唐召爲起居舍人，建表留之，自此終身仕蜀。天復二年，於浣花溪尋得杜工部舊址，結茅爲室，欲思其人，而成其處。三年四月，爲蜀使唐，修好於朱全忠。昭宣帝天佑二年（905），爲王建作教，答梁使司馬卿。三年，爲安撫副使。

〔註1〕夏承燾〈韋端己年譜〉，載《詞學季刊》，第一卷，第四號。

四年，唐亡，禪帝位於梁朱全忠。莊勸王建自立稱帝，爲左散騎常侍，判中書門下事。蜀開國謀畫，郊廟之禮、冊書赦令，皆出莊手。蜀高祖武成元年（908），爲門下侍郎同平章事。二年，爲吏部侍郎平章事。三年（910）卒於成都花林坊，葬白沙之陽，諡文靖。著有《浣花集》十卷，《諫草》一卷，《諫疏牋表》四卷〔註2〕，及所編選《采玄集》一卷、《又玄集》三卷〔註3〕。《浣花集》、《又玄集》今存。

莊《又玄集》編選之年代，其自序云：

> 謝玄暉文集盈編，止誦澄江之句，……採實去華，俟諸來者，時光化
> 三年七月日。

是此序作於光化三年（900）七月，然則《又玄集》當亦即編選於此時。又此書首題曰：「左補闕韋莊述」，案韋莊於光化三年夏，自右補闕改爲左補闕，乃莊仕唐最後之職，是書首所題官銜亦與作序年代相合〔註4〕，然則《又玄集》編選於光化三年無疑也，莊時年六十五。

《又玄集》中土久佚，晁公武《郡齋讀書志》、陳振孫《直齋書錄解題》俱無著錄，惟宋人仍頗有引載。明胡應麟云：

> 唐人自選一代，芮挺章有《國秀集》，……韋莊有《又玄集》，無名氏
> 有《搜玉集》、《奇章集》，今惟《國秀》、《極玄》、《英靈》、《閒氣》行世，
> 《類選》、《御覽》、《又玄》雜見類書，餘集宋末尚傳，近則未睹〔註5〕。

胡氏謂《又玄集》雜見於類書，似此時《又玄集》已亡佚，故不謂其行世，而謂其雜見於類書。清王士禎編選《十種唐詩選》，中有〈又玄集選〉，似《又玄集》清初仍存，然《四庫全書總目提要》云：

> 又韋莊《又元集》原書已佚，今所傳者乃贗本，馮氏《才調集》凡例
> 已言之，而士禎仍爲選錄，亦失別裁〔註6〕。

〔註2〕俱見《宋史》，卷二○八，〈藝文志〉別集類。

〔註3〕見《宋史》，卷二○九，〈藝文志〉總集類。

〔註4〕莊〈又玄集序〉亦收錄於《文苑英華》，卷七一四，末數句作「採實去華，俟諸來者，光化三年七月二日，前左補闕韋莊述」，作序年代亦作「光化三年」，唯結銜作「前左補闕」，與今本書首題「左補闕」者不同，案莊弟藹天復三年（903）集莊詩成《浣花集》，序謂莊「庚申夏，自中諫□□□□。」中諫下闕四字，夏承燾以爲中諫即右補闕（見《北夢瑣言》卷八張曙起小悼條），所闕四字當爲「除左補闕」。庚申即光化三年，其年夏莊始除左補闕，疑《文苑英華》「前左補闕」，蓋「前右補闕」之誤也。

〔註5〕見胡應麟《詩藪》，外編三、唐上。冊二，頁483，廣文書局印行。

〔註6〕見《四庫全書總目提要》，卷一九四，集部總集類存目四「十種唐詩選十七卷」條。《二馮先生評閱才調集》凡例云：「韋端己之《又玄》，則書亡久矣，今所刻者譌本

則士禎所見《又玄集》，實是贋本也。唯是書雖中土久佚，幸而日本仍有傳本，晚近始由夏承燾傳回，夏氏〈又玄集後記〉云：

> 韋莊《又玄集》三卷，見《宋史‧藝文志》（原註：八）及辛文房《唐才子傳》（原註：十）。蓋世傳唐人選唐詩九種之一。韋氏自序載於《全唐文》（原註：八八九），而其書久不見於中土，……宋元以來載籍涉及其內容者，《唐詩紀事》（原註：六七）謂徐振〈雷塘〉、〈古意〉二詩，韋莊取爲《又玄集》，《後村大全集》（原註：一七六）《詩話後集》，謂任華有雜言二篇寄李杜，見《又玄集》。……去歲日本京都大學清水茂先生撰文評予唐宋詞人年譜，嘗舉此見告，並謂《又玄集》實未嘗佚，日本享和三年（原註：1803年）江戶昌平坂學問所刊有官板本，今內閣文庫尚有其書，《後村詩話》所引任華雜言，《唐詩紀事》所引徐振二詩，以及吳曾《能改齋漫錄》（原註：五）記《又玄集》載杜甫、杜誦之詩，今皆在官板中，知官板本即宋代通行本。漁洋十種唐詩選收《又玄集》詩三十三首，與官板本相同者僅四首，提要定爲贋造，殆無疑矣云云。予聞此驚異，亟奉書叩之，越月，承攝影見貽，凡一百二十六幀，於是數百年來失傳之古籍，赫然復還。……一九五七年五月二十五日，夏承燾記於杭州南湖〔註7〕。

夏氏此記，述《又玄集》佚於中土而復得於東島，極爲詳明。案計有功《唐詩紀事》於莊《又玄集》所選詩，頗有載述，除夏氏所舉徐振二詩外，如卷二十九于鵠〈江南曲〉詩下，有功註云：「韋莊取爲《又玄集》」；卷二十韓翃〈送故人歸魯〉詩下，註云：「韋莊《又玄集》」；卷三十六「劉阜」條云：「韋莊載阜長門怨云……」；卷四十一章孝標〈長安秋日〉詩下，註云：「右二詩韋莊《又玄集》取之」，如此之例甚多。又宋姚寬《西溪叢語》卷上云：

> 常建有〈題破山寺後院詩〉云：「竹徑通幽處，禪房花木深」。余觀《又玄集》、《唐詩類選》、《唐文粹》皆作通。

彭叔夏《文苑英華辯證》，卷五云：

> 凡撰人名氏，或有以甲爲乙，當以文苑爲正者，如杜誦哭長孫侍御詩，今載杜甫集中，按《中興閒氣集》、《又玄集》，唐宋類詩皆云杜誦。

所述皆與夏氏自日本傳回之官板《又玄集》合，是此《又玄集》爲眞本，誠無可疑。今《又玄集》傳本，即僅此日本享和三年刊官板本，此本夏氏記云：「未詳

也。」

〔註7〕見《唐人選唐詩》，《又玄集》後附。頁441，河洛圖書出版社出版。

其所出祖本」，今亦難考此板源流，唯日本享和三年，相當吾國清仁宗嘉慶八年，則其傳入日本自當在此之前也。

官板《又玄集》，筆者未見，筆者所據爲河洛圖書出版社《唐人選唐詩》據官板本排印之《又玄集》。此官板本，夏承燾後記云：

> 官板本未詳其所出祖本，卷內字畫、姓字偶有譌奪（原註：如卷下目錄張喬下有徐振，而卷內振詩〈雷塘〉、〈古意〉二首乃混爲喬作。），然皆彰彰在人耳目者，不難校改。

夏氏謂此板《又玄集》有若干譌奪，實則不僅有譌奪，且似有少許脫佚。就譌奪者而言，大致誤於卷下，案其書各卷之首有作者目錄，而卷下作者目錄與卷內所選，因譌奪而略有不合，茲分三點言之：

（一）卷下作者目錄有作者名氏，而卷內失名，詩混於他人名下者。除夏氏所舉徐振〈雷塘〉、〈古意〉二詩混爲張喬作品外，作者目錄陳上美下有許棠，而卷內棠詩〈咸陽懷古〉、〈過洞庭湖〉二首〔註 8〕俱混爲陳上美作。又作者目錄鮑君徽下有趙氏，而卷內趙氏詩〈雜言寄杜羔〉一首〔註 9〕混爲鮑君徽作。

（二）卷內有其人詩作，而卷下作者目錄漏列其人名氏者。如集內卷下崔公達詩後，依次有宋若昭、宋若茵、田娥三人詩各一首，而卷下作者目錄，崔公達後漏列宋若昭、宋若茵、田娥三人名氏。

（三）卷內詩誤合二首作一首者。莊《又玄集》雖今僅存一版本，無由對校其正誤，唯莊稍後，蜀韋縠編選《才調集》十卷，其選詩標準在於「韻高而桂魄爭光，詞麗而春色鬭美」〔註 10〕，與莊編選《又玄集》重「清詞麗句」（詳下文）之選詩標準略同，且《才調集》入選莊詩達六十三首，居全集之冠，蓋二韋詩觀相近之故也。是以《才調集》所選詩與《又玄集》頗有同者，尤其卷末僧、婦之詩，二集所選錄幾全同，然則《才調集》正可作爲對校《又玄集》之佐證也。《又玄集》卷下收女郎蔣蘊詩一首，題作〈贈女郎古意〉，《才調集》卷十亦收蔣蘊此詩，唯《又玄集》前四句，《才調集》另作一首，題作〈古意〉，計有功《唐詩紀事》錄蔣蘊此詩亦作二首。又《又玄集》卷下收女郎張琰〈春詞〉一首十二句，《才調集》卷十亦收張琰〈春詞〉，唯將《又玄集》前六句作一首，後六句作另一首，《唐詩紀事》錄張琰此詩，亦分作二首，是《又玄集》蔣蘊〈贈鄭女郎古意〉、張琰〈春詞〉皆當作二首而誤合爲一首也。

〔註 8〕見《全唐詩》，卷六〇三「許棠一」，宏業書局出版。
〔註 9〕見《全唐詩》，卷七九九「趙氏」。
〔註 10〕見韋縠〈才調集敘〉，《唐人選唐詩》頁 444，河洛圖書出版社出版。

　　復次，官板本疑有所脫佚者，茲分二點言之：

　　（一）**疑脫佚作者名氏者**。如卷上選李端詩二首，一爲〈秋日〉詩，一爲〈送友人往荊州〉詩，案〈秋日〉詩，《唐詩紀事》卷三十列爲耿湋之作。考莊前姚合《極玄集》選耿湋詩八首，〈秋日〉即其中之一也，且莊後《才調集》卷一選耿湋詩二首，〈秋日〉亦其中之一也，是莊前後之《極玄集》、《才調集》皆以〈秋日〉爲耿湋之作，尤其莊自序云：「昔姚合撰《極玄集》一卷，傳於當代，已盡精微。今更採其玄者勒成《又玄集》三卷。」必見過合極玄集，不應不知〈秋日〉爲耿湋之作。疑又玄集原本選耿湋詩「秋日」一首，而今本卷上作者目錄，及卷內俱脫佚耿湋名氏也。唯元辛文房云：「莊嘗選杜甫、王維等五十二人詩爲《又玄集》，以繼姚合《極玄》」〔註11〕，誤以《又玄集》上卷人數爲全集總人數，而其所見上卷人數與今本同爲五十二人，則《又玄集》脫佚耿湋名氏，所自亦頗久遠矣。

　　（二）**疑作者名氏及詩俱脫佚者**。宋初所編《文苑英華》，卷一五一至三三〇爲詩之部，所錄詩下且多附有校文，其校文亦有引及莊《又玄集》，共約十七條，大致所引詩皆見於今本《又玄集》，唯卷二五七錄載釋靈一〈江行寄舍人（原校云：《又玄集》作寄張舍人）〉，是宋人所見《又玄集》有靈一此詩，而今木《又玄集》既無入選靈一，亦缺此詩，蓋原本有而今本闕佚也，茲錄其詩於後：

　　　　客程終日風塵苦，蓬轉還家未有期。林色撓分殘雪後，角聲寒奏落帆時。

　　　　月高星使東看遠，雲破霜逢欲度遲。流蕩此心難共説，千峰澄霽隔瓊枝。

第二節　篇卷、編選之數目及其體例

　　《又玄集》首著錄於宋《崇文總目》，云：

　　　　《又元集》一卷，韋莊編（原註：鑒按：《宋志》三卷，又一卷，作《采元集》）〔註12〕。

其後鄭樵《通志》、明焦竑《國史經籍志》俱著錄作一卷。唯《宋史》卷二〇九，〈藝文志〉總集類云：

　　　　韋莊《又玄集》三卷。

謂《又玄集》爲三卷。案莊《又玄集》自序云：

　　　　昔姚合撰《極玄集》一卷，傳於當代，已盡精微，今更採其玄者，勒

〔註11〕見辛文房《唐才子傳》，卷十「韋莊」條。頁172，世界書局出版。
〔註12〕見王堯臣等編，錢東垣輯釋《崇文總目》，卷五總集類下，商務國學基本叢書。

成《又玄集》三卷。

明謂《又玄集》爲三卷，《文苑英華》錄莊此序亦作三卷，而今傳本亦三卷，是《又玄集》當作三卷爲是也，《崇文總目》等作「《又玄集》一卷」者，非《又玄集》爲《采玄集》之誤，即「一卷」爲「三卷」之訛也。

《又玄集》編選之詩人數及詩作數，宋計有功《唐詩紀事》云：

> 莊集詩人一百五十人，得詩三百章，爲《又玄集》〔註13〕。

謂莊《又玄集》所選，詩人數爲一百五十人，詩作數爲三百章。而元辛文房《唐才子傳》云：

> 莊嘗選杜甫、王維等五十二人詩爲《又玄集》，以繼姚合之《極玄》。

謂《又玄集》所選詩人共五十二人，案莊自序云：

> 自國朝大手名人，以至今之作者，或百篇之內，時記一章，或全集之中，唯徵數首，……總其記得者，才子一百五十人，誦得者，名詩三百首。

謂其《又玄集》共選詩人一百五十，詩三百首。所述與計有功《唐詩紀事》所載同，而辛氏所謂「五十二人」，實是今本上卷之人數也，夏承燾後記再識云：

> 茲編選一百四十二家，自序云一百五十人，舉成數言，《唐才子傳》謂選杜甫、王維等五十二人，則其上卷家數，此辛氏涉筆偶誤，非元時已佚其中下兩卷也。

案今本《又玄集》，就作者姓氏目錄數之，卷上共五十二人，卷中共三十七人，卷下五十三人，總計一百四十二人，故夏氏謂「自序云一百五十人，舉成數言」也。然夏氏此說實有待商榷，蓋如前文所述，官板本雖大致完整無缺，唯亦仍有若干譌奪脫佚，即人數言，除作者姓氏目錄一百四十二人外，當加入卷內之宋若昭、宋若茵、田娥三人，如此已爲一百四十五人，又筆者前疑卷上李端之〈秋日〉詩，實當作耿湋詩，而今本漏列耿湋名氏，卷下闕佚僧靈一，若果如此，則成一百四十七人，故莊序所謂一百五十人，恐是實指數，而非如夏氏所謂「舉成數言」也。總之，夏氏謂「茲編選一百四十二家」，僅據作者目錄計之，不免過於大意。復次，就詩數言，今本卷上共九十九首，卷中共一百一首，卷下共九十七首，合計二百九十七首。唯如前文所舉，《又玄集》有誤合二首作一首者，則蔣蘊、張琰當各增一首，卷下又當加靈一〈寄張舍人〉一首，如此已有三百首，故韋莊序所謂「名詩三百首」，當亦指實數也。然作者尚缺三人，而詩數已滿三百，恐集中仍有若干誤謬，唯今亦難以詳考矣。

〔註13〕見計有功《唐詩紀事》，卷六十八「韋莊」條，頁1020，木鐸出版社出版。

　　此集之編撰體例，僅有詩選部分，無評詩人之小序或詩人小傳。其選詩，以人爲主，每人一至七首不等。詩人先後，略以時代爲次，上卷除宋之問外，多盛、中唐詩人，中卷多爲中、晚唐之詩人，下卷多爲晚唐之詩人，及詩僧、婦之流。此集以杜甫壓卷，置於上卷第一人，選錄杜詩七首，居集中之冠，爲今存唐人編選唐詩中，唯一入選杜詩之詩歌選集。復次，此集與前此之唐人編選唐詩另一不同處，在本集於卷下大量選錄僧、婦之詩，計僧十人，婦二十二人，較首先選錄僧、婦之《中興閒氣集》之一僧一婦、《極玄集》之四僧，數量大爲增加，其後韋縠編選《才調集》，亦大量入選僧、婦之作，所選多與此集同。

第三節　命名涵意、編選目的及其選詩標準

　　莊編選《又玄集》，蓋以繼姚合《極玄》之選，故名「又玄」也，其自序云：

　　　　昔姚合撰《極玄集》一卷，傳於當代，已盡精微，今更採其玄者，勒成《又玄集》三卷。

唯莊《又玄集》雖云繼志姚合《極玄集》，然實有以糾之、廣之，甚至取而代之也。蓋姚合所編選《極玄集》，就時代言，除王維、祖詠外，皆中唐詩人，就風格言，皆取王維及與王維風格相近之大曆十才子一派，就體裁言，多爲五言近體。而莊此集，就時代言，總括初盛中晚四期之詩作名家，就風格言，不主一家一格，就體裁言，則古近體兼收，五七言並選，已大廣姚合《極玄》之規模，又就其所選詩作，與姚合《極玄集》同者有十五首觀之〔註14〕，亦頗有涵攝《極玄集》，取而代之之意，固不僅繼之、糾之、廣之而已也。

　　此集之編選目的，莊自序云：

　　　　謝玄暉文集盈編，止誦澄江之句，曹子建詩名冠古，惟吟清夜之篇，是知美稼千箱，兩岐爰少，繁弦九變，大護（《文苑英華》引作「濩」）殊稀，入華林而珠樹非多，閱眾籟而紫簫惟一，所以擷芳林下，拾翠岩邊，沙之汰之，始辨辟寒之寶，載雕載琢，方成瑚璉之珍，故知頷下採珠，難求十斛，管中窺豹，但取一斑。

謂詩人作品眾多，而可觀者極少，須「沙之汰之」、「載雕載琢」，「始辨辟寒之寶」、「方成瑚璉之珍」。其淘汰蕪穢，選納菁英之編選目的，與其他唐人編選唐詩略同，唯莊編選此集之態度，卻與前此諸家不同。其自序云：

〔註14〕《又玄集》列於李端名下，而《極玄集》歸於耿湋之〈秋日〉詩不計。

　　　　自國朝大手名人，以至今之作者，或百篇之內，時記一章，或全集之
　　　中，唯徵數首，……總其記得者，才子一百五十人，誦得者，名詩三百首，
　　　長樂暇日，陋巷窮時，聊撼膝以書紳，匪攢心而就簡。

謂此集乃其「長樂暇日，陋巷窮時，聊撼膝以書紳，匪攢心而就簡」所編選者，換
言之，其編選此集，非抱持某家某派之詩觀爲主要考慮因素，而是其「長樂暇日」、
「陋巷窮時」應時書紳所選輯完成〔註15〕。唯此集雖非莊「攢心而就簡」所編選，
莊仍確信其所選皆鐵中錚錚，詩中佼佼，其自序云：

　　　　此蓋詩人鼓吹，名下笙簧。擊虡氏之鐘，霜清日觀。淬雷公之劍，影
　　　動星津。雲間分合璧之光，海上運摩天之翅，奪造化而雲雷噴涌，役鬼神
　　　而風雨奔馳。

以爲其所選詩，皆超群絕俗，非凡庸之作。

　　此集之選詩標準，自序云：

　　　　自國朝大手名人，以至今之作者，或百篇之內，時記一章，或全集之
　　　中，唯徵數首，但掇其清詞麗句，錄在西齋，莫窮其巨派洪瀾，任歸東海，
　　　總其記得者，才子一百五十人，誦得者，名詩三百首。

足見其所選以「清詞麗句」爲標準。案莊又有〈乞追贈李賀皇甫松等進士及第奏〉
文，云：

　　　　詞人才子，時有遺賢，不霑一命於聖明，沒作千年之恨骨。據臣所知，
　　　則有李賀、皇甫松、李群玉、陸龜蒙、趙光遠、溫庭筠、劉德仁、陸逵、
　　　傅錫、平曾、賈島、劉稚珪、羅鄴、方干，俱無顯遇，皆有奇才，麗句清
　　　詞，偏在詞人之口，銜冤抱恨，竟爲冥路之塵，伏望追賜進士及第，各贈
　　　補闕拾遺。見存惟羅隱一人，亦乞特賜科名，錄升三級〔註16〕。

亦有取於諸人之「麗句清詞」。是知韋莊論詩重在「清詞麗句」，而莊之重「清詞麗
句」，則可由兩方面加以了解，一爲動盪不安之時代背景。蓋唐自安史亂後，元氣大
傷，國勢積弱，民生凋敝。肅宗、憲宗雖號云中興，然實並未能恢復貞觀、開元之
盛況。自此朝綱不振，禍亂日甚。國境之內，有藩鎮之割據，國境之外，有強敵之
入寇，朝廷之上，有朋黨之爭，宮禁之中，有宦官之禍，尤其唐末王仙芝、黃巢之
亂，更給予唐朝致命之打擊，致使國家威信墜落，社會動盪不安，處處充滿戰爭殺

〔註15〕參考川北泰彥〈編纂『又玄集』時的韋莊〉，載《九州大學文學研究》，七十二期，
　　　　1975年。

〔註16〕見《全唐文》，卷八八九「韋莊」。洪邁《容齋三筆》，卷七亦載此文，云：「唐昭宗
　　　　光化三年十二月左補闕韋莊奏：詞人才子，……。」

伐之紛亂，加以貪官污吏之橫征暴斂，驕奢淫佚，益使日衰之國勢，無法復振。處此環境之文人，或則目睹社會之病態醜惡，自負改善社會之使命，發爲刺世、救世之淑世文學；或則自覺對動亂社會之無力感，轉而逃於聲色文藝，發爲香豔清麗之文學〔註17〕，莊之重「清詞麗句」即屬後一種之類。二爲杜甫詩藝術技巧之影響。莊之推崇杜甫，除由其《又玄集》以杜甫壓卷，選錄杜詩七首，冠於全集，可明顯看出外，其天復二年（902），於蜀浣花溪尋得杜工部舊址，結茅爲室，欲思其人，而成其處，後莊弟藹輯莊詩，即以「浣花」名集，亦皆推崇杜意。復次，杜甫欣賞孟浩然詩云：「清詩句句盡堪傳」〔註18〕，而莊題許渾詩卷亦云：「字字清新句句奇」〔註19〕，且杜甫〈戲爲六絕句〉之五即云：「不薄今人愛古人，清詞麗句必爲鄰」，實即莊所謂「清詞麗句」之所出。杜甫爲詩，亦重詩之修詞造句及格律，如云：「爲人性僻耽佳句，語不驚人死不休」（〈江上值水如海勢聊短述〉）、「陶冶性靈存底物，新詩改罷自長吟，孰知二謝將能事，頗學陰何苦用心」（〈解悶〉其七）、「晚節漸於詩律細」（〈遣悶戲呈路十九曹長〉）、「遣辭必中律」（〈橋陵詩三十韻〉），并皆此意。尤其杜甫於律詩之成就，幾可謂前無古人，後無來者，而莊受杜甫影響最多者即在於律詩，其序所謂「但掇其清詞麗句」，實亦受杜甫之影響啓發也。

最後，就其集中所選詩人詩作，歸納其選詩情形，茲分四點言之：

（一）就所選詩人之時代言。莊自序云：「自國朝大手名人，以至今之作者」，謂包括唐初至莊當代之詩人，案諸集內，初唐僅宋之問一人，以中晚唐，尤其晚唐詩人最多。又莊前引莊〈乞追贈李賀皇甫松等進士及第奏〉文云：「見存惟羅隱一人」，此奏洪邁謂奏於光化三年十二月〔註20〕，即《又玄集》編後四月，而羅隱見選於集中卷下，是序所謂「以至今之作者」，亦包括見存之詩人也。

（二）就詩人入選之篇數言。杜甫入選最多共七首（卷上），其次爲杜牧、溫庭筠、武元衡、賈島、姚合、李遠（以上卷中）各五首，李白、王維、韓琮（以上卷上）、李商隱（卷中）各四首，司空曙、李賀、盧綸、錢起、李嘉佑、李益、孟浩然、韓翃、蘇廣文（以上卷上）、劉禹錫、韋應物、李廓、李郢、李群玉、曹鄴、李頻、劉德仁、于武陵（以上卷中）、馬戴、崔玨、李涉、許渾、方干、于濆、羅隱、李洞、崔塗、羅鄴（以上卷下）各三首，其他入選一、二首者甚多，茲不繁載。由

〔註17〕參考羅根澤《中國文學批評史》，第五篇「晚唐五代文學批評史」，頁520，龍泉書屋出版。

〔註18〕見《全唐詩》，卷二三〇「杜甫十五」，〈解悶〉十二首之六。

〔註19〕見韋莊《浣花集》，卷三「題許渾詩卷」，四部叢刊本。

〔註20〕同註16。

此詩人入選篇數可知，莊《又玄集》除杜甫外，大略著重於中晚唐，尤其與莊時代較接近之晚唐詩人。莊選武元衡五首，爲集內入選次多之詩人，而唐末張爲〈詩人主客圖〉以武元衡爲瓌奇美麗主〔註21〕，頗可注意。

（三）就所選詩作之體裁言。二九九首中，五律最多，共一一八首，其次爲七律九十六首，其次爲七絕三十四首，五古二十一首，雜言古詩、五絕各九首，七言古詩七首，五言排律五首。唐人編選唐詩，多入選五言詩，尤其是五律，此集七律入選亦多，多於其他唐人諸選，蓋莊己作亦多七律故也〔註22〕，《又玄集》廣姚合《極玄集》，主要即在七言詩，尤其是七律。

（四）就所選詩作之題旨言。二九九首中，以贈答類最多，佔四十一首，其次爲別離類，三十九首，其次爲遊覽類三十六首，婦女類三十一首，客旅類二十八首，詠物類二十七首，詠懷類二十二首，懷古類十五首，悼亡類十三首，尋訪類十首，豪俠類七首，節序、時事類各五首，仙釋、征戍、歌舞類各四首，宮廷類三首，宴會、田家類各二首，圖畫類一首。以贈答、別離、遊覽、婦女類爲多。〔註23〕

第四節　《又玄集》以杜甫壓卷之意義

莊《又玄集》入選杜甫詩七首，以爲壓卷，除表示莊個人對杜甫之仰慕崇拜外，亦反映杜詩於晚唐詩壇之地位。近人多謂杜詩之普遍受人推崇，自北宋始，饒宗頤先生云：

> 杜詩之能得到普遍的推崇，是在北宋中葉。《蔡寬夫詩話》云：「三十年來學詩者，非子美不道，風靡一時，雖武夫女子，皆知異之。李太白而下，殆莫與抗，文章隱顯，固有時哉！」至江西詩派以杜爲祖，杜的地位由是日隆，可見杜詩要到宋代才走紅運的〔註24〕。

以爲杜詩之得到普遍之尊崇，是在北宋中葉江西詩派以杜爲祖以後。饒氏接著又舉唐人編選唐詩，以爲杜詩於唐代不甚受人重視，云：

> 在若干唐人的唐詩總集中，杜公的詩竟無一席的地位，敦煌石窟所出

〔註21〕見《唐詩紀事》卷六五「張爲」，頁976。
〔註22〕見《全唐詩》莊詩今存三一一首，其五言詩與七言詩之比爲一比三點五，中七言律詩於三一一首內，佔一四一首之多。
〔註23〕見小川昭一「關於唐人選唐詩」第一表。載《斯文》第二十八期。此集共二九七首，小川氏表作二九九，蓋亦如本文所論將蔣蘊、張琰詩各作二首計也。
〔註24〕見饒宗頤〈杜甫與唐詩〉，收於吳宏一主編《中國古典文學論文精選叢刊·詩歌類》，頁173～188，幼獅文化事業公司出版。

唐詩選集寫卷……。芮挺章撰《國秀集》……。丹陽殷璠撰《河嶽英靈集》……。元結在乾元三年編《篋中集》……。無名氏編的《搜玉小集》……。高仲武的《中興閒氣集》……。姚合編《極玄集》，……亦不選杜句。直至光化三年，韋莊撰《又玄集》，始以杜甫列首，李白次之。晚唐人對杜詩的評價，已大異於前，但所選的作品只有五律五首七律二首，並沒有古體詩。蜀監察御史韋縠撰《才調集》，……杜詩竟不載。杜詩在唐人選集中，頗遭奚落，從上舉各例，可見其概。

謂今存唐、五代所編選唐詩，僅《又玄集》選錄杜詩，唯亦無錄古體，可見杜詩於唐人選集中，頗見奚落。實則就晚唐、五代詩選界而言，杜詩之地位已大為提高，莊《又玄集》選錄杜詩以為壓卷，即此一事實之反映。或謂此不過唐代詩選界之異數，純出於莊之個人崇拜，不能代表整個時代觀點，實則不然。案首先入選杜詩，並以為壓卷者，就今存資料觀之，並非始於莊《又玄集》，莊《又玄集》蓋亦前有所承也，明胡震亨云：

> 《國秀集》成於天寶三載，白入長安未久，甫則漂泊東都齊魯間，名尚未起，何從而尊之。《英靈》之選稍後，故有白仍無甫，他南薰、《御覽》、《閒氣》、《極玄》例皆選中葉之詩，盛時諸家多不入，不獨李杜也，惟顧陶《類選》則取冠李杜〔註25〕。

胡氏所述，雖略有小誤，而其所謂「惟顧陶《類選》則取冠李杜」，則極可注意。考顧陶《唐詩類選》二十卷，見載於《新唐書·藝文志》，書今佚，《文苑英華》卷七一四存錄其序。南宋陳振孫《直齋書錄解題》嘗著錄此集云：

> 《唐詩類選》二十卷。唐太子校書郎顧陶集，凡一千二百三十二首，自為序，大中丙子歲也（案：《文苑英華》錄顧陶自序作「大中景子之歲也」，景當丙之訛）。陶會昌四年進士〔註26〕。

謂《唐詩類選》編於「大中丙子歲」，即宣宗大中十年（856）也。時亦屬晚唐朝，而較莊《又玄集》早四十餘年。《唐詩類選》，書今佚，其取冠李杜之詳情，雖不可得而知，然亦非全不可考，宋曾季貍云：

> 顧陶《唐詩類選》二十卷，其間載杜詩，多與今本不同。顧陶唐大中間人，去杜不遠，所見本必稍真。今並錄同異于後：「山河扶繡戶」，作「星河浮繡戶」；「斫卻月中桂」，作「折盡月中桂」；……又載〈風涼原上作〉

〔註25〕見胡震亨《唐音癸籤》，卷三十一「唐人選唐詩」後原註。頁268，世界書局印行。
〔註26〕見陳振孫《直齋書錄解題》，卷十五。

一首，今杜詩無之。其詩全錄於此……〔註27〕。

曾氏原文甚長，茲將其所錄《唐詩類選》所選杜詩，列表於下：

曾氏所錄《唐詩類選》所選杜詩詩句	詩　題〔註28〕	體　裁
山河扶繡戶	冬日洛城北謁元元皇帝廟	五言排律
斫卻月中桂	一百五日夜對月	五律
破柑霜落爪	孟冬	同上
烏蠻瘴遠隨	同上	同上
老夫貪費日	和裴迪登新津寺寄王侍郎	同上
秋至輒分明	天河	同上
伴月落邊城	同上	同上
家貧仰母慈	遣興（「驥子好男兒」章）	五言排律
犬迎曾宿客	重過何氏五首之二	五律
池中足鯉魚	寄高三十五詹事適	同上
賦或似相如	酬高使君相贈	同上
老思筇竹杖	送梓州李使君之任	五言排律
衰疾那能久	遣興（「干戈猶未定」章）	五律
吾豈獨憐才	不見（「不見李生久」章）	同上
勝迹隗囂宮	秦州雜詩二十首之二	同上
丹青野殿空	同上	同上
欲挂留徐劍	哭李尚書	五言排律
乘爾亦已久	病馬	五律
感動一沈吟	同上	同上
櫸柳枝枝弱，枇杷樹樹香	田舍	同上
暗飛螢自照，水宿鳥相呼	倦夜	同上
白花簷外朵，青柳檻前梢	題新津北橋樓	同上
取醉他鄉客，相逢故國人	上白帝城二首之一	五言排律
興來今日盡君歡	九日藍田崔氏莊	七律

〔註27〕曾季貍《艇齋詩話》。見丁福保訂《續歷代詩話》，冊一，藝文印書館印行。
〔註28〕參考哈佛燕京學社引得編纂處編《杜詩引得》，成文出版社。

羞將短髮還吹帽	同上	同上
明年此會知誰健	同上	同上
去年今日侍龍顏	至日遣興奉寄兩院遺補二首之二	同上
九重春色醉仙桃	奉和賈至舍人早朝大明宮	同上
不通姓字麤豪甚	少年行	七絕
宮女開函近御筵	贈獻納使起居田舍人	七律
黃牛峽靜灘聲轉	送韓十四江東省覲	同上
俯視但一氣	同諸公登慈恩寺塔	五古
明我長相憶	夢李白二首之一	同上
何以有羽翼	同上	同上
風涼原上作（詩題）		同上

　　據上表，除去重複，總計二十八首，而曾氏所錄皆《唐詩類選》與杜集文字有異同，或不見於杜集者，則《唐詩類選》選錄杜詩之數，更當在二十八首之上。就此二十八首之體裁觀之，有五言排律、五律、七律、七絕、五古，其入選杜詩數量之多，體裁之備，令人咋舌，且取以與李白共冠其書，則顧氏之於杜詩，亦可謂推崇備至矣。此二十八首中，與莊《又玄集》同者有二，一為「遣興（干戈猶未定）章」；一為「送韓十四江東省覲（《又玄集》題作「送韓十四東歸覲省」）」。

　　復次，再就莊《又玄集》稍後，蜀韋縠所編選《才調集》觀之，縠《才調集》十卷，選詩共一千首，其中無杜甫詩，唯此集之不選錄杜詩，與今存唐人編選唐詩之不選錄杜詩者，其意不同，韋縠《才調集》自敘云：

　　　　暇日因閱李杜集、元白詩，其間天海混茫，風流挺特，遂採摭奧妙，

　　并諸賢達章句，不可備錄，各有編次〔註29〕。

知其甚喜李杜集、元白詩，而集中有李、元、白三人，唯不見杜。集中選李白詩二十八章，為卷六之首，元稹詩五十七章，為卷五之首；白居易詩二十七章，為卷一之首，則其不選錄杜詩者，蓋以推尊杜詩，不敢加以荽擇甚明，故胡震亨云：

　　　　至宋人以諸選多不載杜甫李白，為有意尊之，此又非也，《國秀集》

　　成於天寶三載，白入長安未久，……惟顧陶《類選》則取冠李杜，韋縠《才

　　調》更有李無杜，纔若有意獨尊之者〔註30〕。

〔註29〕同註10。
〔註30〕同註25。其所謂宋人以諸選多不載杜甫李白，為有意尊之者，蓋謂宋姚寬《西溪叢

謂《才調集》有李無杜，爲有意獨尊之，所見極是〔註31〕。

　　由上述可知莊《又玄集》前，顧陶之《唐詩類選》，及《又玄集》稍後，韋縠之《才調集》，俱對杜詩推崇備至，換言之，就詩選界言，自晚唐至五代，杜詩實已獲致普遍之尊崇。而莊《又玄集》爲今存唐人編選唐詩，唯一選錄杜詩者，其選錄杜詩以爲壓卷，明顯反映杜詩於晚唐詩壇所居崇高地位，於吾國詩史，實有不可忽視之重要意義。

　　語》所云：「殷璠爲《河嶽英靈集》不載杜甫詩，高仲武爲《中興閒氣集》，不取李白詩，顧陶爲《唐詩類選》，如元、白、劉、柳、杜牧、李賀、張祜、趙嘏皆不收，姚合作《極玄集》，亦不收杜甫、李白，彼必各有意也。」

〔註31〕清馮舒、馮班《二馮評點才調集》，於韋縠才調集序中註云：「鈍吟（案：即馮舒）云：序云李杜，卷中無杜詩，非不取也，蓋是崇重杜老，不欲芟擇耳。」亦是此意，而《四庫全書總目提要》云：「自序稱觀李杜集、元白詩，而集中無杜詩，馮舒評此集，謂崇重老杜，不欲芟擇，然實以杜詩高古，與其書體例不同，故不採錄，舒所説非也。」（「才調集十卷」條）案即以選詩標準言，《才調集》與《又玄集》略同，莊《又玄集》入選杜甫，《才調集》無由捨棄杜甫，況杜詩豈篇篇「高古」，俱與《才調集》體例不同耶？提要之説非也。

第十章 《搜玉小集》考

第一節 編選者、編選之年代及其版本

　　《搜玉小集》之編選者，及其編選年代俱不詳。此集首著錄於宋陳振孫《直齋書錄解題》，其書卷十五云：

> 《搜玉小集》一卷，自崔湜至崔融三十七人，詩六十一首。

其後元馬端臨《文獻通考》卷二四八，引陳解題之語，著錄云：「《搜玉小集》一卷」，《宋史》卷二〇九〈藝文志〉，著錄云：

> 《搜玉集》一卷（原註：唐崔湜至融，凡三十七人，集者不知名）。

明胡震亨《唐音癸籤》卷三十一，著錄云：

> 《搜玉集》（原註：自四傑至沈宋三十七人，詩六十三篇，不詳撰人名，一卷）。

《宋志》、胡氏所載《搜玉集》，案其著錄之語，實即陳解題所載之《搜玉小集》也，而俱不詳編選者名氏。考《新唐書》卷六十，〈藝文志〉總集類云：

> 《搜玉集》十卷。

其後宋《崇文總目》、鄭樵《通志》、明焦竑《國史經籍志》俱著錄「搜玉集十卷」，《通志》、《國史經籍志》且註云：「唐人集當時詩」。此十卷之《搜玉集》與一卷之《搜玉小集》，有極其密切之關聯，余嘉錫云：

> 　　觀《宋志》之注，與《書錄解題》略同，而其書祇名《搜玉集》，不名小集，知今之小集，與《唐志》及《崇文總目》所著錄者，實即一書，但詩只六十一首，何能分為十卷，知其原書所錄之詩，必不只此數，南宋

　　至今所存之一卷，蓋經後人之刪削，只存其精華，故名之曰小集也〔註1〕。
謂一卷之《搜玉小集》與十卷之《搜玉集》，實爲一書也，唯一卷之《搜玉小集》乃
十卷《搜玉集》之刪選本，而十卷之《搜玉集》爲一卷《搜玉小集》之祖本。余氏
此說雖無確證，然亦頗合情理，故日學者伊藤正文亦贊同其說〔註2〕。唯亦有以爲
一卷之《搜玉小集》爲後人僞託十卷《搜玉集》者，傅增湘《藏園群書題記續集》
卷五，錄何義門評校本〈搜玉小集跋〉云：

> 此書乃集唐初人詩之不佳者，既鮮氣質，復乏調態，述作之手，固將
> 喂鹿，場屋之士，亦宜覆瓿也。此集無疑僞託，唐人〈藝文志〉自有《搜
> 玉集》十卷在總集類中。

以爲此集乃集唐初人詩之不佳者，既鮮氣質，復乏調態，唐人〈藝文志〉總集類自
有《搜玉集》十卷，故謂此集爲僞託。傅增湘頗贊同何氏此說，云：

> 義門評閱唐選，於此集最爲不滿，所取祇二十一首，如陳拾遺感遇詩，
> 自足高步一代，此集不取，而錄其〈白帝懷古〉一詩，殊不可解。他如崔
> 湜之〈大漠行〉、賀朝之〈從軍行〉、屈同之〈燕歌行〉、劉希九之〈搗衣
> 篇〉、許景先之〈折柳篇〉、徐晶之〈阮公體〉、劉希夷之〈代白頭吟〉，詩
> 格咸卑下，不知何以入錄，義門以其書爲後人僞託，其說宜可信矣〔註3〕。

案義門疑此集爲僞託，並無確證，唯以其個人主觀感受此集所錄「既鮮氣質，復乏
調態」而云然，至傅氏以此集不錄子昂〈感遇〉詩，而選其〈白帝懷古〉，其他所選
如崔湜〈大漠行〉等咸詩格卑下，而以義門之說爲是。然《搜玉小集》所選諸作，
即使皆詩格卑下，亦僅與其選詩標準有關，而與此集之眞僞無涉也，況即以子昂〈白
帝懷古〉言之，亦非等閒之作，元方回云：

> 陳子昂〈感遇〉古詩三十八首，極爲朱文公所稱，天下皆知其能爲古
> 詩，一掃南北綺靡，殊不知律詩極精，此一篇置之老杜集中，亦恐難別，
> 乃唐人律詩之祖，如沈如宋如老杜之大父審言，併子昂四家觀之可也，蓋
> 皆未有老杜以前律詩也〔註4〕。

是知《搜玉小集》錄子昂〈白帝懷古〉，而不選其〈感遇〉詩，自是關乎其選詩標準，

〔註1〕見余嘉錫《四庫提要辨證》，卷二四「《搜玉小集》一卷」條。《四庫全書總目》，冊
　　　八，頁1556，藝文印書館印行。
〔註2〕見伊藤正文〈關於《搜玉小集》〉，載《京都大學文學部中國文學報》，第十五冊，1961
　　　年，10月。
〔註3〕見傅增湘《藏園群書題記續集》，卷五「校唐人選唐詩八種跋」，頁1066，廣文書局
　　　印行。
〔註4〕見方回《瀛奎律髓》，卷三〈懷古類〉，陳子昂〈白帝懷古〉詩下評註。

而與其眞僞無涉也。況南宋陳解題已著錄是集，亦未嘗疑其爲僞，數百年後之今日，與其無證而斷其爲僞，不若審愼而信其爲眞也。復次，又有以《搜玉小集》非源出唐人者，清胡玉縉云：

> 瞿氏目錄有舊鈔本，云：「末有窳菴老人題識云：此集乃仲兄所錄，兄沈靜寡言，不妄交人，日以詩書自娛，惜中年不祿，展讀之下，如見音容。……」據此，則《提要》以爲毛晉釐定者殆非，識語似宋人，以爲源出唐人者亦非〔註5〕。

胡氏據《搜玉小集》舊鈔本窳菴老人題云：「此集乃仲兄所錄」，遂以爲《提要》謂此集「源出唐人」〔註6〕非也。唯詳觀窳菴老人題識，明謂該舊鈔本爲仲兄所錄，胡氏蓋誤錄者爲編選者，其說不能成立甚明。茲從余嘉錫之說，蓋一卷之《搜玉小集》爲十卷《搜玉集》之刪選本，而十卷之《搜玉集》爲一卷《搜玉小集》之祖本也。依上述，然則此集之編選年代，可分兩部分討論，一爲祖本十卷《搜玉集》之編選年代，一爲刪選本一卷《搜玉小集》之刪選年代。

　　十卷之《搜玉集》，其原書今已不存，首著錄此書之《新唐志》，既無載其編選人名氏，又無存其書序跋，可供參考，是以其編選年代，頗難詳考。日學者伊藤正文，其〈關於《搜玉小集》〉一文，以爲十卷《搜玉集》編成年代之上限，約在玄宗開元八年（720），其下限距此不久，約在開元十八年（730），較大膽確切言之，當編成於開元十二年（724）左右〔註7〕。茲擇要略述其理據於下：

　　（一）一卷本《搜玉小集》三十七人（三人有錄無詩）之生卒年，依聞一多《唐詩大系》、小川環樹《唐詩概說》、《全唐詩》詩人小傳，除生平不詳者外，以魏徵（580〜643）爲最早，時代最晚者爲崔顥（704？〜754），公元七五四年，爲玄宗天寶十三載。又三十七人中，賀朝、屈同仙之作品，亦爲芮挺章《國秀集》所選錄，同者有屈同仙〈燕歌行〉一首，依樓穎〈國秀集序〉，該集所選作品之上下限爲開元至天寶三年（713〜744）〔註8〕，依此，暫以720（開元八年）爲此集編成年代之上限。

　　（二）《搜玉集》十卷，始著錄於《新唐志》總集類，其著錄次序爲「……李康《玉臺後集》十卷」、「元思敬《詩人秀句》二卷」、「孫季良《正聲集》三卷」、「《珠

〔註5〕見胡玉縉《四庫全書總目提要補正》，卷五十六「《搜玉小集》一卷」條。頁394，漢京文化事業有限公司印行。

〔註6〕見《四庫全書總目提要》，卷一八六「《搜玉小集》一卷」條，頁1055，漢京文化事業有限公司印行。

〔註7〕同註2。

〔註8〕樓穎〈國秀集序〉謂其集選錄作品之上下限爲「自開元以來，維天寶三載」，然「天寶三載」，實「天寶十三載」之訛，詳見本論文第四章《國秀集》考〉第一節。

英學士集》五卷」、「《搜玉集》十卷」、「曹恩《起予集》五卷（原註：大曆人）」、「元結《篋中集》一卷」、「《奇章集》四卷，……」。案《新唐志》總集類所著錄，大致依類及年代次序著錄，雖略有舛誤顛倒，然當亦可作爲年代推測之線索。復次，《舊唐志》丁部集錄無著錄《搜玉集》，而據考證《舊唐志》此部分有殘闕，約開元後之別集總集之記錄皆殘闕〔註9〕。《搜玉集》不見載於《舊唐志》，其編成年代當不得早於開元時代。

（三）依余嘉錫之說，一卷本《搜玉小集》之編撰體例，不以人敘，亦不以體分，而以題旨相類者爲別（詳下文），此當爲十卷《搜玉集》編撰體例之原型，此種按題旨門類編選之唐人選唐詩，就書志觀之，有數種之多，如不知名所編選之《麗則集》〔註10〕即是。此種編選體例，蓋受開元天寶前盛行編纂分門別類之類書風氣之影響。就一卷《搜玉小集》觀之，雖其分門別類，不如唐類書《文館詞林》之排列整齊，唯《搜玉小集》乃縮編之本，蓋縮編前之《搜玉集》，當亦是採取如類書般較整齊之編次方式。

（四）《搜玉小集》所選詩人，多初唐末至盛唐初詩人，所選詩作，內容上多從軍、閨情、遊宴之作，形式上五言詩佔七成以上，多接近律體形式整齊之作，七言詩則多爲長篇，與初唐末至盛唐初之詩壇風貌相近。

（五）《搜玉小集》選崔顥〈古意〉詩，首句爲「十五嫁王昌」，案《河嶽英靈集》、《新唐書》，顥早年爲詩，名陷輕薄，此詩爲其與李邕見面時所作〔註11〕，確實寫作年代不可考，然當爲其早年作品，顥開元十一年（723）進士，蓋此時前後所作。

嚴格論之，伊藤氏之說，考證疏略，理據薄弱，其可信度頗成疑問，唯十卷《搜玉集》之原本今已不存，其編撰者又不明，僅有縮編之《搜玉小集》可供爲推測線索，欲精確考察，誠屬難能，伊藤氏亦已盡其所能矣。唯筆者另有一說，或可提供參考，唐劉肅《大唐新語》卷九，「著述第十八」云：

> 貞觀中，紀國寺僧慧靜撰《續英華詩》十卷，行於代。慧靜嘗言曰：
> 作之非難，鑒之爲貴，吾所搯揀，亦詩三百篇之次矣。慧靜俗姓房，有藻
> 識。今復有詩篇十卷，與《英華》相似，起自梁代，迄於今朝，以類相從，

〔註9〕伊藤氏文原註謂見沈德潛《舊唐書考證》。
〔註10〕晁公武《郡齋讀書志》卷二十云：「《麗則集》五卷。右唐李氏撰，不著名，集文選以後，至唐開元詞人，詩凡三百二十首，分門編類，貞元中鄭餘慶爲序。」
〔註11〕殷璠《河嶽英靈集》，評崔顥小序云：「顥年少爲詩，名陷輕薄，晚節忽變常體，風骨凜然。」《新唐書》，卷二〇三〈崔顥傳〉云：「初李邕聞其名，虛舍邀之，首章曰：十五嫁王昌。邕叱曰：小兒無禮，不與接而去。」

多於慧靜所集，而不題撰集人名氏。

劉氏文中提及慧靜「《續英華詩》十卷」，案《新唐志》載有「僧惠淨《續古今詩苑英華集》二十卷」，雖編選者名氏用字不同，書名卷帙略異，然當為同書無疑也，此集晁公武《郡齋讀書志》卷二十嘗著錄，云：

> 《續古今詩苑英華集》十卷，唐僧惠淨撰，輯梁武帝大同年中「會三教篇」，至唐劉孝孫「成皋望河」之作，凡一百五十四人，歌詩五百四十八篇，孝孫為之序。

可知是集為輯梁代至初唐詩人之選集，凡一百五十四人，歌詩五百四十篇。值得注意者為《大唐新語》所提及不題撰人名氏之詩選集，有三項特徵：（一）不題撰人名氏；（二）十卷；（三）編撰體例為以類相從。以今可見較早之書志如兩唐志、《日本國見在書目》考之，其合乎此三項特徵者，《新唐志》所載「《搜玉集》十卷」頗足以當之，疑劉肅所載此集即十卷《搜玉集》也。而《新唐志》著錄此集不題撰集人名氏者，以此集原本即未題撰集人名氏故也。又案《新唐志》著錄《大唐新語》云：「劉肅《大唐新語》十三卷（原註：元和中江都主簿）」是劉肅蓋憲宗時人，若果如前疑，則十卷《搜玉集》之編成當在憲宗元和以前也。劉肅謂此集與慧靜所撰《續英華詩》相似，蓋亦為輯梁代至初唐詩人之詩歌選集〔註12〕，而所輯較慧靜《續英華集》為多。

　　至於一卷《搜玉小集》，其刪選十卷《搜玉集》而成編之年代，伊藤氏以為約在南宋中期〔註13〕。茲擇要述其理據於下：

　　（一）北宋末南宋初葉夢得《避暑錄話》卷下云：

> 村校中教小兒誦詩，多有「心為明時盡，君門尚不容，田園迷徑路，歸去欲何從。」一篇，初不知誰作，大觀間，三館曝書，昭文庫壁間有弊篋，置書數十冊，蠹爛幾不可讀，發其一曰《玉堂新集》載此篇，乃幽求《詠懷》作也，……。

所云劉幽求〈詠懷〉詩，亦見錄於《搜玉小集》，題作〈書懷〉，今存唐人編選唐詩，幽求此詩僅見選於《搜玉小集》，似在葉夢得當時，縮編之《搜玉小集》尚未流行於社會，是以葉夢得聞此詩，而不詳詩之作者。

　　（二）較葉夢得稍後，南宋初尤袤《遂初堂書目》、晁公武《郡齋讀書志》，俱未著錄《搜玉集》或《搜玉小集》之書，是以要斷定《搜玉小集》縮編之年代，在

〔註12〕宋鄭樵《通志》〈藝文略〉著錄《搜玉集》十卷，並註云：「唐人集當時詩」，不知其所據。

〔註13〕同註2。

南宋初《遂初堂書目》、《郡齋讀書志》以前，有所困難。

　　（三）《搜玉集》縮編成《搜玉小集》，依書志所著錄，可以簡單圖式示之：《通志‧藝文略》「《搜玉集》十卷」──《郡齋讀書志》（俱無著錄）──《直齋書錄解題》「《搜玉小集》一卷」。至南宋中陳振孫《直齋書錄解題》，已著錄一卷之《搜玉小集》，是以《搜玉小集》縮編之年代，至晚亦當在南宋中期以前。

　　《搜玉小集》之版本，據書志所載，有舊鈔本與明嘉靖刻本，瞿鏞《鐵琴銅劍樓藏書目錄》卷二十三云：

　　　　《搜玉小集》一卷（原註：舊鈔本）。不著編輯名氏，卷末有窳菴老人
　　題識云：此集乃仲兄所錄，兄沈靜寡言，不妄交人，日以詩書自娛，惜中
　　年不祿，展讀之下，如見音容，詩共六十二首，四人有錄無詩，與原目凡
　　三十七人，共六十三首不合，惟胡鵠、崔顥、王翰、陳子昂名猶存目中，
　　尚仍原本之舊（原註：卷首有毓芳私印容齋二朱記）。

王文進《文祿堂訪書記》下，卷五云：

　　　　《搜玉小集》一卷。不著編輯名氏，明馮己蒼校明嘉靖刻本，卷末題
　　曰：崇禎三年八月十九日用柳僉本對過，有馮舒上黨馮己蒼手校星橋印。

此二本筆者俱未見。今傳《搜玉小集》板本有五，（一）明崇禎元年（1628）虞山毛氏汲古閣刊《唐人選唐詩》八種本；（二）《四庫全書》文淵閣本；（三）日本文政七年（1824）刊官板本；（四）日本江戶寫本；（五）日本前田尊經閣藏鈔本〔註14〕。筆者所見僅毛氏汲古閣本及四庫本。毛氏所據為何，今不可考，惟其本編次，始於崔湜，終於崔融，與《直齋書錄解題》、《宋志》所載《搜玉小集》編次略同，蓋屬同一系統。四庫本與毛本相較，惟缺毛本徐彥伯〈胡無人行〉一首，及將毛本卷末崔融之〈詠寶劍〉，移置卷中楊炯〈紫騮〉之次，其餘篇章字句悉與毛本同，蓋源自毛本者也。日本所傳官板本及兩鈔本，據伊藤正文〈關於《搜玉小集》〉，官板本與毛本異處有五：（一）官板本卷首所載原本目錄，與毛本卷首之「姓氏總目」相同，惟毛本在「姓氏總目」下，有毛校註語云：「原本目錄今訂正」，官板本無此毛校註語，而有註云：「內崔湜、宋之問、張諤、李嶠、崔融並多一首，而胡鵠、崔顥、王翰、陳子昂之詩皆闕，尚當考之。」（二）毛本「姓氏總目」云：「王翰一首（毛校注註：向缺，今亦無考）」，而官板本目錄，僅有王翰名氏，無記詩數，唯官板本缺詩之其他二人與毛本同有記詩數。（三）毛本末附有毛晉跋，官板本無之。（四）毛

〔註14〕以上三日本傳本，俱見伊藤正文〈關於《搜玉小集》〉。

本姓氏總目云：「宋之問四首（毛校註云：或刻十首，考誤入魏徵二首、陳子昂一首、崔融一首，今悉刪去，存六首）」，而官板本宋之問有十首，較目錄多六首，此外官板本目錄所記詩人詩數與卷內多不相合。（五）官板本卷內字句與毛本不同者，達四十處以上。依此，伊藤氏以爲官板本與毛本是否同出一源，雖不可知，然卷內篇次相同，而官板本非翻印毛氏汲古閣本，則可肯定，此官板本蓋未經毛氏校訂之本也，似與瞿鏞《鐵琴銅劍樓藏書目錄》所載窳菴老人鈔本相同，皆屬未經毛氏校訂之系統，唯官板本存六十一首，而窳菴老人鈔本存六十二首，不知何故。其餘日本二鈔本，其確切鈔寫年代不明，約是江戶時期之寫本，篇章字句與官板本差異極少。

依上述，《搜玉小集》今傳諸本，約可分爲兩系，一爲毛氏汲古閣本系統，頗經毛氏校訂訛謬，四庫本屬之；一爲日本文政七年刊官板本系統，爲未經毛氏校訂之本，日本二鈔本，及中土窳菴老人鈔本屬之。以下敘述俱依毛氏汲古閣本。

第二節　篇卷、編選之數目及體例

《搜玉小集》首著錄於陳振孫《直齋書錄解題》，云：

> 《搜玉小集》一卷，自崔湜至崔融三十七人，詩六十一首。

謂《搜玉小集》一卷，選詩人三十七，詩六十一首。其所言卷數與歷代書志所載，及今傳本皆合，是《搜玉小集》爲一卷無疑。至於詩數與詩人數，案毛本姓氏目後有總計云：「凡三十七人，共六十三首（毛校訂云：今三十四人，共六十一首）」，此姓氏總目末附之總計，官板本亦存（唯官板本無毛氏校訂語），可信爲原本舊有，是《搜玉小集》原本所選詩人數當爲三十七人，唯今傳本胡鵠（案：似當作胡皓）、王翰、李澄之三人有目無詩，是以毛校訂云三十四人。至於詩數，原當依姓氏總目末所計六十三首，而自陳解題至今傳本皆僅存六十一首。然亦有作存六十二首者，《四庫全書總目提要》云：

> 舊目題凡三十七人，詩六十三首，此本但三十四人，詩六十二首，蓋毛晉重刊所釐定，所註考證頗詳，然胡鵠等三人，有錄無詩，晉并刪其姓氏，已非闕疑存舊之意，又人闕其三，而詩僅闕其二，不足分配三人，必有一人之詩涵於他人名下矣，則所訂亦未確也〔註15〕。

謂舊目三十七人，詩六十三首，而其本三十四人，詩六十二首，又怪毛晉刪去缺詩三人姓氏，非存舊之意也。而余嘉錫《四庫提要辨證》云：

〔註15〕同註6。

案《直齋書錄解題》卷十五云：「《搜玉小集》一卷，自崔湜至崔融三十七人，詩六十一首」，《通考・經籍考》（原註：卷一百四十八）引同，《宋史・藝文志》云：「《搜玉集》一卷，唐崔湜至融凡三十七人，集者不知名」，汲古閣刊本姓氏總目後有一行云：「凡三十七人，共六十三首」，夫《書錄解題》明言詩六十一，不知此何以誤爲六十三，《提要》更何以誤爲六十二，又有毛氏注云：「今三十四人，共六十一首」，細勘其詩，數目適合，然則其詩乃并無闕佚也。有錄無詩之三人，其姓名爲胡鵠、王翰、李澄之各一首，並注云：「向缺，今亦無考」，其實詩未嘗缺，但並溷入他人名下耳，毛晉之考訂既未詳，《提要》又只見跋中有名存詩逸，胡鵠三人之語，遂不暇更閱其總目，乃歸罪於毛晉刪其姓氏，……草率粗疏，一至於此，不可解也〔註16〕。

以爲陳解題明謂《搜玉小集》六十一首，不知何以今本姓氏總目作六十三，而《提要》更何以誤爲六十二，又辨《提要》僅見毛本後毛晉跋「共計三十七人，詩六十三首，第其中先後不倫，彼此相混，……甚者名存詩逸，胡鵠三人，更可訝也」云云，不暇考毛本姓氏總目仍存胡鵠等三人名氏，遽歸罪毛晉刪去三人姓氏之非，其說是也。唯今傳本姓氏總目後總計皆作六十三首，則陳解題作六十一首者，蓋亦如今本爲缺逸二首之本也。復次，余氏謂《提要》不知何以作六十二首，竊亦嘗疑《提要》云其本「詩六十二首」，何以後又云「詩僅闕其二」，頗爲不解。案四庫本原出自毛本，當與毛本同爲六十一首，而此作「詩六十二首」者，實坊本《四庫全書總目提要》之訛，而余氏誤辨也，考文淵閣四庫本《搜玉小集》前之提要，明作「此本但三十四人，詩六十一首」與毛本同，則作六十二首者，蓋坊本《四庫全書總目提要》「一」訛爲「二」故也。然文淵閣四庫本《搜玉小集》前之提要雖作「詩六十一首」，考集中缺毛本徐彥伯〈胡無人行〉一首，實僅六十首也，余氏又謂胡鵠三人詩，實未嘗缺，但並溷入他人名下耳，卻未舉出那三詩爲胡鵠三人之詩，不知其何所據而云然，今三人所缺詩不可考。唯坊本《四庫提要》作六十二首者雖誤，據書志所載，似眞有存六十二首之本，瞿鏞《鐵琴銅劍樓藏書目錄》所著錄舊鈔本即作「詩共六十二首」，今未見其書，不知是否，而所多一首又爲何也。總之，《搜玉小集》所選詩人及詩數，原本當爲三十七人，詩六十三首，今本三人有目無詩，僅存三十四人，詩六十一首。

此集之編撰體例，與今存其他唐人編選唐詩皆不同，今存其他唐人編選唐詩，

〔註16〕同註1。

其編次皆以人爲主，每人選若干首，置於其人名下，此本則同人之作，先後雜出，不歸聚一處，《四庫全書總目提要》云：

> 其次第爲晉所亂，不可復考，既不以人敍，又不以體分，編次參差，重出叠見，莫能得其體例〔註17〕。

《提要》以爲今本體例之混亂，出於毛晉，其說實非也。案以毛本與未經毛校訂之官板本相校，二本編次略同，可知毛晉實未嘗變動舊本編次，僅將校訂之語附於原文之下而已，《提要》未能得其編次體例，遂遽以其書次第爲晉所亂，九泉之下，毛氏寧不呼冤叫屈。此書之編次體例，雖同人之作，先後雜出，然亦非雜亂無章，余嘉錫云：

> 桌毛目跋下，雖有間閻廛肆紀事詩書泊宋元舊冊，同者某世次及章句之語，蓋但欲考而知之，未嘗自言變易其次第也，如果以世次爲先後，則何以不列魏徵爲壓卷，反次其詩於第三十八耶，《提要》謂次第爲晉所亂，不知何所據而云然，其編次雖不以人敍，亦不以體分，余嘗即其詩以考之，開卷奉和御製三首爲應制，其次西征軍行遇風至燕歌行凡六首爲從軍，次塞外、紫騮、胡無人行凡三首爲出塞，次王昭君三首爲吊古，次晚度天山有懷京邑及送公主和戎二首爲遠別，其他皆以類相從，先後次序，莫不有意，此必唐人原本如此，非晉所能辦也〔註18〕。

謂此集編次，雖不以人敍，亦不以體分，然亦有其類別相從，先後次序，莫不有意，其說是也。案唐人編選唐詩，其編次體例，大致有二，一以人敍；二以類分，今存者唯此集依題旨門類編次，則欲探知以門類爲別之唐人編選唐詩，今唯此集可供參考耳。

第三節　命名涵意、編選目的及其選詩情形

此集之命名涵意及編選目的俱不詳，茲就集中所選詩人及詩作，歸納其選詩情形於下：

（一）就所選詩人時代言。集中所選三十七人，除生卒年不詳者外，其時代最早者爲魏徵（580～643），最晚者爲崔顥（704？～754），大致皆初唐人，少部分爲盛唐初人〔註19〕。

〔註17〕同註6。
〔註18〕同註1。
〔註19〕同註2。

（二）就詩人入選篇數言（據實存數）。宋之問詩入選最多，有六首，其次爲崔湜、徐彥伯、沈佺期各四首，劉希夷、鄭愔、張諤、崔融各三首，喬知之、徐晶、王泠然、魏徵、李嶠各二首，餘人各一首。

（三）就所選詩體裁言。六十一首中，五律最多，共二十六首，其次爲五古十六首，七古六首，雜言古詩五首，五絕、七絕各三首，七律二首。

（四）就所選詩題旨言。婦女類最多，共十六首，其次爲征戍類十首，客旅類七首，遊覽類、懷古類、詠物類各五首，贈答類、詠懷類各三首，節序類二首，仙釋類、宴會類、悼亡類、時事類、豪俠類各一首〔註20〕。

此集所選錄詩，何焯嘗評云：「此集乃集唐初人詩之不佳者，既鮮氣質，復乏調態」，傅增湘亦以爲所選「詩格咸卑下」〔註21〕，皆給予極低之評價。唯今就此集所選詩人觀之，初唐名詩人，如《新唐書·文藝傳》所謂「文章四友」李嶠、崔融、蘇味道、杜審言，初唐「四傑」王勃、楊炯、盧照鄰、駱賓王，以及以「研揣聲音，浮切不差，而號『律詩』」馳名，合稱「沈、宋」之沈佺期、宋之問諸人，皆見選集中。復就所選詩作觀之，雖不如盛唐詩之「聲律風骨」兼備〔註22〕，要亦皆一時之選，或爲當時絕唱，或有故實流傳，非泛泛之作可比擬也。如集中所選蘇味道〈觀燈〉詩，《大唐新語》卷八，「文章第十七」云：

> 神龍之際，京城正月望日，盛飾燈影之會，金吾弛禁，特許夜行，貴遊戚屬，及下隸工賈，無不夜遊，車馬駢闐，人不得顧，王主之家，馬上作樂，以相誇競，文士皆賦詩一章，以紀其事，作者數百人，惟中書侍郎蘇味道，吏部員外郭利貞，殿中侍御史崔液三人爲絕唱，味道詩曰：火樹銀花合……。

是味道〈觀燈〉詩爲當時三絕唱之一。又如劉希夷〈代白頭吟〉，《大唐新語》卷八，「文章第十七」云：

> 劉希夷，一名挺之，汝州人，少有文華，好爲宮體，詞皆悲苦，不爲時所重，善撝琵琶，嘗爲白頭翁詠曰：今年花落顏色改，明年花開復誰在。既而自悔曰：我此詩似讖，與石崇白首同所歸，何異也。乃更作一句云：年年歲歲花相似，歲歲年年人不同。既而歎曰：此句復似向讖矣，然死生有命，豈復由此，乃兩存之。詩成未周，爲奸所殺，或云宋之問害之，後孫翌撰《正聲集》，以希夷爲集中之最，由是稍爲時人所稱。

〔註20〕見小川昭一〈關於唐人選唐詩〉表一，載《斯文》第二十八期，1960 年 10 月。
〔註21〕二引俱見傅增湘《藏園群書題記續集》，卷五，頁 1066。
〔註22〕見《唐人選唐詩》，殷璠〈河嶽英靈集序〉，頁 40，河洛圖書出版社出版。

傳聞希夷之舅宋之問，愛希夷「年年歲歲」之句，欲奪之，希夷不與，之問怒，乃以土囊壓殺之〔註23〕。姑不論此事眞僞，而希夷此詩之聞名可知矣。又如李嶠〈汾陰行〉，玄宗嘗聞其詞，而淒然泣下，唐孟棨《本事詩》，「事感第二」云：

> 天寶末，玄宗嘗乘月登勤政樓，命梨園弟子歌數闋，有唱李嶠詩者云：「富貴榮華能幾時，山川滿目淚沾衣，不見祇今汾水上，惟有年年秋雁飛。」時上春秋已高，問是誰詩，或對曰：李嶠。因淒然泣下，不終曲而起曰：李嶠眞才子也。又明年幸蜀，登白衛嶺，覽眺久之，又歌是詞，復言李嶠眞才子，不勝感歎，時高力士在側，亦揮涕久之〔註24〕。

復次，宋之問〈明河篇〉，亦頗有故實，《本事詩》「怨憤第四」云：

> 宋考功，天后朝，求爲北門學士不許，作〈明河篇〉以見其意，末云：「明河可望不可親，願得乘槎一問津，更將織女支機石，還訪成都賣卜人。」則天見其詩，謂崔融曰：吾非不知之問有才調，但以其有口過。蓋以之問患齒疾，口常臭故也，之問終身慚憤〔註25〕。

此外，如崔顥〈古意〉，亦屬此類〔註26〕，可知所選多當代傳唱之作或有故實流傳者，其反映當時詩壇傳誦之詩篇，頗爲近實，固不僅因其「源出唐人」而可珍也。

〔註 23〕宋魏泰《臨漢隱居詩話》引唐韋詢《嘉話錄》，見清何文煥輯《歷代詩話》，冊一，頁 321，漢京文化事業有限公司印行。
〔註 24〕見清丁福保訂《續歷代詩話》，冊一，藝文印書館印行。
〔註 25〕同註 24。
〔註 26〕見註 11 所引《新唐書》〈崔顥傳〉。

第十一章　《敦煌本唐人選唐詩》考

第一節　敦煌《唐人選唐詩》殘卷

　　晚近由敦煌發現之《唐人選唐詩》，除前論崔融《珠英學士集》殘卷外，另有編號伯二五六七不知名之《唐人選唐詩殘卷》，羅振玉云：

> 詩選殘卷，其存者凡六家，前三首撰人名在斷損處，不可見，今據《全唐詩》知爲李昂。其名存者，曰王昌齡，曰邱爲，曰陶翰，曰李白，曰高適。都計詩數，完者七十一篇，殘者二篇。今以諸家集本傳世者校之，李昂詩《全唐詩》載一篇而佚其二。王龍標詩卷中十七篇，見於集本者四篇，其八篇則今見《孟浩然集》。邱爲詩六篇，陶翰詩三篇，載《全唐詩》者各一篇。太白詩三十四篇，又〈古意〉以下九篇誤羼入陶翰詩後，共得四十三篇，則悉載集中（原註：以繆刻本校）。高常侍二篇（原註：〈上陳左相〉詩僅存前數行），則今集本一存一佚。至卷中諸書，雖今集本尚存，而異同至多，篇題亦有異同，每篇中必有數字，……太白……獨不見篇則除末二句但異一字外，其餘均不同。……而書名不可知，姑署之曰《唐人選唐詩》〔註1〕。

此殘卷，因編選者名氏及書名俱不可考，故羅氏名之曰《唐人選唐詩》。羅氏據集本、《全唐詩》及殘卷之有主名者，共得七家，爲李昂、王昌齡、孟浩然、邱爲、陶翰、李白、高適。又謂殘卷都計詩數，完者七十一篇，殘者二篇，其中李昂三篇、王昌

〔註1〕羅振玉《雪堂校刊群書敘錄》，見王重民《敦煌古籍敘錄》，卷五集部「唐人選唐詩」條，頁326，木鐸出版社。又見《唐人選唐詩》，〈唐寫本唐人選唐詩提要〉，頁3，河洛圖書出版社印行。

齡十七篇（八篇則今見《孟浩然集》）、邱爲六篇、陶翰三篇、李白四十三篇、高適二篇。然羅氏實未及詳檢，所計頗謬誤，楊承祖先生〈敦煌唐寫本唐人選唐詩校記（伯二五六七）〉云：

> 按以唐集及《全唐詩》校之，王龍標詩今見傳本者實五篇，不止四篇。孟浩然詩九篇，不止八篇；其下一首乃荆冬倩詩。陶翰詩僅〈古意〉一篇，其下〈弔王將軍〉一篇乃常建詩。都計撰人之可考者已得九家，不止六家，而各家篇數，又不得僅據撰人存名計之也。又李白……獨不見集本題〈塞下曲〉，羅氏誤以集本同題者校之，而云幾於全篇皆異，殊失檢。高適詩二篇，集本均收載，亦不當謂一存一佚也〔註2〕。

蓋羅氏「僅據撰人存名計之」，是以所計多誤，楊氏之說是也。唯同屬一書之殘卷，不僅伯二五六七，另編號伯二五五二者，實亦同書之殘卷，趙萬里云：

> 詩選殘卷，存四十一首。末二首題李昂撰，並不見《全唐詩》，前三十九首不著撰人姓氏，選錄如許之多，知必是大家，……持示友人林君藜光，閱至「邯鄲少年行」而知爲高適；閱至〈三君詠〉，遂斷爲必高適矣。……又二五六七號卷子亦爲詩選，與此卷書法相同，蓋是一書。其存者李昂、王昌齡、邱爲、陶翰、李白、高適凡六家，羅振玉已付影印。卷末高適詩存〈信安王出塞〉一首，〈上陳左相〉半首，而此卷（原註：二五五二號）起自高適，第一首殘存五行，即〈上陳左相〉詩之後半，適可爲延津之合，爲羅氏所未見，故亟付影印，仍師羅氏之意，題爲《唐人選唐詩》云。

又云：

> 唐寫本高常侍（原註：適）詩四十九首，出敦煌石室，現歸巴黎國家圖書館。上虞羅氏輯印《鳴沙石室古佚書》時，以原卷首尾俱缺，未詳其主名，因以《唐人選唐詩》爲名署之。自李昂詩迄高常侍〈上陳左相〉詩前二行止。今以此本勘之，〈上陳左相〉詩後共脫四十七篇。知羅氏所見者實非全本〔註3〕。

伯二五六七殘卷終於高適〈上陳左相〉之前半首，而伯二五五二始於〈上陳左相〉之後半首，二殘卷正可接續，蓋原本一卷而斷爲兩截，而羅振玉未見全本，只得前截也。此卷共存四十九首（〈上陳左相〉不計），前四十七首爲高適〔註4〕，後二首

〔註2〕見楊承祖先生〈敦煌唐寫本唐人選唐詩校記（伯二五六七）〉，載《南洋大學學報》創刊號，頁41～68。
〔註3〕二引俱見王重民《敦煌古籍敍錄》，卷五集部「唐人選唐詩」條，頁327。
〔註4〕所引趙萬里二則，前則云高適詩「三十九首」，蓋以適詩〈三君詠〉三首，〈使清夷

為李昂詩。

　　伯二五六七殘卷，羅振玉嘗摹寫輯入《鳴沙石室古佚書》，後大陸中華書局刊行《唐人選唐詩》十種，亦收此殘卷，據原殘卷排印。唯此原卷偶有字蹟不清晰，或詩題下未載作者名氏者，極易引起誤會。而伯二五五二殘卷，明為二五六七之下半截，中華書局刊行之《唐人選唐詩》十種，竟未及此卷，殊失檢。茲案二原卷，參以《全唐詩》、王重民《補全唐詩》、潘重規先生《補全唐詩新校》〔註5〕，及楊承祖先生〈敦煌唐寫本唐人選唐詩校記（伯二五六七）〉，將殘卷原題作者及所選詩作，依原次逐錄於后：

一、伯二五六七殘卷

　　（「賦戚夫人楚舞歌　李昂」）

　　　　案：七言古詩。此為伯二五六七殘卷第一首，始於「何異浮萍寄深水」句，原詩題作者俱缺，此詩《全唐詩》卷一二〇存，題作〈賦戚夫人楚舞歌〉，作者為李昂，《全唐詩》所錄，此句上尚有十三句。

　　「題雍丘崔明府丹竈」

　　　　案：七言律詩，《全唐詩》無。

　　「睢陽送韋參軍還汾上此公元昆任睢陽參軍」

　　　　案：五言律詩，《全唐詩》無。此首與前首，未題作者名氏，王重民云：「後兩首（案：即此兩首）與戚夫人楚舞歌均在後截（伯二五六七），並無撰人姓氏，因《唐詩紀事》以楚舞歌為李昂作，羅振玉因定此兩首亦為李昂作。〈塞上聽彈胡笳〉詩內的韋公，可能和在睢陽送的韋參軍是一人，或有一定關係，這也是把這兩詩定為李昂作的一點小小旁證。」〔註6〕茲依其意暫定為李昂作。

　　「邯鄲少年行　王昌齡　校書郎」

　　　　案：雜言古詩，《全唐詩》卷一四一存，題作〈城旁曲〉，楊承祖校云：「案此篇有『邯鄲飲來酒未消』之句，與此本題面相符，下篇城旁（曲）有『城旁麗（案：王釋作「粗」，潘作「麁」）少年之句，亦與題面相符，此本是也。』

　　　　軍〉三首、〈薊門五首〉，俱作一首計也。

〔註5〕王重民《補全唐詩》，潘重規先生《補全唐詩新校》俱收於《全唐詩外編》，木鐸出版社印行。

〔註6〕見《全唐詩外編》，頁24。

「城旁（曲）」

　　案：五言古詩，《全唐詩》無，曲字原缺，楊校云：「旁下應有『曲』字」，
　　　　據補。

「送單十三晃五歸（江夏）」

　　案：七言絕句，《全唐詩》卷一四三存，題作〈送人歸江夏〉，「江夏」二
　　　　字原缺，楊校云：「按歸下殘損處，應有『江夏』二字，題意乃足。」
　　　　據補。

「巴陵別李十二」

　　案：七言絕句，《全唐詩》卷一四三存。

「送康浦之京」

　　案：七言絕句，《全唐詩》卷一四三存，題作〈別李浦之京〉，楊校云：「按
　　　　詩有託康傳家書至京邑意，作送是。」

「長信怨」

　　案：七言絕句，《全唐詩》卷一四三存，題作〈長信秋詞五首〉，此其四。

「題淨眼師房」

　　案：七三雜言古詩，《全唐詩》無。此詩前為王昌齡之作，後為孟浩然之
　　　　作，此詩未別見，不知當屬何人，黃永武先生云：「王集中如〈城傍
　　　　曲〉、〈烏棲曲〉是雜言體的詩，而孟集中除了加『君不見』作冒頭的
　　　　長句外，全部作品中不看見雜言體的詩，因此相信題〈淨眼師房〉是
　　　　王昌齡所作，是《王昌齡集》外的佚詩（原註：當然也不能完全排除是王孟
　　　　以外另一位作者可能性）。」〔註7〕茲依其意，暫定為王昌齡作。

「夜泊廬江聞故人在東林寺以詩寄之　　　（孟浩然）」

　　案：五言古詩，《全唐詩》卷一六○存，原卷無題作者姓名，據《全唐詩》
　　　　補。

「寄是正字」

　　案：五言古詩，《全唐詩》卷一六○存，題作〈寄趙正字〉。

「與張折衝遊耆闍寺」

　　案：五言律詩，《全唐詩》卷一六○存。

「梅道士水亭」

　　案：五言律詩，《全唐詩》卷一六○存，原卷亭下有「亭金剛波若」五字，

〔註7〕見黃永武先生〈敦煌所見王昌齡詩七首的價值〉，載《中外文學》，第六卷八期。

　　　　楊校云：「蓋鈔卷人無意添塗者」。

「與黃侍御北津汎舟」

　　案：五言律詩，《全唐詩》卷一五九存。

「（姚開府山池）」

　　案：五言律詩，《全唐詩》卷一六〇存，原卷題脫，據《全唐詩》補。

「洞庭湖作」

　　案：五言律詩，《全唐詩》卷一六〇存，題作〈望洞庭湖上張丞相〉，《全
　　　　唐詩》所錄較此多四句，為一五言律詩。

「奉和盧明府九日峴山宴馬二使君崔員外張郎中」

　　案：五言排律，《全唐詩》卷一六〇存，題作〈盧明府九日峴山宴袁使君
　　　　張郎中崔員外〉。

「寒食臥疾喜李少府見尋」

　　案：五言律詩，《全唐詩》卷一六〇存，題作〈李少府與王九再來〉。

「詠青　（荊冬倩）」

　　案：五言律詩，《全唐詩》卷二〇三存，題作〈奉試詠青〉，原卷缺作者題
　　　　名，據《全唐詩》補。

「答韓丈　丘為」

　　案：雜言古詩，《全唐詩》無，原卷「丈」不明晰，楊校作「大」，茲依王、
　　　　潘二家。

「田家」

　　案：五言古詩，《全唐詩》卷一二九存，題作〈題農父廬舍〉。

「辛四臥病舟中群公招登慈和寺」

　　案：七言律詩，《全唐詩》無。

「對雨聞鶯」

　　　案：七言律詩，《全唐詩》無。

「幽渚雲」

　　案：五言古詩，《全唐詩》無。

「傷河龕老人」

　　案：七言古詩，《全唐詩》無。此首與前三首俱未別見，茲依王、潘二氏，
　　　　暫定為丘為作。

「古意　陶翰　禮部員外郎」

　　案：五言古詩，《全唐詩》卷一六四存，題作〈古塞下曲〉。

「弔王將軍　（常建）」

案：五言古詩，《全唐詩》卷一四四存。原卷缺作者名氏，據《全唐詩》
補。

「古意　（皇帝侍文李白）」

案：五言古詩，《全唐詩》卷一八三存，題作〈效古二篇〉，此其一。原卷
自此始皆李詩，而題名誤在後〈宮中三章〉下，當移此。

「贈趙四」

案：五七雜言，《全唐詩》卷一七一存，題作〈贈友人三首〉，此其二。

「江上之山藏秋作」

案：五言古詩，《全唐詩》卷一八三存，題作〈江上秋懷〉。

「送族弟琯赴安西作」

案：七言古詩，《全唐詩》卷一七六存，題作〈送族弟琯從軍安西〉。

「魯中都有小吏逢七朗以斗酒雙魚贈余於逆旅因鱠魚飲酒留詩而去」

案：七五雜言古詩，《全唐詩》卷一七八存，題作「詶中都小吏攜斗酒雙
魚於逆旅見贈」。

「梁園醉歌」

案：七三雜言古詩，《全唐詩》卷一六六存，題作〈梁園吟〉。

「送程劉二侍御及獨孤判官赴安西」

案：七言古詩，《全唐詩》卷一七六存，題作「送程劉二侍郎兼獨孤判官
赴安西幕府」，楊校云《全唐詩》侍御作侍郎，蓋誤。

「元丹丘歌」

案：七三雜言古詩，《全唐詩》卷一六六存。

「瀑布水」

案：五言古詩，《全唐詩》卷一八〇存，題作〈望廬山瀑布水二首〉，此
其一。

「宮中三章　皇帝侍文李白」

案：五言律詩，《全唐詩》卷一六四存，題作〈宮中行樂詞八首〉，此其一、
三、二。

「山中答俗人問」

案：七言絕句，《全唐詩》卷一七八存，題作〈山中問答〉。

「陰盤驛送賀監歸越」

案：七言絕句，《全唐詩》卷一七六存，題作〈送賀賓客歸越〉。

「黃鶴樓送孟浩然下惟揚」

案：七言絕句，《全唐詩》卷一七四存，題作〈黃鶴樓送孟浩然之廣陵〉。

「初下荊門」

案：七言絕句，《全唐詩》卷一八一存，題作〈秋下荊門〉。

「千里思」

案：五言絕句，《全唐詩》卷一六五存。

「月下對影獨酌」

案：五言古詩，《全唐詩》卷一八二存，題作〈月下獨酌四首〉，此其一、二，作一首。楊校作二首，唯黃永武先生云：「從一詩數章或分或合的情形看來，李白的詩是沒有定本的，……直至宋初仍不曾統一。」〔註8〕考原卷錄同題數首者，多有標首數，且首與首間多空白一小段，或別行重起，此首未標首數，且字句前後相連，茲依黃氏作一首。

「古樂府 戰城南」

案：雜言古詩，《全唐詩》卷一六二存。題上「古樂府」三字，楊校云：「題上有『古樂府』三字，統括以下至70（案：楊文編號）『惜罇空』諸篇之體類也。」

「白鼻騧」

案：雜言古詩，《全唐詩》卷一六五存。

「烏夜啼」

案：七言古詩，《全唐詩》卷一六二存。

「行行遊獵篇」

案：雜言古詩，《全唐詩》卷一六二存，題作〈行行遊且獵篇〉。

「臨江王節士歌」

案：雜言古詩，《全唐詩》卷一六三存。

「烏栖曲」

案：七言古詩，《全唐詩》卷一六二存。

「長相思」

案：雜言古詩，《全唐詩》卷一六二存。

「古有所思」

〔註8〕見黃永武先生〈敦煌所見李白詩四十三首的價值（上）〉，載《幼獅月刊》，第四十卷六期。

　　　　案：雜言古詩，《全唐詩》卷一六三存，題作〈有所思〉。

「胡無人」

　　　　案：雜言古詩，《全唐詩》卷一六二存。

「陽春歌」

　　　　案：雜言古詩，《全唐詩》卷一六三存。

「白紵詞三首」

　　　　案：雜言古詩，《全唐詩》卷一六三存。

「飛龍引二首」

　　　　案：雜言古詩，《全唐詩》卷一六二存。

「前有樽酒行二首」

　　　　案：雜言古詩，《全唐詩》卷一六二存，題作〈前有一樽酒行二首〉。

「古蜀道難」

　　　　案：雜言古詩，《全唐詩》卷一六二存，題作〈蜀道難〉。

「出自薊北門行」

　　　　案：五言古詩，《全唐詩》卷一六四存。

「陌上桑」

　　　　案：五言古詩，《全唐詩》卷一六五存。

「紫騮馬」

　　　　案：五言古詩，《全唐詩》卷一六五存。

「獨不見」

　　　　案：五言古詩，《全唐詩》卷一六三存，題作〈塞下曲六首〉，此其四。

「怨歌行」

　　　　案：五言古詩，《全唐詩》卷一六四存。

「惜罇空」

　　　　案：雜言古詩，《全唐詩》卷一六二存，題作〈將進酒〉。

「從駕溫泉宮醉後贈楊山人」

　　　　案：七言古詩，《全唐詩》卷一六八存，題作〈駕去溫泉後贈楊山人〉。

「信安王出塞（並序）　高適」

　　　　案：五言排律，《全唐詩》卷二一四存，題作〈信安王幕府詩並序〉，原卷
　　　　　　詩前有序，依《全唐詩》補。

「上陳左相」

　　　　案：五言排律，《全唐詩》卷二一四存，題作〈古樂府飛龍曲留上陳左相〉。

此爲伯二五六七殘卷末首，僅存首行六句三十字，及次行下截七字。

依上所錄伯二五六七殘卷，總計七十三首（殘者二首），爲李昂三首（殘一首）、王昌齡七首、孟浩然九首、荊冬倩一首、丘爲六首、陶翰一首、常建一首、李白四十三首、高適二首（殘一首）。

二、伯二五五二殘卷

「上陳左相」

案：此爲殘卷第一首，始於「戶牖思攀陟」句，正接伯二五六七殘卷末句「善用子房籌」。

「上李右相」

案：五言古詩，《全唐詩》卷二一四存，題作〈留上李右相〉。

「奉訓李太守丈夏日平陰亭見贈」

案：五言古詩，《全唐詩》卷二一一存，題作〈奉酬北海李太守丈人夏日平陰亭〉。

「宋中即事贈李太守」

案：五言排律，《全唐詩》卷二一四存，題作〈奉酬睢陽李太守〉。

「東平寓奉贈薛太守」

案：五言排律，《全唐詩》卷二一四存，題作〈東平旅遊奉贈薛太守二十四韻〉。

「自武威赴臨洮謁大夫不及因書即事寄河西隴右幕卜諸公」

案：五言古詩，《全唐詩》無，王重民詩題「書」誤作「事」，「寄」誤作「案」，潘重規「書」同誤作「事」。

「同呂員外范司直賀大夫再破黃河九曲之作」

案：五言古詩，《全唐詩》卷二一四存，題作〈同李員外賀哥舒大夫破九曲之作〉。

「餞宋判官之嶺外」

案：五言排律，《全唐詩》卷二一四存，題作〈餞宋八充彭中丞判官之嶺南〉。

「睢陽訓暢判官」

案：五言排律，《全唐詩》卷二一二存，題作〈睢陽酬別暢大判官〉。

「東平留贈狄司戶」

案：五言古詩，《全唐詩》卷二一二存，題作〈東平留贈狄司馬（原註：

曾與田安西充判官))〉。

「同朱五題盧太守義井」

　　案：五言排律，《全唐詩》卷二一四存，題作〈同朱五題盧使君義井〉。

「塞上聽吹笛」

　　案：七言絕句，《全唐詩》卷二一四存，題作〈和王七玉門關聽吹笛（原
　　　　註：一作塞上聞笛)），《全唐詩》詩後又註云：「一作塞上聽吹笛」。

「行路難」

　　案：七言古詩，《全唐詩》卷二一三存，題作〈行路難二首〉，此其一。

「送兵還作」

　　案：五言古詩，《全唐詩》卷二一二存，題作〈薊中（原註：一作送兵還）
　　　　作〉。

「送韋參軍　雜言」

　　案：雜言古詩，《全唐詩》卷二一三存，題作〈別韋參軍〉。

「留別鄭三韋九兼呈洛下諸公」

　　案：七言古詩，《全唐詩》卷二一三存，題作〈留別鄭三韋九兼洛下諸公〉。

「送蔡山人」

　　案：七言古詩，《全唐詩》卷二一三存。

「宋中遇劉書記有別」

　　案：五言古詩，《全唐詩》卷二一二存。

「東平留贈狄司馬」

　　案：重複前〈東平留贈狄司戶〉。

「遇冲和先生」

　　案：五言古詩，《全唐詩》卷二一二存。

「誚李別駕」

　　案：七言古詩，《全唐詩》卷二一三存，題作〈題李別駕壁〉。

「別李四少府」

　　案：七言律詩，《全唐詩》卷二一四存，題作〈東平別前衛縣李宷少府〉。

「別崔少府」

　　案：七言律詩，《全唐詩》卷二一四存。

「邯鄲少年行」

　　案：七言古詩，《全唐詩》卷二一三存。

「三君詠並序」

案：三首，五言律詩，《全唐詩》卷二一二存。

「送馮判官」

　　案：五言律詩，《全唐詩》卷二一四存，題作〈別（原註：一作送）馮判
　　　　官〉。

「塞上」

　　案：五言古詩，《全唐詩》卷二一一存。

「送郭處士往萊蕪兼寄苟山人」

　　案：雜言古詩，《全唐詩》卷二一三存。

「使清夷軍」

　　案：三首，五言律詩，《全唐詩》卷二一四存，題作〈使青夷軍入居庸三
　　　　首〉。

「自薊北歸」

　　案：五言律詩，《全唐詩》卷二一四存。

「古大梁行」

　　案：七言古詩，《全唐詩》卷二一三存。

「同陳留崔司戶早春宴蓬池」

　　案：七言律詩，《全唐詩》卷二一四存。

「宴郭校書因之有別」

　　案：五言古詩，《全唐詩》卷二一四存。

「別韋兵曹」

　　案：五言律詩，《全唐詩》卷二一四存。

「同李司倉早春宴睢陽東亭得花」

　　案：五言律詩，《全唐詩》無。王重民錄此詩，誤作兩絕句，潘重規云：「原
　　　　卷爲一律詩，王補誤分爲絕句二首」〔註9〕，潘說是也。

「廣陵別鄭處士」

　　案：五言律詩，《全唐詩》卷二一四存。

「別董令望」

　　案：二首，七言絕句，《全唐詩》卷二一四存，題作〈別董大二首〉。

「薊門五首」

　　案：五言古詩，《全唐詩》卷二一一存，題作〈薊門行五首〉。

〔註9〕見《全唐詩外編》，頁768。

「贈別晉處士」

案：七言古詩，《全唐詩》卷二一三存，題作〈贈別晉三處士〉。

「送劉評事充朔方判官得征馬嘶」

案：五言律詩，《全唐詩》卷二一四存，題作〈送劉評事充朔方判官賦得征馬嘶〉。

「馴鴿篇並序　　李昂」

案：雜言古詩，《全唐詩》無。

「塞上聽彈胡笳作並序」

案：此爲伯二五五二殘卷末首，僅存殘序六行，缺詩，《全唐詩》卷一二〇存錄李昂詩二首，無此詩。

依上所錄伯二五五二殘卷，高適〈上陳左相〉不計，共五十首（殘一首），唯高適詩重複一首，實僅四十九首，前四十七首爲高適詩，後二首（殘一首）爲李昂詩。

總計伯二五六七、伯二五五二兩殘卷，共存詩一二二首，唯李昂〈塞上聽彈胡笳作并序〉僅存殘序六行，無詩，實僅一二一首其中李昂五首（殘二首，中一首存殘序，實僅四首），王昌齡七首，孟浩然九首，荊冬倩一首，丘爲六首，陶翰一首，常建一首，李白四十三首，高適四十九首，以下論述，皆以此殘卷爲據。

第二節　編選之年代、體例及其選詩情形

此集之原名，今不可考，是以其編選者、原本篇卷、所選詩人數與詩作數，及其命名涵意、編撰目的俱不詳。茲據殘卷略論其編選年代、體例及其選詩情形。

此集編選之年代，羅振玉云：「以卷中避諱諸字考之，尚爲唐中葉寫本〔註10〕。」案殘卷遇「世」字皆缺末筆，當是避太宗諱，「但」字作「佀」，蓋避睿宗諱〔註11〕，又「屯」字多作「乇」，黃永武先生云：

今考屯字，唐人寫本作二畫一楬，以抄本中「逆」、「朔」等字爲例，凡「屮」處多寫成平畫，似避憲宗「純」字諱而習慣於缺筆〔註12〕。

〔註10〕同註1。
〔註11〕見黃永武先生〈敦煌所見李白詩四十三首的價值（下）〉，載《幼獅月刊》，四十七卷一期。
〔註12〕同註11。

以爲殘卷「屯」寫作「屯」，似避憲宗諱，依黃氏此說，似此殘卷寫本，時在憲宗以後。唯考殘卷中王昌齡〈題淨眼師房〉、高適〈遇沖和先生〉二詩皆有「誦」字，案「誦」字爲順宗名，此二處俱未避諱，竊疑此殘卷，蓋寫於順宗（805）以前，是以遇「誦」未避，而「屯」寫作「屯」者，蓋唐人書字習慣，非避憲宗諱也。又案殘卷李昂「塞上聽彈胡笳作并序」，其序有「天寶七載十有一月」云云，而殘卷中所選高適詩，據今人劉開揚《高適詩集編年箋注》，最晚者爲〈同呂員外范司直賀大夫再破黃河九曲之作〉，作於天寶十二載（753）〔註13〕，是此集編選之年代，當不得早過此年。總上所述，此集蓋編於天寶十二載（753）至順宗（805）五十二年間也。

此集之編撰體例，就殘卷觀之，似亦以人敘，每人入選若干首不等。唯殘卷前截（伯二五六七）始於李昂，而後截（伯二五五二）又終於李昂，是李昂詩不在一處，頗不可解〔註14〕。復次，李白〈戰城南〉上有「古樂府」三字，故其卜至〈惜罇空〉二十三首俱爲古樂府，似以人敘之中，或又以體分，唯考諸他人，則未有以體分之傾向。又詩人名氏前後或載詩人官銜，如「皇帝侍文李白」、「王昌齡校書郎」、「陶翰禮部員外郎」皆是，然如丘爲、高適、李昂三人，卻又未載官銜，未知是原本如此，抑殘卷抄寫人略去。再就此殘卷共存詩一二二首，未見分卷之跡，而李白入選四十三首，高適入選四十九首，個人入選數量之多，爲今存十種唐人選唐詩所僅見，似乎此集原本卷帙頗爲可觀。

最後，再據殘卷中所選詩人及詩作，略歸納其選詩情形，以結束本章。

（一）就所選詩人之時代言。九人中除荊多倩不可考，李白、孟浩然未登第外，依徐松《登科記考》，李昂爲開元二年（714）進士，王昌齡、常建爲開元十五年（727）進士，丘爲爲天寶二年（743）進士，陶翰爲開元十八年（730）進士，高適天寶八載（749）舉有道科中第。可知所選詩人大致皆盛唐玄宗時人，其中常建、李白、陶翰、高適、孟浩然、王昌齡諸人亦見選於盛唐時之《河嶽英靈集》，常建、孟浩然、丘爲、荊多倩、王昌齡、高適又見選於盛唐時之《國秀集》。

（二）就詩人入選篇數言。一二二首中，高適之詩入選最多，共四十九首，其次爲李白四十三首，其次爲孟浩然九首，王昌齡七首，丘爲六首，李昂五首，荊多

〔註13〕見劉開揚《高適詩集編年箋注》，頁266，漢京文化事業有限公司印行。又同書頁291，以爲殘卷高適〈廣陵別鄭處士〉爲至德二載（757）之作，唯此爲送別之詩，較難以確定其寫作年代，此處未敢遽信。

〔註14〕王重民以伯二五五二爲前截，伯二五六七爲後截，蓋以伯二五五二卷末有題李昂名，而伯二五六七頭首爲李昂詩故也，唯如此高適詩亦分置前後，不在一處。王說見《全唐詩外編》，頁24。

倩、陶翰、常建各一首。

（三）就所選詩之體裁言。一二二首中，李昂「塞上聽胡笳作并序」僅存殘序，未知此首之體裁，餘以五古最多，達三十一首，其次爲雜言古詩二十七首，其次爲五律二十三首，七古十四首，七絕十一首，五言排律九首，七律四首，五絕二首。以古近體言，古體詩占大多數，以雜、五、七言分，五言詩占多數。

（四）就所選詩之題旨言。一二二首中，以別離類佔多數，共二十七首，其次爲贈答類二十二首，其次爲征戍類十五首，遊覽類九首，婦女類八首，歌舞類六首，懷古類、宴會類、詠物類、豪俠類各五首，客旅類、宮廷類、詠懷類各三首，仙釋類二首，節序類、尋訪類、田家類、時事類各一首，以別離類、贈答類、征戍類爲多。

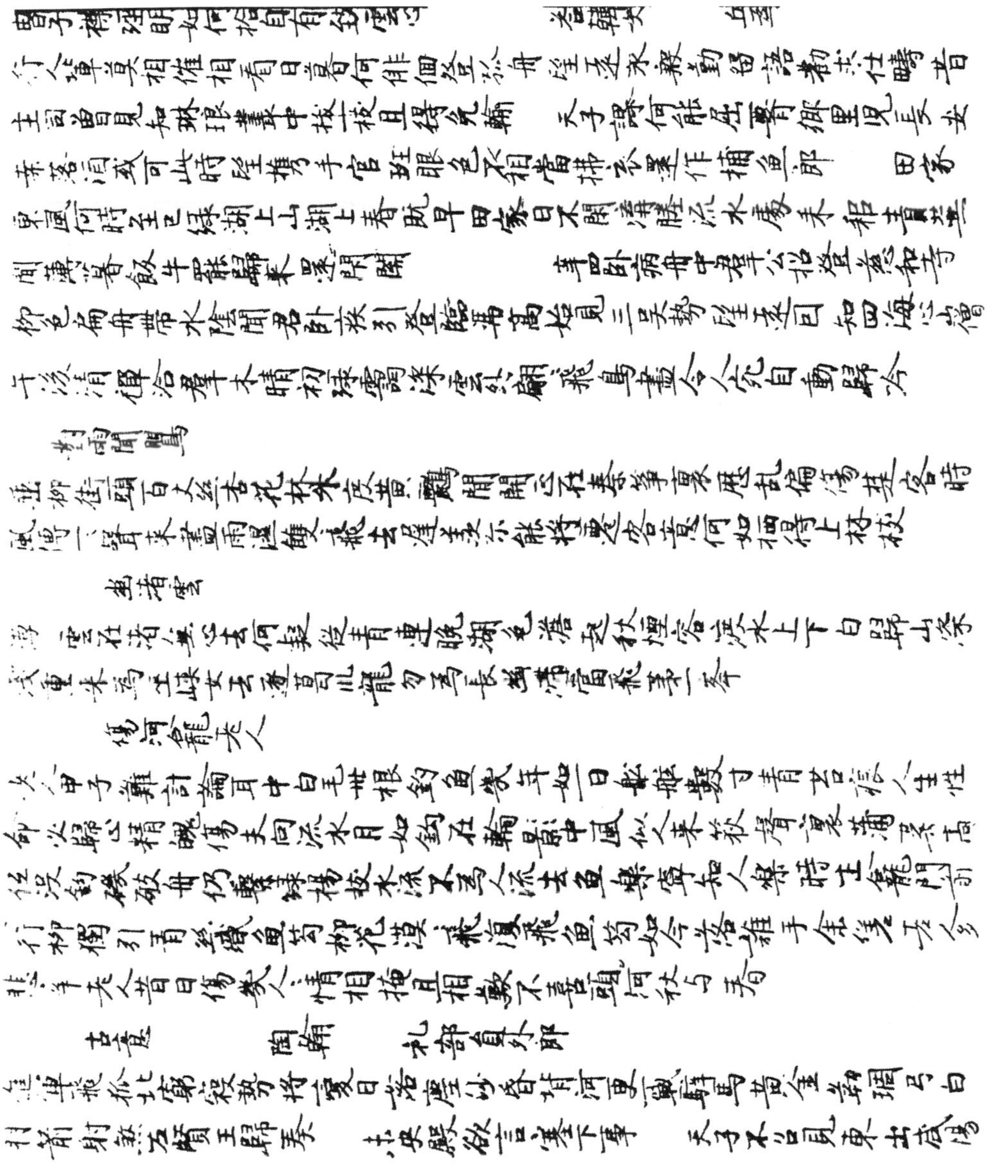

書影六：敦煌本唐人選唐詩殘卷（伯二五六七）

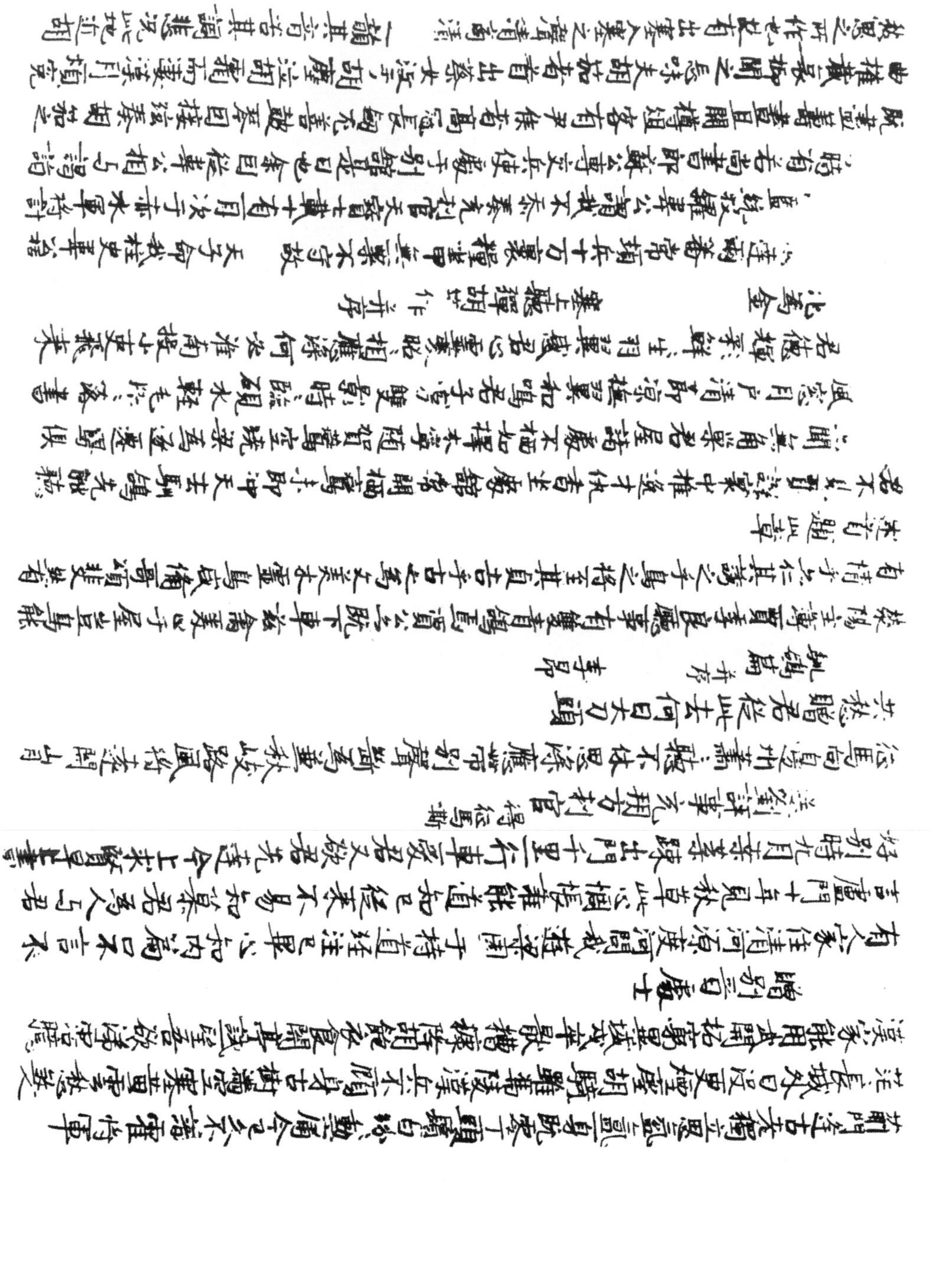

書影七：敦煌本唐人選唐詩殘卷（伯二五五二）

第十二章　結　論

　　在緒論中已言及詩選於中國文學評論研究之重要性，惜爲治中國文學評論者所忽略，即治唐代詩學者，亦少論及唐人選唐詩。究其原因，固由學者尚未十分明瞭詩選之重要性，然唐人選唐詩本身仍有許多糾結、疑點，亦不必諱言。本文即嘗試對今存十種唐人選唐詩之重要問題，加以探討說明，今既俱論於上，茲依前考綜述如下：

　　（一）關於今存十種唐人選唐詩之編選年代。崔融《珠英學士集》編選於武周長安元年（701）至中宗神龍二年（706）五年間，殷璠《河嶽英靈集》編選於玄宗天寶十三載（754），芮挺章《國秀集》編選於肅宗至德二載（757），元結《篋中集》編選於肅宗乾元三年（760），高仲武《中興閒氣集》編選於代宗大曆十四年（779），令狐楚《御覽詩》編選於憲宗元和十二年（817），姚合《極玄集》編選於文宗大和六年（832）至開成四年（839）七年間，韋莊《又玄集》編選於昭宗光化三年（900），不知名之《搜玉集》，日學者伊藤正文以爲約編選於開元十二年（724）左右，而《搜玉小集》蓋縮編於南宋中葉，不知名之《敦煌本唐人選唐詩》，約編選於玄宗天寶十二載（753）至順宗（805）五十二年間。

　　（二）關於今存十種唐人選唐詩之篇卷及編選之數目。今存十種唐人選唐詩之篇卷，或在歷代流傳中，有所闕佚，而後人據存者以意分合，故其篇卷有與原本不同者。其編選之詩人數與詩作數，亦因流傳過程中，天災人禍之剝蝕，而較原本略有殘闕欠損。爲求一目瞭然起見，茲將今本與書志所載原本之篇卷、入選詩人數、詩作數之異同表示於附表一。

　　（三）關於今存十種唐人選唐詩之編撰體例。今存十種唐人編選唐詩，就其組成結構言，可大別爲二類，一爲僅有詩選部分者，一爲除詩選外，每詩人下並有評詩人之小序（或詩人小傳）者。今存十種，除《河嶽英靈集》及《中興閒氣集》並有評詩人之小序，《極玄集》有詩人小傳外，皆僅有詩選部分。就編撰之體例言，亦

可別爲二種，一以人敘，依作者分別列錄詩作；一以類分，依詩題旨分門別類列錄詩作，中除《搜玉小集》外，皆採以人敘之編選方式。在以人敘類中，其詩人之先後，有以官班崇卑爲次者，如《珠英學士集》；有以時代遠近爲次者，如《又玄集》。又每詩人中，詩之前後，亦可別爲二種，一爲漫亂不可得其次序之例者；一爲先古體後近體，先五言後七言，先律詩後絕句之例者，其中除《國秀集》、《中興閒氣集》、《御覽詩》外，多屬漫不可得其次例者。

（四）關於今存十種唐人選唐詩入選詩作之體裁。今存十種唐人選唐詩所選詩作，幾包含各種不同體裁之詩作，有四言古詩、騷體古詩、五言古詩、七言古詩、雜言古詩、五言律詩、五言絕句、七言律詩、七言絕句、五言排律。其中以五言律詩占最多數，其次爲五言古詩，顯示五言在唐詩國度中，最佔優勢，尤其是五言律詩。最少者爲四言古詩及騷體古詩各一首，僅見選於初唐之《珠英學士集》。以古近體言之，則以近體詩較佔優勢。大致盛唐以前及盛唐之選集，如《珠英學士集》、《河嶽英靈集》、《篋中集》所選多以五古爲主體，盛唐以後之選集，如《中興閒氣集》、《御覽詩》、《極玄集》、《又玄集》則多以五律爲主體，其間轉變關鍵在盛唐期，尤其《篋中集》全爲古體，無一近體，而《御覽詩》、《極玄集》則全爲近體，無一古體，二者極端不同。（詳可參閱附表二）

（五）關於今存十種唐人選唐詩入選詩作之主題。今存十種唐人選唐詩入選詩作之主題，以別離、贈答、遊覽、客旅類爲最多，宋嚴羽《滄浪詩話》「詩評」嘗云：「唐人好詩，多是征戍、遷謫、行旅、離別之作，往往能感動激發人意。」范晞文《對床夜語》卷五云：「前輩謂唐人行旅聚散之作，最能感動人意，信非虛語。」大致皆不誤也。（詳可參閱附表三）

（六）關於今存十種唐人選唐詩所選詩人。今存十種唐人選唐詩，成於唐末者僅《又玄集》一種，是以晚唐詩人之入選次數較少，餘初唐、盛唐、中唐之詩人，大致可由諸集之入選次數，觀其人於有唐詩選界之地位。在今存十種唐人選唐詩中，入選次數最多者，爲常建、王維、高適、崔顥、孟浩然、王昌齡、祖詠、李嘉佑等八人，各見選於四種選集（上述八人亦皆見選於五代之《才調集》），其中除李嘉佑爲大曆詩人外，全爲盛唐詩人。其次爲沈佺期、宋之問、李白、陶翰、李頎、崔國輔、崔曙、丘爲、孟雲卿、錢起、戴叔倫、皇甫冉、韓翃、郎士元、劉長卿、皇甫曾、李端、盧綸、司空曙等十九人，各見選於三種選集，其中屬初唐者僅沈佺期、宋之問二人，屬盛唐者有李白、陶翰、李頎、崔國輔、崔曙、丘爲、孟雲卿〔註１〕

〔註１〕孟雲卿見選於《篋中集》與《中興閒氣集》，故亦可列入中唐詩人。

七人，餘錢起、戴叔倫、皇甫冉、韓翃、郎士元、劉長卿、皇甫曾、李端、盧綸、司空曙皆中唐大曆詩人。顯示諸集最喜入選盛唐與大曆之詩人，唯大曆詩人在後代並無很高之評價，可見後人與唐詩選界之眼光、標準頗有差距。（詳可參閱附表四）

　　（七）關於今存十種唐人選唐詩所選詩作。今存十種唐人選唐詩所選詩作，入選次數最多者，為常建〈弔王將軍墓〉及祖詠〈遊蘇氏別業〉，各見選於四種選集。其次為李白〈蜀道難〉、陶翰〈古塞下曲〉、高適〈塞上聞笛〉、崔顥〈古游俠呈軍中諸將〉、〈黃鶴樓〉、錢起〈裴迪書齋翫月之作〉、李嘉佑〈和苗員外秋夜省直〉、戴叔倫〈別友人〉、皇甫冉〈巫山高〉、韓翃〈題薦福寺衡嶽禪師房〉、劉長卿〈送李中丞之襄州〉諸作，各見選於三種選集。案諸選集之選詩標準，或不盡同，而所選詩作竟有完全相同，且多至並見四種選集者，其中奧妙，頗堪玩味。復次，後人多喜品評唐人某體某詩當居第一，某體某詩當為壓卷，如明胡應麟云：

　　　　芮挺章編《國秀集》，以李嶠〈月宇臨丹地〉為第一，王介甫編唐詩
　　以玄宗〈飛蓋入秦中〉為第一，嚴滄浪論七言，以崔顥〈黃鶴樓〉為第一，
　　楊用修編唐絕，以王昌齡〈秦時明月〉為第一，然五言律又有主〈獨有宦
　　遊人〉者，七律又有主〈盧家少婦〉者，絕句又有主〈葡萄美酒〉者，排
　　律又有主王維〈送僧歸日本〉者，俱在甲乙間，學者當自具眼〔註2〕。

何者當居第一，何者當為壓卷，可謂眾說紛紜，莫衷一是，惟就今存十種唐人選唐詩所選詩作觀之，依入選次數之多寡，嚴羽所謂「唐人七言律詩，當以崔顥〈黃鶴樓〉為第一」〔註3〕，實為得之。

　　最後，略述今存唐人選唐詩之價值，以結束本文，茲分五點言之：

　　（一）唐人選唐詩為同一時代人之自選，反映當時人之標準，與後代人所選唐詩，自具有不同之意義。清王士禎〈答秦留仙書〉嘗云：「妄謂後世選唐人詩，較唐人自選，終隔一塵。故又嘗取殷璠、高仲武諸家之選，各加刪定，而益以韋莊《又玄》、姚鉉《文粹》，通為唐選十集。」可見漁洋編纂《十種唐詩選》，蓋即著重此種當代人選當代詩所具有之特殊意義。

　　（二）依其編選時代之不同，可據以研究唐詩之流變。如明胡震亨即嘗據《河嶽英靈集》、《中興閒氣集》、《極玄集》，述其間流變云：

　　　　古唐人自選一代詩，其鑒裁亦往往不同，殷璠酷以聲病為拘，獨取風
　　骨，高渤海歷詆《英華》、《玉臺》、《珠英》三選，並訾璠丹陽之狹于收，

〔註2〕見胡應麟《詩藪》，外編四，唐下，冊二，頁550，廣文書局印行。
〔註3〕見郭紹虞《滄浪詩話校釋》「詩評」，頁180，東昇出版事業公司印行。

似又尚主韻調，姚監因之，頗與高合，大指並較殷爲殊詳。諸家每出新撰，未有不矯前撰爲之說者，然亦非其好爲異若此。詩自蕭氏選後，豔藻日富，律體因開，非尚重風骨裁甄，將何淨滌餘疵，肇成一代雅體。逮乎肄習既壹，多迤甄賤，自復華碩謝旺，閒婉代興，不得不移風骨之賞于情致，衡韻調爲去取，此《閒氣》與《極玄》眠《英靈》所載，各一選法，雖體氣劢兩，大難相追，亦時運爲之，非高姚兩氏過也。觀當日詭異寖盛，晚調將作，二集都未有收，于通變之中，先型仍復不失，則猶斤斤稟殷氏律令，其相矯實用相救爾〔註4〕。

胡氏謂殷璠「酷以聲病爲拘」，雖略有小誤，然璠集多取古體，崇尙風骨則是事實。其論《英靈集》至《閒氣集》、《極玄集》反映唐詩風氣之轉移，所見極爲精到。

　　（三）個別言之，可據以研究一時詩壇之流派。今存十種唐人編選唐詩，屬於盛唐期所編選者有殷璠《河嶽英靈集》、芮挺章《國秀集》、元結《篋中集》三種，而此三種之編選旨趣及取向頗有不同，日學者中澤希男依此三集論詩主張之不同，以爲盛唐詩壇大致可別爲三個流派，一爲延長初唐詩風之藻飾派，芮挺章《國秀集》屬之；一爲與藻飾派極端相反之尙古派，元結《篋中集》屬之；一爲以尙古派爲基調之折衷派，殷璠《河嶽英靈集》屬之（大曆末高仲武之《中興閒氣集》屬以藻飾派爲基調之折衷派）〔註5〕。此種分法，雖未必盡得盛唐詩壇之實，唯此種現象，仍值得注意。

　　（四）今存十種唐人編選唐詩中，《河嶽英靈集》與《中興閒氣集》除選詩外，並有評詩人之小序，尤爲研究盛唐詩壇、大曆詩壇之第一手資料。宋人嚴羽嘗論唐詩分期，分爲唐初體、盛唐體、大曆體、元和體、晚唐體五種〔註6〕，日學者中澤希男以爲，其盛唐體之區劃即依《河嶽英靈集》，大曆體之區劃即依《中興閒氣集》，而後來四唐說者，即將《河嶽英靈集》所選詩人，列爲盛唐詩人，《中興閒氣集》所選詩人，則列爲中唐詩人〔註7〕。案嚴羽《滄浪詩話》嘗提及《英靈集》、《閒氣集》〔註8〕，而元楊士弘〈唐音序〉亦嘗有「及觀諸家選本，載盛唐詩者，獨《河嶽英靈集》」云云，則中澤氏之推測，蓋非虛言也。又元辛文房《唐才子傳》，後人研究

〔註4〕見胡震亨《唐音癸籤》卷三十一，頁267，世界書局印行，文中標點，筆者略有變更。
〔註5〕見中澤希男〈國秀集考〉、〈中興閒氣集考〉，前者載日本《中國學會報》第三集，頁85～91；後者載《前橋群馬大學紀要》，第十一卷，頁1～17。
〔註6〕見郭紹虞《滄浪詩話校釋》「詩體」，頁48。
〔註7〕見中澤希男〈中興閒氣集考〉。
〔註8〕嚴羽《滄浪詩話》「考證」云：「王荊公百家詩選，蓋本於唐人《英靈》、《閒氣集》。」，見《滄浪詩話校釋》「考證」，頁227。

唐詩者，頗援引其評詩人之語，唯多不知辛氏於盛唐詩人、大曆詩人之評語，實多擷取於《英靈集》、《閒氣集》也。

（五）可供輯佚及校勘考據之資料。唐代詩人極多，唯大部份沈淪下僚，名位不顯，是以其人詩作，留傳至後代，有不少名篇佳句散佚亡失，甚者隻字無存，而今存十種唐人選唐詩，一則可使本集亡佚之詩人，仍留若干遺篇散句，供後人品味；一則於本集仍傳之詩人，則可供作校勘考據之資料。夫本集不存可供為輯佚之資者，如《全唐詩》卷一五八存賀蘭進明詩七首，卷二五三存閻防詩五首，蓋皆輯自《河嶽英靈集》；又如《全唐詩》卷二〇三，存趙良器詩二首，黃麟詩一首，郭向詩一首，郭良詩二首，王喬詩一首，徐九皐詩五首，閻寬詩五首，李收詩二首，程彌綸詩一首，屈同仙詩二首，豆盧復詩二首，荊冬倩詩一首，梁洽詩一首，鄭紹詩一首，朱斌詩一首，梁德裕詩二首，常非月詩一首，張良璞詩一首，孫欣詩一首，土羨門詩一首，芮挺章詩二首，樓穎詩五首，皆輯自《國秀集》。此外，見於《全唐詩》而實輯自唐人選唐詩者，多不勝舉。又晚近發現之《珠英集》殘卷及《敦煌本唐人選唐詩》殘卷，其中所選錄詩，頗有不見於《全唐詩》者，王重民嘗據以輯入《補全唐詩》，皆此類也。就本集存者之詩人言，如李白、王維、高適、王昌齡、孟浩然等，後人據唐人選唐詩以為校勘考據之資者，固已多矣，茲引黃永武先生據《敦煌本唐人選唐詩》李白「胡無人」以校本集，概言其於考據校勘之價值，黃氏云：

> 本詩的結尾，本來到「胡無人，漢道昌」已經收結，但在《文苑英華》及郭茂倩《樂府詩集》收錄本詩時，又多了「陛下之壽三千霜，但歌大風雲飛揚，安得猛士守四方，胡無人，漢道昌」五句，宋代的蘇轍已指出「陛下」等三句為「不達理」，元人蕭士贇刻李白集，就刪去了這幾句，他說：「詩至漢道昌，一篇之意已足，『陛下之壽三千霜，但歌大風雲飛揚，安用猛士兮守四方』，一本無此三句者是也。……今遂刪去。後人具正法眼藏者，必蒙賞音。」（原註：《分類補註李太白詩》卷三）蕭氏所見的「一本無此三句」，正與敦煌本同。只要據敦煌本，不必具什麼「正法眼藏」，就可以證實蕭氏的說法是正確的〔註9〕。

〔註 9〕見黃永武先生〈敦煌所見李白詩四十三首的價值（下）〉，載《幼獅月刊》第四十七卷一期。

附表一　今存十種唐人選唐詩與原本篇卷、入選詩人數、詩作數異同表

說明：

（一）表中十種唐人選唐詩之次序，依本論文敘述之次，「珠」為珠英學士集，「英」為《河嶽英靈集》，「篋」為《篋中集》，「閒」為《中興閒氣集》，「御」為《御覽詩》，「極」為《極玄集》，「又」為《又玄集》，「搜」為《搜玉小集》，「敦」為《敦煌本唐人選唐詩》。

（二）表中第二欄，「原」表原本，「殘」表今存殘卷，「今」表今傳本。

（三）《珠英學士集》殘卷今存十一人，包括一不知名氏者。

（四）《搜玉小集》據前考，蓋縮編自十卷之《搜玉集》，《搜玉集》所選詩人數及詩作數俱不可考，表所列為縮編之《搜玉小集》。

	珠		英		國		篋		閒		御		極		又		搜		敦	
	原	殘	原	今	原	今	原	今	原	今	原	今	原	今	原	今	原	今	原	殘
篇卷	五		二	三	三	三	一	一	二	二	一	一	一	二	三	三	一	一	不詳	
入選詩人數	47	11	35	24	90	85	7	7	26	26	30	30	21	21	150	145	37	34	不詳	9
入選詩作數	276	53	275	228	220	218	24	24	140	132	310	286	100	99	300	299	63	61	不詳	122

附表二　今存十種唐人選唐詩入選詩作體裁表

說明：

（一）如附表一之說明（一）。

（二）詩總數有與原本目錄所載不合者，依今傳集中實存數，《珠英集》殘卷原存五十三首，《敦煌本唐人選唐詩》殘卷原存一二二首，惟二殘卷皆各有一首殘闕，故《珠英集》總數此作五十二，《敦煌本唐人選唐詩》作一二一，與表一所列不同。

（三）此表僅供參考，所列數字非確不可易，蓋其中五古、五律、五排等頗不易別，本表或有誤屬者，唯其出入當不大。

		珠	英	國	篋	閒	御	極	又	搜	敦	
古體	四古	1										1
	騷古	1										1
	五古	37	132	41	24	26			21	16	31	328
	七古	1	19	1		2			7	6	14	50
	雜古	1	25	3					9	5	27	70
	小計	41	176	45	24	28	0	0	37	27	72	450
近體	五律	7	28	115		85	110	85	118	26	23	597
	五絕	1	6	19		1	57	8	9	3	2	106
	七律	1	4	9		8	12		96	2	4	136
	七絕	2	14	30		6	107	3	34	3	11	210
	五排					4		3	5		9	21
	小計	11	52	173	0	104	286	99	262	34	49	1070
	總　計	52	228	218	24	132	286	99	299	61	121	1520

附表三　今存十種唐人選唐詩入選詩作題旨表

說明：

（一）如附表一之說明（一）。「才」為韋縠《才調集》。

（二）此表除《珠英集》、《敦煌本唐人選唐詩》為筆者所統計外，餘皆據日學者小川昭一〈關於唐人選唐詩〉（載於《斯文》二十八期）一文第一表之統計。五代韋縠《才調集》，原不在本論文敘述範圍內，以小川氏嘗加統計，茲亦存之。小川氏所據本與河洛圖書出版社印行之《唐人選唐詩》十種同。

（三）題旨類別依小川氏原表，分為二十類。

（四）小川氏原表所載《河嶽英靈集》總數為二二九，唯據筆者所計實僅二二八首，不知小川多出之一首為何，茲仍其舊。又《珠英集》殘卷原存詩五十三首，《敦煌本唐人選唐詩》殘卷原存詩一二二首，唯《珠英集》殘卷一首僅殘存八字，《敦煌本唐人選唐詩》　首僅存殘序，茲並不計入。

（五）此表僅供參考而已，小川氏文中已謂此表擁有相當主觀之缺點，而項目限定為此二十類亦非必然，尤於實際分類，如客旅和遊覽、贈答和尋訪、懷古和征戍等皆難確切分別。故各研究者每人之分類及其所計皆將略有不同。《極玄集》一項，本論文第八章依吳彩娥之分類及統計，惟其分類及統計結果，與小川氏此表微有不同，此處依小川氏之統計。

		珠	英	國	篋	閒	御	極	又	搜	敦	才
一	節序	2	2	8	1	2	19	4	5	2	1	70
二	遊覽	7	31	29	2	14	15	17	36	5	9	52
三	客旅	5	19	32	1	11	43	7	28	7	3	105
四	別離	6	19	26	4	43	45	30	39		27	72
五	贈答	4	37	21	5	16	18	15	41	3	22	63
六	尋訪		6	5		7		7	10		1	4
七	仙釋		5		1	2	5		4	1	2	19
八	征戍	3	5	15	1	5	24		4	10	15	22

												計
九	懷古	2	16	10		2	5	4	15	5	5	57
十	宴會	4	2	8		3			2	1	5	8
十一	客廷					2	15	3	3		3	9
十二	婦女	10	16	22			37		31	16	8	269
十三	詠懷	7	35	6	7	10	6	1	22	3	3	69
十四	悼亡		5	13	2	4		4	13	1		15
十五	田家		5	2					2		1	4
十六	時事	1	3	2		1	6		5	1	1	13
十七	圖畫		2	1		2			1			4
十八	詠物	1	5	13		7	36	4	27	5	5	94
十九	豪俠		10	4			5	3	7	1	5	22
二十	歌舞		6	1		1	7		4		6	30
計		52	229	218	24	132	286	99	299	61	121	1001

附表四　今存十種唐人選唐詩所選詩人詩作表

說明

（一）同附表三之說明（一）。

（二）詩人、詩作之次依集次及集內詩人、詩作次，詩人欄下之數字爲該集入選該人之詩數，詩數與原本目錄不符者，俱依實存數。《才調集》欄之詩數，爲《才調集》入選其人之總詩數，唯其未見前十集所選之詩人、詩作之題，不一一列出。

（三）詩作之題，依本表所列集次，以出現於第一集者爲據，如《珠英集》所選沈佺期〈古意（「盧家少婦鬱金堂」章）〉，亦見選於《才調集》，題作〈古意呈喬補闕知之〉，題略不同，而《珠英集》次序在前，故依《珠英集》之題。

（四）同人同題數首之作，若此詩未見選於他集，則僅列題一次，而於其下註明首數，同人同題而不在一處者，略於詩題下註出其詩首句，以資辨明。

	珠	英	國	篋	間	御	極	又	搜	敦	才	備　　註
胡　皓	7											《搜玉小集》作胡鵠，僅存名，無詩。
春悲行	∨											
滁洲逢故人	∨											
感春	∨											
奉使□府	∨											
夜行黃花川	∨											
奉天田明府席餞別	∨											
答徐四蕭關別醉後見投	∨											
喬　備	4											
雜詩	∨											
出塞	∨											
秋夜巫山	∨											
長門怨	∨											

詩題							備註
元希聲	2						
贈皇甫侍御赴都	v						
宴盧十四南園得園韻	v						
房元陽	2						
送薛大入洛	v						
秋夜彈碁鼓琴歌	v						
楊齊哲	2						
秋夜讌徐四山亭	v						
曉過古延各關	v						
不知撰者	v						
帝京篇	v						
沈佺期	10	5			4	2	
駕幸香山寺應制	v						
古鏡	v						
□鏡	v						全唐詩作「覽鏡」。
辛丑歲十月上幸長安時雲鄉從在西岳作	v						
古離別	v						
古意（盧家少婦鬱金堂）	v				v	v	
古意（八月涼風動高閣）	v						
邙山	v						
長門怨	v						
鳳笙曲	v						
三日侍宴梨園		v					
酬蘇員外夏晚寓直省中見贈		v					
壽陽王花燭		v					
宿七盤嶺		v					
遙同杜五過庾嶺		v					
春閨					v	v	
夜遊					v		
翦彩					v		

李　　適	3									
汾陰后土祠作	∨									
答宋之問入崖口五渡	∨									
送友人向括州	∨									
崔　　湜	9					4				
責躬詩	∨									
登摠持寺浮圖	∨									
暮秋書懷	∨									《搜玉小集》作魏徵詩，題「暮秋言懷」
雜詩	∨									
九龍潭作	∨									
酬杜麟臺春思	∨					∨				
同李員外春怨	∨									
班婕妤	∨									
塞垣行	∨					∨				
奉和御製白鹿觀						∨				
大漠行						∨				
劉知幾	3									
次河神廟虞參軍船先發余阻風不進寒夜旅泊	∨									
讀漢書作	∨									
詠史	∨									
王無競	7									
詠漢武帝	∨									
別潤州李司馬	∨									
駕幸長安奉使先往檢察	∨									
滅胡	∨									
君子有所思行	∨									
銅爵妓	∨									
鳳臺曲	∨									

馬吉甫	3										
秋晴過李三山池	∨										
秋夜懷友	∨										
同獨孤九秋閨	∨										
常　建	14	1				2		1	1		
弔王將軍墓	∨	∨				∨		∨	∨		
夢太白西峰	∨										
昭君墓	∨										
江上琴興	∨										
宿王昌齡隱處	∨										
送李十一尉臨溪	∨										
閑齋臥疾行藥至山館稍次湖亭作	∨										
題破山寺後禪院	∨					∨					
鄂渚招王昌齡張債	∨										
春詞二首	∨										
古意張公子	∨										
仙谷遇毛女意知是秦時宮人	∨										
晦日馬鐙曲稍次中流作	∨										
李　白	13					3		43	28		
戰城南	∨							∨			
遠別離	∨										
蜀道難	∨					∨		∨			
行路難	∨										
夢遊天姥山別東魯諸公	∨										
憶舊遊寄譙邵元參軍	∨										
詠懷	∨										
酬東都小吏攜斗酒雙魚見贈	∨							∨			

答俗人問	✓							✓	
古意（白酒初熟山中歸）	✓								
將進酒	✓							✓	
野田黃雀行	✓								
烏栖曲	✓							✓	
長相思（美人在時花滿堂）						✓			
金陵西樓月下吟						✓			
古意（朝入天苑中）								✓	
贈趙四								✓	
江上之山藏秋作								✓	
送族弟琯赴安西作								✓	
梁園醉歌								✓	
送程劉二侍御及獨孤判官赴安西								✓	
元丹丘歌								✓	
瀑布水								✓	
宮中三章（小小生金屋）								✓	✓	
又（盧橘為秦樹）								✓	✓	
又（柳色黃金暖）								✓	✓	
陰盤驛送賀監歸越								✓	
黃鶴樓送孟浩然下惟揚								✓	
初下荊門								✓	
千里思								✓	
月下對影獨酌								✓	
白鼻騧								✓	
烏夜啼								✓	✓	
行行遊獵篇歌								✓	
臨江王節士								✓	
長相思（長相思，在長安）								✓	

古有所思								✓		
胡無人								✓		
陽春歌								✓		
白紵詞三首								✓		
飛龍引二首								✓		
前有樽酒行二首								✓		
出自薊北門行								✓		
陌上桑								✓		
紫騮馬								✓	✓	
獨不見								✓		
怨歌行								✓		
從駕溫泉宮醉後贈楊山人								✓		
王　維	15	7			3	4			2	
西施篇	✓									
偶然作	✓									
贈劉藍田	✓									
入山寄城中故人	✓	✓								
淇上別趙仙舟	✓	✓								
春閨	✓									
寄崔鄭二山人	✓									
息夫人怨	✓	✓								
婕妤怨	✓									
漁山神女瓊智祠　迎神	✓									
又　送神	✓									
隴頭吟	✓								✓	
少年行	✓									
初出濟州別城中故人	✓									
送綦毋潛落第還鄉	✓									
途中口號		✓								
成文學		✓								

	1	2	3	4	5	6	7	8	9	10
扶南曲		✓								
送般四葬		✓								
送晃監歸日本					✓	✓				
送丘爲					✓					
觀獵					✓	✓				
終南山						✓				
勅借岐王九成宮避暑						✓				
劉眘虛	11									
海上詩送薛文學歸海東	✓									
送東林廉上人還盧山	✓									
送韓平兼寄郭微	✓									
寄閻防	✓									
暮秋楊子江寄孟浩然	✓									
寄江滔求孟六遺文	✓									
潯陽陶氏別業	✓									
登盧山峰頂寺	✓									
尋東溪還湖上作	✓									
越中問海客	✓									
江南曲	✓									
張　謂	6							1		
讀後漢逸人傳二首	✓									
同孫搆免官後登薊樓	✓									
贈喬林	✓									
湖中對酒作	✓									
題長安主人壁	✓									
王季友	6	2								
雜詩	✓									
代賀枝令譽贈沈千運	✓									
觀于舍人壁畫山水	✓									
滑中贈崔高士瓘	✓									

題目									備註
山中贈十四秘書山兄	v		v						《英靈集》錄此首較《篋中集》所錄末多六句
酬李十六岐	v								
別李季友			v						
陶　翰	11					1	1	2	
古塞下曲	v					v	v	v	
燕歌行	v								
贈鄭員外	v								
望太華贈盧司倉	v								
晚出伊闕寄河南裴丞	v								
贈房侍御	v								
經殺子谷	v								
乘潮至漁浦作	v								
宿天竺寺	v								
早過臨淮	v								
出蕭關懷古	v								
新安江林								v	《閒氣集》作章八元，題「新安江行」
李　頎	14	4				1		1	
謁張果老先生	v								
送暨道士還玉清觀	v								
東郊寄萬楚	v								
登首陽山謁夷齊廟	v								
題綦毋潛書所居	v								
漁夫歌	v					v			
古意	v								
送康洽入京進樂府詩	v								
送陳章甫	v								
聽董大彈胡笳聲兼語弄寄房給事	v								
緩歌行	v								

鮫人歌	✓							
送盧逸人	✓							
野老曝背	✓							
望秦川		✓						
塞下曲		✓						
遇劉五		✓						
白花原		✓						
高　適	13	1				1	49	2
哭單父梁九少府	✓							
宋中遇陳兼	✓							
宋中（梁苑白日暮）	✓							
九日酬顧少府	✓						✓	
見薛大臂鷹作	✓							
酬岑主簿秋夜見贈	✓							
送韋參軍	✓						✓	
封丘作	✓						✓	
邯鄲少年行	✓						✓	
燕歌行	✓					✓		
行路難（君不見富家翁）	✓							
塞上聞笛	✓	✓					✓	
營州歌	✓							
信安王出塞並序							✓	
上陳左相							✓	
上李右相							✓	
奉酬李太守丈夏日平陰亭見贈							✓	
未中即事贈李太守							✓	
東平寓奉贈薛太守							✓	
自武威赴臨洮謁大夫不及因書即事寄河西隴右幕下諸公							✓	

										✓	
同呂員外范司直賀大夫再破黃河九曲之作										✓	
餞宋判官之嶺外										✓	
睢陽酬暢判官										✓	
東平留贈狄司戶										✓	
同朱五題盧太守義井										✓	
行路難（長安少長不少錢）										✓	
送兵還作										✓	
留別鄭三韋九兼呈洛下諸公										✓	
送蔡山人										✓	
宋中遇劉書記有別										✓	
遇冲和先生										✓	
酬李別駕										✓	
別李四少府										✓	
別崔少府										✓	
三君詠並序（三首）										✓	
送馮判官										✓	
塞上										✓	
送郭處士往萊蕪兼寄苟山人										✓	
使清夷軍（三首）										✓	
自薊北歸										✓	
古大梁行										✓	
同陳留崔司戶早春宴蓬池										✓	
宴郭校書因之有別										✓	
別韋兵曹										✓	
同李司倉早春宴睢陽東亭得花										✓	
廣陵別鄭處士										✓	
別董令望（二首）										✓	

詩題									
薊門五首						✓			
贈別晉處士						✓			
送劉評事充朔方判官得征馬嘶						✓			
岑　參	7				1	4			
終南雙峰草堂作	✓								
終南雲際精舍尋法澄上人不遇歸高冠東潭石淙秦嶺微雨作貽友人	✓				✓				
戲題關門	✓								
觀釣翁	✓								
戎葵花歌	✓								
偃師東與韓樽同訪景雲暉上人即事	✓								
春夢	✓								
崔　顥	11	7			2	1		1	
贈王威古	✓								
古遊俠呈軍中諸將	✓	✓			✓				
送單于裴都護	✓								
江南曲	✓								
贈懷一上人	✓								
定襄陽郡獄	✓	✓							
遼西	✓								
孟門行	✓								
霍將軍篇	✓								
雁門胡人歌	✓								
黃鶴樓	✓	✓			✓			✓	
贈輕車		✓							
岐王席觀妓		✓							
題沈隱侯八詠樓		✓							
贈梁州張都督		✓							
古意						✓			

薛　據	10									
古興	∨									
初去郡齋書情	∨									
落第後口號	∨									
題丹陽陶司馬廳	∨									
冬夜寓居寄儲太祝	∨									
懷哉行	∨									
泊震澤口	∨									
西陵口觀海	∨									
登秦望山	∨									
出青門往南山下別業	∨									
綦毋潛	6					1				
春泛若耶	∨					∨				
題招隱寺絢公房	∨									
題鶴林寺	∨									
題靈隱寺山頂院	∨									
送儲十二還莊城	∨									
若耶溪逢孔九	∨									
孟浩然	6	7				1		9	2	《國秀集》一首見崔國輔下。
過景空寺故融公蘭若	∨									
過上人蘭若	∨									
裴司戶員司士見答	∨									
九日懷襄陽	∨									
歸故園作	∨									
夜歸鹿門歌	∨									
夏日宴衛明府宅遇北使		∨								
題榮二山池		∨								
江上思歸		∨								
過陳大水亭		∨								北首後有「渡浙江」，《英靈集》作崔國輔

詩題								備註
長樂宮		∨						
渡楊子江		∨						
送張舍人往江東					∨			
夜泊廬江聞故人在東林寺以詩寄之							∨	
寄是正字							∨	
與張折衝遊耆闍寺							∨	
梅道士水亭							∨	
與黃侍御北津泛舟							∨	
姚開府山池							∨	
洞庭湖作							∨	
奉和盧明府九日峴山宴馬二使君崔員外張郎中							∨	
寒食臥疾喜李少府見尋							∨	
崔國輔	13	6			2		6	
雜詩	∨				∨		∨	
石頭瀨作	∨							
魏宮詞	∨						∨	
怨詞	∨				∨		∨	
少年行	∨	∨					∨	
長信草	∨							
香風詞	∨							
對酒吟	∨						∨	
漂母岸	∨							
湖南曲	∨							
秦中感興寄遠上人	∨							此首與下二首似當爲孟浩然詩。
夜渡湘江	∨							
渡浙江問舟中人	∨							此首《國秀集》列爲孟浩然作
杭州北郭戴氏荷池送侯愉		∨						

宿法華寺		v								
送韓十四被魯王推遞往濟南府		v								
古意		v								
渭水西別李崟		v								
儲光羲	12									
雜詩二章	v									
效古二章	v									
猛虎詞	v									
射雉詞	v									
採蓮詞	v									
牧童詞	v									
田家事	v									
寄孫山人	v									
酬綦毋校書夢遊耶溪見贈之作	v									
使過彈箏峽作	v									
王昌齡	16	5			1		7	3		
詠史	v									
觀江淮名山圖	v									
香積寺禮拜萬迴平等二聖僧塔	v									
齋心	v									
緱氏尉沈興宋置酒南溪留贈	v									
江上聞笛	v									
東京府縣諸公與綦毋潛李頎相送至白馬寺宿	v									
趙十四見尋	v	v								
少年行	v									
聽人流水調子	v									
長歌行	v									

城傍曲（秋風鳴桑條）	✓								✓	
塞下曲（飲馬度秋水）	✓	✓								
長信宮	✓						✓		✓	
鄭縣陶大公館贈馮六元二	✓									
從軍行	✓									
塞下曲（蟬鳴空桑林）		✓								
從軍古意		✓								
古意		✓								
城旁曲（降奚能騎射）									✓	
送單十三晃五歸江夏									✓	
巴陵送李十二									✓	
送康浦之京									✓	
長信怨									✓	
題淨眼師房									✓	
賀蘭進明	7									
古意二章	✓									
行路難五首	✓									
崔　曙	6	5					1			
宿大通和尚塔敬贈如闍梨廣心長孫錡二山人	✓									
穎陽東溪懷古	✓									
途中晚發	✓									
送薛據之宋州	✓									
早發交崖山還太室作	✓									
登水門樓見亡友張眞期題望黃河作因以感興	✓	✓								
奉試明堂火珠		✓					✓			
對雨送鄭陵		✓								
九日登望仙臺仍呈		✓								
嵩山尋馮鍊師不遇		✓								

王　灣	8	1							
晚春詣蘇州敬贈武員外	✓								
哭補闕亡友綦毋學士	✓								
晚夏馬嵬卿叔池亭即事寄京都一二知己	✓								
奉使登終南山	✓								
奉同賀監林月清酌	✓								
江南意	✓	✓							
觀插箏	✓								
閏月七日織女	✓								
祖　詠	6	2			5	1		1	
古意二首	✓								
遊蘇氏別業	✓	✓			✓	✓			
清明宴司勳劉郎中別業	✓								
宿陳留李少府廳作	✓								
終南望餘雪作	✓								
望薊門		✓							
留別盧象					✓				
蘭峰贈張九皋					✓				
夕次圃田店					✓				
題韓少府水亭					✓				
盧　象	7	2							
家叔徵君東溪草堂二首	✓								
送綦毋潛	✓								
送祖詠	✓								
贈程秘書	✓								
贈張均員外	✓								
追涼歷下古城西北偶此地有清泉喬木	✓								
駕幸溫泉		✓							
贈廣川馬先生		✓							

李　嶷	5	2								
林園秋夜作	v									
淮南秋夜呈同僚	v									
少年行三首（十八羽林郎）	v									
其二（侍獵長楊下）	v									
其三（玉劍膝邊橫）	v	v								
讀前漢外戚傳		v								
閻　防	5									
晚秋石門禮拜	v									
宿岸道人精舍	v									
夕次鹿門山作	v									
百丈溪新理茅茨讀書	v									
與永樂諸公泛黃河作	v									
李　嶠		4						2		
侍宴甘泉殿		v								
餞薛大夫護邊		v								
送崔主簿赴滄州		v								
送司馬先生		v								
太平公主山亭侍宴應制								v		
汾陰行								v		
宋之問		6					1	4		
同姚給事寓直省中見贈		v								
九日登慈恩寺浮圖應制		v								
題大庾嶺（陽月南飛雁）		v								
登揔持寺閣		v								
端州驛見杜審言王無競沈佺期閻朝隱壁有題慨然成詠		v								
登逍遙樓		v								
題梧州司馬山齋							v			
溫泉莊臥疾寄楊七炯								v		

桂陽三日述懷								✓			
明河篇								✓			
度大庾嶺（度嶺方辭國）								✓			
杜審言		5						1			
春日江津遊望		✓									
秋夜宴臨津鄭明府宅		✓									
夏日過鄭七山齋		✓									
九日宴江陰		✓									
贈蘇綰書記		✓									
贈蘇管記								✓			
張　說		5									
魏齊王元忠		✓									
蘇許公瓌		✓									
李趙公嶠		✓									
郭代公元振		✓									
趙耿公彥昭		✓									
徐安貞		6						1			
奉和聖制答二相出雀鼠谷		✓									
從駕溫泉宮		✓									
畫殿侍宴		✓									
送王判官		✓									
送呂向補闕西岳勒碑		✓									
送丹陽採訪		✓									
催粧								✓			《搜玉小集》列徐璧作，與安貞似是一人
張敬忠		1									
邊詞		✓									
賀知章		2								1	
使人之軍人		✓									
遇遊主人園		✓									

		1					4			
徐彥伯		1					4			
孤燭歎		ˇ					ˇ			
胡無人行							ˇ			
送公主和戎							ˇ			
春閨							ˇ			
王　翰		2								《搜玉小集》目錄：「王翰一首」，詩今佚。
涼州詞二首		ˇ								
董思恭		1								
奉試昭君		ˇ								
杜　儼		1								
客中作		ˇ								
崔　滌		1								
望韓公堆		ˇ								
沈　宇		1								
武陽送別		ˇ								
劉希夷		3					3			
覽鏡		ˇ								
晚春		ˇ								
歸山		ˇ								
將軍行							ˇ			
擣衣篇							ˇ			
代白頭吟							ˇ			
張九齡		3				1				
奉酬宋大使鼎		ˇ								
奉和五司馬折梅寄京中兄弟		ˇ								
春燕寄懷		ˇ								
望月懷遠						ˇ				
席　豫		2								
蒲津迎駕		ˇ								
奉和勅贈公主鏡		ˇ								

李邕		1								
詠雲		v								
盧僎		13								
十月梅花書贈		v								
稍秋曉坐閣遇舟東下揚州即事寄上族父江陽令		v								
初出京邑有懷舊林		v								
上幸皇太子新院應制		v								
奉和李令扈從溫泉宮賜遊驪山韋侍郎別業		v								
送蘇八給事出牧徐州相國請出同芳韻		v								
季冬送戶部郎中使黔府選補		v								
讓帝挽歌詞（二首）		v								
題殿前桂葉		v								
歲晚還京臺望城闕成口號先贈交親		v								
南樓望		v								
臨川送別		v								
張鼎		1								
江南遇雨		v								
孫逖		6								
送趙大夫護邊		v								
張丞相燕公挽歌詞二首		v								
送張環攝御史監南選		v								
春日留別		v								
途中口號		v								
趙良器		2								
三月三日曲江賜宴		v								
鄭國夫人挽歌詞		v								

詩人／詩作									備註
黃麟	1								
郡中客舍	✓								
郭向	1								
途中口號	✓								
郭良	2								
題李將軍山亭	✓								
旱行	✓								
蔣洌	2								
南溪別業	✓								
古意	✓								
劉庭琦	2								《國秀集》卷中目錄作「劉廷錡」
從軍	✓								
詠木槿樹題武進文明府廳	✓								
干喬	1								
過故人舊宅	✓								
張諤	5				3	1			
東封山下宴群臣	✓								
岐王美人	✓				✓				
贈吏部孫員外濟	✓								
岐王山亭	✓								
九日宴	✓								
三日岐土宅					✓				
滿月					✓				
鄭審	1								
酒席賦得匏瓢	✓								
薛奇童	3								
擬古	✓								
和李起居秋夜之作	✓								
吳聲子夜歌	✓								

徐九皋		5									
關山月		✓									
戰城南		✓									
詠史		✓									
途中覽鏡		✓									
送部四鎮人往單于知故		✓									
閻　寬		5									
松滋江北阻風		✓									
曉入宜都渚		✓									
古意		✓									
春宵覽月		✓									
秋懷		✓									
康定之		1									《全唐詩》作康庭之。
詠月		✓									
萬齊融		2									
贈別江		✓									
送陳七還廣陵		✓									
樓　穎		5									
伊水門		✓									
東郊納涼憶左威衛李錄事收昆季太原崔參軍三首並序		✓									
西施石		✓									
王泠然		1					2	1			
淮南寄舍弟		✓									
題河邊枯柳							✓	✓			
夜光篇							✓				
李　收		2									
和中書侍郎院壁畫雲		✓									
幽情		✓									

賀　朝		3					1			
宿香山閣		v								
贈酒店胡妃		v								
孤興		v								
從軍行							v			
楊重玄		1								
正朝上左相張燕公		v								
程彌綸		1								
懷魯		v								
丁仙芝		1								
京中守歲		v								
范　朝		2								
寧王山池		v								
題古甕寺		v								
徐　晶		3					2			
贈溫駙馬汝陽王		v								
蔡起居山亭		v								
送友人尉蜀中		v								
同蔡孚五亭詠							v			
阮公體							v			
梁　鍠		2		10				1		
觀美人臥		v		v						
贈李中華		v								
天長節				v						
崔駙馬宅賦詠畫山水扇				v						
觀王美人海圖障子				v						
聞百舌鳥				v						
猗氐子				v						
長門怨				v						
名姝詠				v						
豔女詞				v						
戲贈歌者				v						

作者／詩題										備註
屈同仙		2					1			《搜玉小集》作屈同。
燕歌行		✓					✓			
烏江女		✓								
豆盧復		2								
昌年公之作		✓								
落第歸鄉留別長安主人		✓								
丘　為		2				1		6		
山行尋隱者不遇		✓				✓				
題農廬舍		✓						✓		
答韓丈								✓		
辛四臥病舟中群公招登慈和寺								✓		
對雨聞鶯								✓		
幽渚雲								✓		
傷河龜老人								✓		
荊冬倩		1						1		
奉試詠青		✓						✓		
張子容		2								
除夜宿樂城逢孟浩然		✓								
永嘉作		✓								
褚朝陽		2								
登少室山寺		✓								
奉上徐中書		✓								
梁　洽		1								
觀漢水		✓								
蘇　綰		1								
奉和姚令駕幸溫湯喜雪應制		✓								
嚴　維		3			4				1	
贈別東陽客		✓								
遊灞陵山		✓								

入唐溪			∨							
送薛尙書入朝							∨			
題一公院新泉							∨			
哭靈一上人							∨			
自雲陽歸晚泊陸澧宅							∨			
朱　斌		1								
登樓			∨					∨		
楊　諫		1								
長孫十一東山春夜見贈			∨							
王　諲		2								
閨情			∨							
夜日看掦箏			∨							
觀燈								∨		
張萬頃		2								
東溪待蘇戶曹不至			∨							
登天目山下作			∨							
梁德裕		2								
感寓（二首）			∨							
沈　頌		2								
旅次灞亭			∨							
春旦歌			∨							
芮挺章		2								
江南弄			∨							
少年行			∨							
包　融		2								
和崔會稽詠王兵曹廳前湧泉勢成中字			∨							
賦得岸花臨水發			∨							
常非月		1								
詠談容娘			∨							

張良璞			1								
覽史			v								
樊　晃			1								
南中感懷			v								
王之渙			3								
涼州詞（二首）			v								
宴詞			v								
薛維翰			1								
怨歌			v								
孫　欣			1								
奉試冷井詩			v								
萬　楚			3								
題江潮莊壁			v								
茱萸女			v								
詠簾			v								
王羨門			1								
都中閑居			v								
于季子			1								
南行別第			v								
鄭　紹			1								《國秀集》目錄「呂令問一首」、「敬拾二首」、「韋承慶一首」今詩俱佚。
遊越溪			v								
沈千運				4							
感懷弟妹				v							
贈史修文				v							
濮中言懷				v							
山中作				v							
于　逖				2							
野外行				v							
憶兄弟				v							

			5	4			1			
孟雲卿										
古樂府挽歌			v							
今別離			v							
悲哉行			v							
古別離			v							
傷懷贈故人			v							
鄞城懷古				v						
傷情				v						
傷時（徘徊宋郊上）				v		v				
同前（大空流素月）				v						
張　彪			4							
雜詩			v							
神仙			v							
北遊還酬孟雲卿			v							
古別離			v							
趙微明			3							
回軍跛者			v							
挽歌詩			v							
思歸			v							
元季川			4							
泉上雨後作			v							
登雲中			v							
山中曉興			v							
古遠行			v							
錢　起				12		8	3		1	
奉送劉相公催轉運				v						
裴迪書齋翫月之作				v		v	v			
廣德初見鑾駕出關後愁望之作				v						
太子李舍人城中別業與文士逃暑				v						

書名											備註
咏白油帽送客					✓						
東皋早春寄郎四校書					✓						
闕下贈裴舍人					✓					✓	
過溫逸人舊居					✓						
送彈琴李長史赴洪州					✓	✓					
宿畢侍御宅					✓		✓				
靜夜酬通上人問疾					✓						
山中寄時校書					✓						
送僧歸日東						✓					
送僧自吳遊蜀						✓					
送張管書記						✓					
送征雁						✓					
寄郎士元						✓					
宿洞口觀						✓	✓				
張眾父					3		1				《又玄集》作張眾甫。
寄興園池鶴上劉相公					✓						
送李觀之宣州謁袁中丞賦得三洲渡					✓						
送李直使吳					✓		✓				
于良史					2		2				
冬日野望					✓		✓				
閒居					✓						
春山月夜							✓				
鄭　丹					2						
玄宗至道大聖大明皇帝挽歌					✓						
肅宗挽歌					✓						
李希仲					3						
東皇太一祠					✓						
薊北行二首					✓						

詩人／詩題											備註
李嘉佑				8	2	1	3		4		
發溼浦望山作初晴直省賚勑催赴江陰				✓							
送王牧吉州謁使君叔				✓			✓		✓		
潤州王別駕宅送蔣九侍御收兵歸揚州				✓							
奉陪韋潤州遊鶴林寺				✓							
仲夏江陰官舍寄裴明府				✓							
送韋員外端公宣慰勸農畢赴洪州				✓							
登楚城驛路十里村竹林次交映				✓							
和苗員外秋夜省直				✓		✓	✓				
鄱陽暮秋					✓						
漢口春					✓						
章八元				1			2				
新安江行				✓			✓				才調集列陶翰詩，題作「新安江林」
望慈恩寺浮圖							✓				
戴叔倫				6	7	2			4		
吳明府自遠而來留宿				✓	✓						
除夜宿石頭驛				✓	✓						
客夜與故人偶集				✓	✓						
送友人東歸				✓	✓						
別友人				✓	✓	✓					
廣陵送趙主簿自蜀歸				✓	✓						
贈李山人					✓						
送謝夷甫宰鄮縣						✓					
皇甫冉				13	16	8	2				
送王相公赴幽州				✓							
題裴固新園				✓		✓					
酬袁補闕中天寺見寄				✓							

酬崔侍御期蘇道士不至		✓		✓						
巫山高		✓	✓	✓						
和袁郎中破賊後經剡中山水			✓							
送元晟還於潛山所居			✓	✓						
獨孤中丞筵陪錢韋使君赴昇州			✓							
同杜相公對山僧作			✓							
送林員外往江南			✓							
送李錄事赴饒州			✓							
秋日東郊作			✓		✓					
少室韋鍊師昇仙歌			✓							
江上留別				✓						
長安路				✓						
送客（旗鼓軍威重）				✓						
溫湯即事				✓						
送節度赴朔方				✓						
歸渡洛水				✓						
賦得海邊樹				✓						
婕妤怨				✓						
雨雪				✓						
送客（西塞雲山遠）				✓						
班婕妤				✓						
秋怨				✓						
贈別				✓						
禁省梨花詠				✓						
春思				✓						
送韓司直				✓						
宿嚴維宅				✓						
途中送權曙二兄				✓						
西陵寄一公				✓						
九日寄鄭愕				✓						

杜　誦					1			1				
哭長孫侍御					v			v				
朱　灣					7			2				
秋夜燕王郎中宅賦得露中菊					v			v				
奉使設宴戲擲龍籌					v							
詠雙陸頭子					v							
詠壁上酒瓢呈蕭明府					v							
詠玉					v							案：當作「詠三」。
送陳偃賦得白鳥翔翠微					v			v				
題段上人院壁畫古松					v							
韓　翃					7	4	3			1		
送辰州李中丞					v							
題薦福寺衡嶽禪師房					v	v	v					
奉送王相公赴幽州					v							
題蘇許公林亭					v							
送孫革及第後歸江南					v	v						
題僧房					v							
送太常元博士歸潤州					v							
少年行						v						
羽林騎						v	v					
送故人歸魯						v						
蘇　渙					3							
變律格詩（三首）					v							
郎士元					12	8	1					
送楊中丞和蕃					v	v						
送奚賈歸吳					v	v						
別鄭礒					v	v						
送長沙韋明府之縣					v	v						
送洪州李別駕之任					v							

送裴補闕入河東幕				✓						
春日宴張舍人宅				✓						
送陸員外赴潮州				✓						
送王桀流雷州				✓						
題劉相公三湘圖				✓						
送孫侍郎往容府宣慰				✓						
塞下曲				✓						
送彭將軍						✓	✓			
送孫顗						✓				
贈張南史						✓				
宿杜判官江樓						✓				
崔　峒				9		2			2	
春日憶姚氏外甥				✓						
題崇福寺禪師院				✓					✓	
江上書懷				✓		✓			✓	
送薛良友往越州謁從叔				✓						
送眞上人還蘭若				✓						
送丘二十二歸蘇州				✓						
初拜命後酬丘二十二見贈				✓						
題桐廬李明府官舍				✓		✓				
清江曲內一絕				✓						
張　繼				3						
送判官往陳留				✓						
感懷				✓						
夜泊松江				✓						
劉長卿				9	7	2			6	
題崔公庭竹				✓						
送朱山人越州賊退歸山陰別業				✓						
謫居于越亭作				✓						

陪鄭中丞林園宴					✓						
送張繼司直適越					✓						
送駱三少府西山應制					✓						
送李中丞之襄州					✓	✓	✓				
題鄭山人幽居					✓						
送郎士元					✓						
過張明府別業						✓					
餘干旅舍						✓	✓				
送鄭十二歸廬山						✓					
長沙桓王墓下書事別張南史						✓					
登思禪寺上方						✓					
過隱公故房						✓					
李季蘭					6		2		9		《才調集》作「李治」，治字季蘭。
湖上臥病喜陸鴻漸至					✓						
寄校書七兄					✓		✓				
寄朱放					✓				✓		
送韓揆之江西					✓		✓				
道意寄崔侍郎					✓						
賦得三峽流泉歌					✓				✓		
寶參					3						
閑居湖上					✓						
登潛山觀					✓						
遷謫江表久未歸					✓						
靈一					4	4					《文苑英華》引《又玄集》靈一「寄張舍人」，今本《又玄集》佚此詩。
酬皇甫冉赴無錫於雲門寺贈詩別					✓						
宿靈洞觀					✓						
靜林寺即武帝隱所有鐘磬皆古物時時有聲					✓						

雨後欲尋天目山問元駱二公溪路絕句			✓						
酬皇甫冉西陵見寄					✓				
溪行即事					✓				
重還宜豐寺					✓				
棲霞山夜坐					✓				
姚 倫			2		1		1		
感秋林			✓		✓		✓		
過章秀才客舍			✓						
皇甫曾			5		3	1			
送雲門邕上人			✓						
送林中丞還京			✓		✓				
贈別筌公			✓						
送杜中丞還京			✓			✓			
早朝日寄所知			✓						
尋劉處士					✓				
哭陸處士					✓				
鄭 常			3		1		1		四部叢刊本《閒氣集》缺鄭常詩。
寄邢逸人			✓		✓		✓		
謫居漢陽至白沙阻雨因題驛亭			✓						
送頭陀上人自廬山往東溪蘭若			✓						
劉 灣			4						
出塞曲			✓						
虹縣嚴孝子墓			✓						
李陵別蘇武			✓						
雲南曲			✓						
張南史			3						
送朱文北遊			✓						
陸勝宅秋雨中探韻同作			✓						
送司空十四遊宋州			✓						

劉方平						13	2		2	
秋夜思						∨				
泛舟						∨	∨		∨	
折楊枝						∨				
班婕妤						∨				
新春						∨				
採蓮						∨				
京兆眉						∨				
春雪						∨				
望大石						∨				
送別						∨				
夜月						∨				
春怨						∨	∨		∨	
代春怨						∨				
劉　復						4				
春遊曲						∨				
春雨						∨				
雜曲						∨				
夏日						∨				
鄭　錫						10	1			
邯鄲少年行						∨	∨			
隴頭別						∨				
度關山						∨				
千里思						∨				
襄陽樂						∨				
出塞						∨				
玉階怨						∨				
送客之江西						∨				
望月						∨				
出塞曲						∨				

柳中庸						9						
秋怨						∨						
春思贈人						∨						
幽院早春						∨						
寒食戲贈						∨						
聽箏						∨						
河陽橋送別						∨						
征怨						∨						
涼州曲（二首）						∨						
李　端						8	4	2			3	
山下泉						∨						
關山月						∨						
巫山高						∨					∨	
送客赴洪州						∨						
江上逢司空曙						∨						
與鄭錫遊春						∨						
送友人						∨						
閨情						∨						
贈苗員外							∨					
茂陵山行陪韋工部							∨					
雲際中峰							∨					
蕪城懷古							∨				∨	
秋日								∨				《極玄集》，《才調集》選此詩作耿湋詩。
送人往荊州								∨				
盧　綸						32	4	3			7	
皇帝感詞（四首）						∨						
邊思						∨						
送都護歸邊						∨						
送道士						∨						

送劉判官赴天德軍					✓					
七夕					✓					
東齋花樹					✓					
塞下曲（六首）					✓					
天長久詞（三首）					✓					
贈李果毅					✓					
春夜對月					✓					
長安春望					✓	✓				
宮中樂（二首）					✓					
春日有懷					✓					
駙馬花燭（二首）					✓					
曲江看花					✓					
春日登樓					✓					
曲江春望（三首）					✓					
領嶺南故人書						✓	✓			
題興善寺後池						✓				
山下古木						✓				
送李端						✓	✓			
李　何					1					
觀妓					✓					
張　起					1					
春情					✓					
鄭　鎚					4					
邯鄲俠少年					✓					
玉階怨					✓					
婕妤怨					✓					
入塞曲					✓					
司空曙					5	8	3		3	
翫花					✓					
別盧綸					✓					

登秦嶺					✓						
江湖秋思					✓						
登峴亭					✓						
耿湋就宿因傷故人						✓					
經廢寶慶寺						✓					
春日野望寄錢員外						✓					
喜外弟盧綸見宿						✓					
送王閏						✓					
新蟬						✓					
望水						✓					
哭麴象						✓					
謝李端見贈							✓				
寄胡居士							✓				
送麴山人往衡山							✓				
于　鵠					3	2				5	
送客遊邊					✓	✓				✓	
江南意					✓	✓				✓	
寓意					✓						
顧　況					10	2				11	
白蘋洲送客					✓						
洛陽早春					✓						
送張衛尉					✓						
佳人贈別					✓	✓					
憶故園					✓						
題葉道士山房					✓	✓					
送李秀才入京					✓						
越中席上看弄老人					✓						
聽劉安唱歌					✓						
櫻桃曲					✓						

						6	3			1	
韋應物						6	3			1	
詠露珠						∨					
登樓						∨					
答王卿送別						∨					
登樓寄王卿						∨					
西澗						∨	∨			∨	
寒食寄諸弟						∨					
訪李廓不遇							∨				
送宮人入道							∨				
紇于著						4					
賞殘花						∨					
灞上						∨					
古仙詞						∨					
感春詞						∨					
楊凌						17	1				
梅里旅夕						∨					
鍾陵雪夜酬友人						∨					
潤州水樓						∨					
江上秋月						∨					
閣前雙槿						∨					
送客往睦州						∨					
送客之蜀						∨					
剡溪看花						∨					
江中風						∨					
詠破扇						∨					
賈客愁						∨					
即事寄人						∨					
早春雪中						∨					
北行留別						∨					
秋原晚望						∨					
春霽花萼樓南聞宮鶯						∨					
明妃曲							∨				

楊　凝					29					
送別（罇酒郵亭暮）					∨					
送客東歸					∨					
送客歸湖南					∨					
送客歸淮南					∨					
春情					∨					
秋夜聽擣衣					∨					
從軍行					∨					
和直禁省					∨					
留別					∨					
送客往洞庭					∨					
別友人					∨					
初渡淮北岸					∨					
詠雨					∨					
柳絮					∨					
花枕					∨					
送客往鄜州					∨					
送客往夏州					∨					
春霽曉望					∨					
唐昌觀玉蕊花					∨					
別李協					∨					
初次巴陵					∨					
上巳					∨					
春怨					∨					
送客歸常州					∨					
送別（春愁不盡別愁來）					∨					
送客入蜀					∨					
送別（仙花笑盡石門中）					∨					
殘花					∨					
戲贈友人					∨					

											備註
李宣遠					1	1		1			
塞下作					✓	✓		✓			
盧　殷					14						
七夕					✓						
金燈					✓						
妾換馬					✓						
欲銷雲					✓						
仲夏寄江南					✓						
月夜					✓						
遇邊使					✓						
移住別居					✓						
珊口逢友人					✓						
雨霽登北岸寄友人					✓						
長安親故					✓						
悲秋					✓						
晚蟬					✓						
維揚郡西亭贈友人					✓						
姚　係					1						
古別離					✓						
馬　逢					5						
新樂府					✓						
部落曲					✓						
從軍					✓						
宮詞（二首）					✓						
劉　阜					4	1					
邊城柳					✓						
旅次朔方					✓						
長門怨（蟬鬢慵梳倚帳門）					✓						
又（雨滴長門秋夜長）					✓	✓					《又玄集》卷下重出此詩，列爲「女郎劉媛」之作，字句小異。

李　益						36		3			1	
送客歸振武						∨						
賦得垣上衣						∨						
觀迴軍三韻						∨						
題太原落漠驛西堠						∨						
金吾子						∨						
鷓鴣詞						∨						
立秋前一日覽鏡						∨						
代人乞花						∨						
宿青山石樓						∨						
上洛橋						∨						
揚州懷古						∨						
水宿聞雁						∨						
揚州早雁						∨						
下樓						∨						
過五原胡兒飲馬泉						∨		∨				
臨潔沱見入蕃使列名						∨						
過降戶至統漢峰						∨						
避暑女冠						∨						
題宮苑花						∨						
送客歸幽州						∨						
拂雲堆						∨						
暮過迴樂峰						∨						
夜宴觀石將軍舞						∨						
揚州萬里送客						∨						
春夜聞笛						∨						
度破訥沙						∨						
上隋堤						∨						
舟行						∨						
隋宮燕						∨						

						v				
送人歸岳陽						v				
古瑟怨						v				
詠牡丹贈從兄正封						v				
邊思						v	v			
蜀川聽鶯						v				
暖川						v				
逢歸信偶寄						v				
江南詞							v			
李　愿						2				
觀翟玉妓						v				
思婦						v				
張　籍						1	2		7	
送蜀客						v			v	
離亭							v			
寄同志							v			
霍　總						6				
塞下曲						v				
關山月						v				
驄馬						v				
雉朝飛						v				
採蓮女						v				
木芙蓉						v				
楊　憑						18				
長安春夜宿開元觀						v				
晚泊江戍						v				
巴江雨夜						v				
邊塞行						v				
樂遊園望月						v				
千葉桃花						v				
春中泛舟						v				

雨中怨秋						ˇ				
秋日獨遊曲江						ˇ				
寄別						ˇ				
邊情						ˇ				
早發湘中						ˇ				
海榴						ˇ				
春情						ˇ				
送客往荊州						ˇ				
贈馬鍊師						ˇ				
湘江泛舟						ˇ				
送別						ˇ				
楊巨源						14				
胡姬詞						ˇ				
春日有贈						ˇ				
襄陽樂						ˇ				
關山月						ˇ				
長城聞笛						ˇ				
宮燕詞						ˇ				
賦得灞岸柳送客						ˇ				
贈崔駙馬						ˇ				
臨水看花						ˇ				
折楊柳						ˇ				
觀妓人入道（二首）						ˇ				
觀李憑彈箜篌（二首）						ˇ				
耿湋						8			2	《才調集》作「耿緯」。
贈嚴維					ˇ					
贈朗公					ˇ					
早朝					ˇ					
秋日					ˇ			ˇ		《又玄集》選此詩，列爲李端作。

						✓				
書情逢故人						✓				
沙上雁						✓				
贈張將軍						✓				
酬暢當						✓				
暢　當						3				
宿潭上（二首）						✓				
別盧綸						✓				
朱　放						2			2	《才調集》作朱倣，當是一人。
送張山人歸						✓				
送著公歸越						✓				
法　振						2	1			
送人遊閩越						✓				
疾愈寄友						✓				
送韓侍御自使幕巡海北							✓			
皎　然						4	1		2	
微雨						✓				
題廢寺						✓				
賦得啼猿送客						✓				
思歸示故人						✓				
酬崔侍御見贈							✓		✓	
清　江						2	2		1	
長安臥疾						✓	✓			
宿嚴維宅簡章八元						✓				
贈淮西賈兵馬使							✓		✓	
杜　甫							7			
西郊							✓			
春望							✓			
禹廟							✓			
山寺							✓			

遣興					✓				
送韓十四東歸覲省					✓				
南鄰					✓				
韓　琮					4		6		
春愁					✓		✓		
公子行					✓		✓		
駱谷晚望					✓		✓		
暮春送客					✓		✓		
李　賀					3		1		
雁門太守行					✓				
劍子歌					✓				
杜家唐兒歌					✓				
李　華					1		1		
長門怨					✓		✓		
任　華					2				
雜言寄李白					✓				
雜言寄杜拾遺					✓				
陳　羽					2		2		
長安喜雪					✓				
宴楊駙馬山亭得峯字					✓				
章孝標					2				
歸海上舊居					✓				
長安秋夜					✓				
楊虞卿					1				
過小妓英英墓					✓				
孟　郊					1		1		
歲暮歸南山					✓				
冷朝陽					1				
晚次渭上					✓				

蘇廣文							3			
白商山宿陶令隱居							✓			
夜歸華川因寄幕府							✓			
春日過田明府買焦山入							✓			
買焦山入							✓			
杜　牧							5		33	
秦淮							✓		✓	
宣州開元寺							✓		✓	
詠柳							✓		✓	
哭處州李員外							✓			
寄張祜							✓			
溫庭筠							5		61	
春日將欲東游寄苗紳							✓		✓	
早春渼水送友人							✓			
河中陪節度遊河亭							✓			
贈隱者							✓			
過陳琳墓							✓			
武元衡							5		2	
孔雀							✓			
同諸公送柳侍御裴起居							✓			
荊師							✓		✓	
崔巡使還本府							✓			
送張諫議赴闕							✓		✓	
賈　島							5		7	
送安南惟鑒法師							✓			
題杜司戶亭子							✓			
題李凝幽居							✓			
哭柏岩和尚							✓			
哭孟郊							✓			

姚　合								5		7	
山居								∨			
寄王度								∨		∨	
武功縣居（三首）								∨			
張　佑								2		6	《才調集》作「張祜」是也。
觀魏博何相公獵								∨			
上牛相公								∨		∨	
元　積								2		57	
連昌宮詞								∨			
望雲騅馬詩並序								∨			
王　縉								2			
遊悟眞寺								∨			
送孫秀才								∨			
韓　愈								2			
貶官潮州出關作								∨			
贈賈島								∨			
劉禹錫								3		17	
寄樂天								∨		∨	
和送鶴								∨		∨	
鸚鵡								∨		∨	
白居易								2		27	
答夢得								∨			
送鶴上裴相公								∨		∨	
李　遠								5		2	
贈寫御容李長史								∨		∨	
失鶴								∨		∨	
送友人入蜀								∨			
聽語叢臺								∨			
見道明上人逝卻寄友人								∨			

李　廓							3		16	
夏日途							∨			
落第							∨		∨	
憶錢塘							∨			
盧中丞							1			
送李先輩赴職鄭州因獻							∨			
趙　嘏							2		11	
寄歸							∨		∨	
長安晚秋							∨		∨	
李　郢							3		1	
贈羽林將軍							∨		∨	
上裴晉公							∨			
故洛陽城							∨			
韋　蟾							2			
送盧潘尚書之□武							∨			
贈商山東于嶺僧							∨			
李商隱							4		40	
碧城							∨		∨	
對雪							∨			
玉山							∨			
飲席代官妓贈兩從事							∨		∨	
姚　鵠							2			
玉眞觀尋趙尊師不遇							∨			
送程秀才下第歸蜀							∨			
李群玉							3		2	
同楊傑秀才遊玉芝觀							∨			
將欲南行陪崔八宴海榴亭							∨			
感舊							∨			
薛　能							2		10	
謝淮南劉相公寄天柱茶							∨			
漢南春望							∨			

曹　鄴							3		2	
老圃堂							v			
杏園即事上同年							v			
送人歸南海							v			
李德裕							2		1	
故人寄茶							v			《才調集》選此首，作曹鄴詩。
謫嶺南道中作							v			
裴　度							1		1	
中書即事							v		v	
李　紳							3			
欲至西陵岸寄王行周							v			
遙知元九送王行周遊越							v			
江南暮雪寄家							v			
王　鐸							1			
罷都統守鎮滑州作							v			
李　頻							3		6	
湖口送友人							v		v	
過四皓廟							v			
陝下懷歸							v			
曹　唐							2		24	
病馬（綠耳何年別渥洼）							v		v	
又（隴上沙蔥葉正齊）							v		v	
薛　逢							2		2	
漢武宮詞							v		v	
開元後樂							v		v	
劉德仁							3		1	
哭丁侍郎							v			
悲老宮人							v		v	
宿宣義里池亭							v			

于武陵							3		9	
聽歌							v			
感懷							v		v	
長信宮							v		v	
武瓘							2			
勸酒							v			
感事							v			
施肩吾							2		6	
夜宴曲							v		v	
上禮部侍郎							v			
馬戴							3			
夕次淮口							v			
夕發邠中路卻寄舒從事							v			
楚江懷古							v			
雍陶							2		1	
送友人罷舉歸東海							v			
鷺鷥							v		v	
崔珏							3		7	
岳陽樓晚望							v			
哭李商隱（二首）							v			
李涉							3		16	
京口送客之淮南							v		v	
題鶴林寺僧房							v			
晚泊潤州聞角							v		v	
許渾							3		20	
放猿							v		v	
過李郎中舊居							v			
故洛陽城							v			
方干							3			
寄李頻							v			
寄普州賈司倉							v			
送相里燭							v			

								2				
李昌符								2				
塞上行								✓				
秋晚歸故居								✓				
戎　昱								2		4		
冬夜懷歸								✓				
聞笛								✓		✓		
于　濆								3		3		
古宴曲								✓		✓		
思歸引								✓		✓		
辛苦吟								✓		✓		
羅　隱								3		17		
牡丹								✓				
聞大駕巡幸								✓		✓		
杏花								✓		✓		
鄭　谷								2		11		
題杭州樟亭驛閣								✓		✓		
京師冬暮詠懷								✓		✓		
李　洞								3		6		
終南山二十韻								✓		✓		
送僧遊南海								✓				
上崇賢曹郎中								✓				
高　蟾								2		2		
下第後獻高侍郎								✓		✓		
金陵晚眺								✓		✓		
杜荀鶴								2		8		
春宮怨								✓		✓		
訪道者不遇								✓				
崔　塗								3		7		
蜀城春望								✓				
春夕旅夢								✓		✓		
過繡嶺宮								✓				

唐彥謙							2		17	
長陵							v			
蒲津河亭							v			
羅鄴							3		9	
下第書呈友人							v		v	
牡丹							v		v	
入關							v			
紀唐夫							1		1	
贈溫庭筠							v		v	
張喬							2		5	
游終南山白鶴觀							v		v	
送友人歸宜春							v		v	
徐振							2			
雷塘							v			
古意							v			
陳上美							1		1	
咸陽懷古							v		v	
許棠							1			
過洞庭湖							v			
僧無可							2		2	
金州夏晚陪姚員外游							v		v	
夏日送田中丞赴蔡州							v		v	
棲白							2		2	
哭劉德仁							v		v	
八月十五夜月							v		v	
法照							1		1	
寄錢郎中							v		v	
護國							1		1	
許州趙使君孩子晬日							v		v	

											備註
太　易							2		2		
贈司空拾遺							v		v		
宿天杜觀							v		v		
惟　審							1		1		
賦得聞曉鶯啼							v		v		
滄　浩							1		1		
留別嘉興知己							v		v		
女道士元淳							2		2		
寄洛中諸娣							v				
寓言							v				
張夫人							2		2		
拜新月							v		v		
拾得韋氏鈿子因以詩寄							v		v		
崔仲容							2		2		
贈所思							v		v		
戲贈							v				
鮑君徽							2		1		
閒宵對月茶宴							v				
惜花吟							v		v		
趙　氏							1		2		
雜言寄杜羔							v		v		
張窈窕							1		2		
寄故人							v		v		
常　浩							1		2		
贈盧夫人							v		v		
蔣　蘊							1		2		
贈鄭女郎古意							v		v		《才調集》將此詩分爲二首。
劉　媛							1		1		
長門怨							v		v		此首《御覽詩》作「劉卓」詩，《又玄集》卷上亦列爲劉卓之作。

廉　氏						1		2		
峽中即事						∨				
張　琰						1		2		
春詞						∨		∨		《才調集》將此詩分作二首。
崔公達						1		1		《才調集》作「崔公逵」。
獨夜詞						∨		∨		
宋若昭						1				
和御製麟德殿宴百僚						∨				
宋若茵						1				
和御製麟德殿宴百僚						∨				
田　娥						1				
寄遠						∨				
薛　陶						2		3		《才調集》作「薛濤」。
罰赴邊有懷上韋相公						∨				
犬離主						∨				
劉　雲						1		2		
有所思						∨		∨		
葛鵶兒						1		1		《才調集》作「葛鵶兒」。
懷良人						∨		∨		
張文姬						2		2		
溪口雲						∨		∨		
沙上鷺						∨		∨		
程長文						1		3		
書情上使君						∨		∨		
魚玄機						1		9		
臨江樹						∨		∨		
韓　休							1			
奉和御製平胡							∨			

裴　漼								1			
奉和御製平胡								∨			
鄭　愔								3			
塞外								∨			
春怨								∨			
秋閨								∨			
楊　炯								1			
紫騮								∨			
盧照鄰								1			
王昭君								∨			
東方虬								1			
王昭君								∨			
郭元振								1			
王昭君								∨			
駱賓王								1			
晚度天山有懷京邑								∨			
劉允濟								1			
怨情								∨			
喬知之								2			
秋閨								∨			
長信宮樹								∨			
張　汯								1			
怨辭								∨			
許景先								1			
折柳篇								∨			
劉幽求								1			
書懷								∨			
魏　徵								2			
述懷								∨			
暮秋言懷								∨			《珠英學士集》作崔湜詩。

陳子昂								1		
白帝懷古								∨		
王　勃								1		
九日升高								∨		
蘇味道								1		
觀燈								∨		
余延壽								1		
人日翦彩								∨		
崔　融								3		
西征軍行遇風								∨		
韋長史挽歌								∨		
詠寶劍								∨		《搜玉小集》目錄:「李澄之一首」,詩今佚。
李　昂								5	1	
賦戚夫人楚舞歌								∨	∨	
題雍丘崔明府丹竈								∨		
睢陽送韋參軍還汾上此公元昆任睢陽參軍								∨		
馴鴿篇並序								∨		
塞上聽彈胡笳作並序								∨		僅存殘序。

參考書目

（一）唐人選唐詩之版本

1 ：唐崔融編，《珠英學士集》（敦煌殘卷），伯三七七一、斯二七一七，國立中央圖書館藏微卷。

2 ：唐殷璠編，《河嶽英靈集》，四部叢刊影明嘉靖刊本，台灣商務印書館。

3 ：同上，《河嶽英靈集》，明刊白口九行本〈明萬曆刊本〉，國立中央圖書館藏。

4 ：唐芮挺章編，《國秀集》，四部叢刊影明嘉靖刊本，台灣商務印書館。

5 ：同上，《國秀集》，明新安汪宗尼校刊本，國立中央圖書館藏。

6 ：唐高仲武編，《中興閒氣集》，四部叢刊影明嘉靖刊本，台灣商務印書館。

7 ：同上，《中興閒氣集》，清光緒十九年武進費氏影南宋刊本，中研院史語所傅斯年圖書館藏。

8 ：編者不詳，《敦煌本唐人選唐詩》（敦煌殘卷）伯二五六七、伯二五五二，國立中央圖書館藏微卷。

9 ：蜀韋縠編，《才調集》，四部叢刊影宋本，台灣商務印書館。

10：同上，《才調集》，明萬曆四十六年吳興沈春澤刊本，國立中央圖書館藏。

11：同上，《才調集》，清二馮評點鈔本，同上。

12：明毛晉編，《唐人選唐詩》（八種），崇禎元年毛氏汲古閣刊本，大通書局。

13：唐元結等選，《唐人選唐詩》（十種），河洛圖書出版社。

14：清王士禎編，《十種唐詩選》，廣文書局。

15：清紀昀編，《刪正二馮評閱才調集》，鏡煙堂十種之三，中研院史語所傅斯年圖書館藏。

（二）有關唐人選唐詩之著作

1 ：孫望，〈篋中集作者事輯〉，《金陵學報》一、二期合刊。

2 ：王叔武，〈中興閒氣集篇目校補〉，《中央日報》三十六年十月二十七日九版。

3 ：阮廷瑜，〈中興閒氣集作者渤海高仲武非高適〉，《大陸雜誌》二十五卷九期。

4 ：楊承祖，〈敦煌唐寫本唐人選唐詩校記〉（伯二五六七），《南洋大學學報》創刊號。

5 ：李師豐楙，〈唐人編選唐詩及意義（上、下）〉，《青年戰士報》六十四年十二月十五日、十二月二十九日。

6 ：黃永武，〈敦煌所見王昌齡詩七首的價值〉，《中外文學》六卷八期。

7 ：同上，〈敦煌所見李白詩四十三首的價值（上、下）〉，《幼獅月刊》四十六卷六期、四十七卷一期。

8 ：同上，〈敦煌所見孟浩然詩九首的價值〉，《中興大學文史學報》八期。

9 ：吳彩娥，〈極玄集的選錄標準試探〉，七十二年十二月十八日第五屆《中國古典文學研究會發表論文》。

（三）史傳、書志及相關著作

1 ：（後晉）劉昫等撰，《舊唐書》，鼎文書局。

2 ：（宋）歐陽修、宋祁等撰，《新唐書》，鼎文書局。

3 ：（元）托托等撰，《宋史》，鼎文書局。

4 ：（宋）王溥撰，《唐會要》，世界書局。

5 ：（宋）盧憲纂修，《嘉定鎮江縣志》，《宛委別藏本》，臺灣商務印書館。

6 ：（元）俞希魯纂，《至順鎮江縣志》，同上，同上。

7 ：（元）辛文房撰，《唐才子傳》，世界書局。

8 ：（明）凌迪知撰，《古今萬姓統譜》，正光書局。

9 ：（清）徐松撰，《登科記考》，驚聲文物供應公司。

10：嚴耕望撰，《唐僕尚丞郎表》，中研院史語所專刊之三十六。

11：岑仲勉，《翰林學士壁記注補》，中研院史語所集刊十五本。

12：夏承燾，〈韋端己年譜〉，《詞學季刊》一卷四號。

13：楊承祖，〈元結年譜〉，《淡江學報》二期。

14：楊承祖，〈元結年譜辨正〉，《淡江學報》五期。

15：楊承祖，〈元結交遊考〉，《書目季刊》十三卷一期。

16：（日）藤原佐世撰，《日本國見在書目》，《書目五編》，廣文書局。

17：（宋）王堯臣等編次、清錢東垣輯釋，《崇文總目輯釋》，《書目續編》，廣文書局。

18：（宋）鄭樵撰，《通志》，世界書局。

19：（宋）晁公武撰，《郡齋讀書志》，《書目續編》，廣文書局。

20：（清）陳揆、趙士煒輯，《中興館閣書目》，《書目類編》，成文出版社。

21：（宋）王應麟撰，《玉海》，大化書局。

22：（宋）陳振孫撰，《直齋書錄解題》，《書目續編》，廣文書局。

23：（元）馬端臨撰，《文獻通考》，新興書局。

24：（明）焦竑輯，《國史經籍志》，《書目五編》，廣文書局。

25：（清）紀昀等撰，《四庫全書總目提要（附余嘉錫四庫提要辨證）》，藝文印書館。

26：同上，《四庫全書總目提要（附胡玉縉四書全書總目提要補正）》，漢京文化事業有限公司。

27：（清）錢謙益撰，《絳雲樓書目》，《書目三編》，廣文書局。

28：（清）錢曾撰、章鈺校證，《讀書敏求記校證》，《書目叢編》，廣文書局。

29：（清）黃丕烈撰、繆荃孫等輯，《蕘圃藏書題識續錄》，同上。

30：（清）瞿鏞編，《鐵琴銅劍樓藏書目錄》，同上。

31：（清）丁丙輯，《善本書室藏書志》，同上。

32：（清）莫友芝撰，《宋元舊本書經眼錄》，同上。

33：傅增湘撰，《藏園群書題記初集、續集》，同上。

34：王文進撰，《文祿堂訪書記》，同上。

35：（清）楊守敬撰，《日本訪書志》，同上。

36：（清）張鈞衡撰，《適園藏書志》，《書目續編》，廣文書局。

37：（清）錢曾撰，《述古堂藏書目》，《書目三編》，廣文書局。

38：（清）莫友芝撰，《邵亭知見傳本書目》，《書目五編》，廣文書局。

39：《北京圖書館善本書目》，《書目類編》，成文出版社。

40：《國立中央圖書館善本書目》，國立中央圖書館編。

41：《臺灣公藏善本書目人名索引》，同上。

42：《內閣文庫漢籍分類目錄》，古亭書屋。

43：王重民撰，《敦煌古籍敘錄》，木鐸出版社。

（四）總集類、別集類及相關著作

1 ：（宋）李昉等編，《文苑英華（附彭叔夏文苑英華辨證）》，華文書局。

2 ：（宋）王安石編，《唐百家詩選》，世界書局。

3 ：（宋）姚鉉編，《唐文粹》，《四部叢刊本》，台灣商務印書館。

4 ：（元）楊士弘編次，《唐音》，《湖北先正遺書》六十四函。

5 ：（元）方回撰，《瀛奎律髓》，《四庫善本叢書》，藝文印書館。

6 ：（明）高棅編，《唐詩品彙》，《四庫全書珍本》，台灣商務印書館。

7　：《全唐詩》，宏業書局。

8　：《全唐文》，匯文書局。

9　：王重民等輯錄，《全唐詩外編》，木鐸出版社。

10：（唐）李白撰，瞿蛻園等校注，《李白集校注》，里仁書局。

11：（唐）高適撰，劉開揚編年箋註，《高適詩集編年箋註》，漢京文化事業有限公司。

12：（唐）元結撰，孫望編校，《新校元次山集》，世界書局。

13：（唐）韋應物撰，《韋蘇州集》，《四部叢刊本》，台灣商務印書館。

14：（唐）皎然撰，《皎然集》，同上。

15：（唐）劉禹錫撰，《劉夢得文集》，同上。

16：（唐）姚合撰，《姚少監集》，同上。

17：（唐）韋莊撰，韋藹編，《浣花集》，同上。

18：（唐）齊己撰，《白蓮集》，同上。

19：（唐）貫休撰，《禪月集》，同上。

20：（宋）陸游撰，《渭南文集》，文友書店。

21：岑仲勉，《讀全唐詩札記》，中研院史語所集刊九本。

22：《續勞格讀全唐文札記》，同上。

23：《唐集質疑》，同上。

（五）古代詩文評及相關著作

1　：（清）何文煥輯，《歷代詩話》，漢京文化事業有限公司。

2　：（清）丁福保訂，《續歷代詩話》，藝文印書館。

3　：《清詩話》，同上。

4　：臺靜農編，《百種詩話類編》，藝文印書館。

5　：羅聯添編，《中國文學批評資料彙編——隋唐五代》，成文出版社。

6　：郭紹虞編述，《中國歷代文論選》，木鐸出版社。

7　：齊劉勰撰，王利器校箋，《文心雕龍校證》，明文書局。

8　：梁鍾嶸撰，陳延傑注，《詩品注》，臺灣開明書店。

9　：（唐）皎然撰，《詩式》，《百部叢書》十萬卷樓本，藝文印書館。

10：（日）遍照金剛，《文鏡秘府論》，河洛圖書出版社。

11：（宋）計有功撰，《唐詩紀事》，木鐸出版社。

12：（宋）嚴羽撰，郭紹虞校釋，《滄浪詩話校釋》，東昇出版事業公司。

13：（宋）魏慶之撰，《詩人玉屑》，九思出版社。

14：（明）胡應麟撰，《詩藪》，廣文書局。

15：（明）胡震亨撰，《唐音癸籤》，世界書局。

16：（清）趙翼撰，《甌北詩話》，廣文書局。

17：（唐）劉肅撰，《大唐新語》，新興書局，筆記小說大觀續編。

18：（宋）王讜撰，《唐語林》，世界書局。

（六）近人詩文評及相關著作

1 ：朱東潤撰，《中國文學批評史大綱》，臺灣開明書店。

2 ：郭紹虞撰，《中國文學批評史》，盤庚出版社。

3 ：羅根澤撰，《中國文學批評史》，龍泉書屋。

4 ：劉大杰、李慶甲、王運熙撰，《中國文學批評史》。

5 ：陸侃如撰，《中國詩史》，民文出版社。

6 ：吳宏一主編，《中國古典文學論文精選叢刊》，〈詩歌類〉，幼獅文化事業有限公司。

7 ：聞一多撰，《詩選與校箋》，九思出版社。

8 ：陳寅恪撰，《元白詩箋證稿》，里仁書局。

9 ：錢鍾書撰，《談藝錄》，野狐出版社。

10：王夢鷗撰，《初唐詩學著述考》，台灣商務印書館。

11：王夢鷗，〈試論皎然詩式〉，《中華文化復興月刊》十四卷三期。

12：王夢鷗，〈唐詩人王昌齡生平及其詩論（上、下）〉，《中華文化復興月刊》十三卷七、八期。

13：王夢鷗，〈有關唐代新體詩成立之兩種殘書〉，《中華學苑》十七期。

14：王夢鷗，〈唐「武功體」詩試探〉，《東方雜誌》十六卷十二期。

15：葉嘉瑩撰，《中國古典詩歌評論集》，純眞出版社。

16：葉嘉瑩撰，《迦陵談詩》，三民書局。

17：王力撰，《中國詩律研究》，新文出版社。

18：杜松柏撰，《禪學與唐宋詩學》，黎明文化事業公司。

19：楊松年撰，〈詩選的詩論價值——文學評論研究的另一個方向〉，《中外文學》十卷五期。

20：黃美鈴撰，《唐代詩評中風格論之研究》，文史哲出版社。

21：李建崑撰，《元次山之生平及其文學》，東海大學中文所六十九年碩士論文。

22：陶蓬仙，〈唐代潤州詩人暨其邑里考略〉，《東海大學圖書館學報》第五期。

（七）日文相關著述

1 ：小川昭一，〈唐人選唐詩について〉，《斯文》三十八期，頁 31～38，1960 年 10 月。

2 ：中澤希男，〈唐人選唐詩考〉，《前橋群馬大學教育學部紀要》二十二卷，頁 73～101，1973 年 3 月。

3 ：中澤希男，〈河嶽英靈集考〉，《前橋群馬大學紀要》一卷，頁 67～80，1951 年 8 月。

4 ：田口暢穗，〈河嶽英靈集所收の李白詩〉，早稻田大學《中國古典研究》十七期，頁 115～128，1970 年 12 月。

5 ：太田晶二郎，〈河嶽英靈集について〉，《國語國文》四十三卷八期，頁 1～13，1974 年 8 月。

6 ：明兒耶明，〈新發見の河嶽英靈集斷簡について〉，《MUSEUM》三○二期，頁 25～34，1976 年 5 月。

7 ：中澤希男，〈國秀集考〉，《日本中國學會報》第三集，頁 85～91，1952 年 3 月。

8 ：伊藤正文，〈杜甫と元結「篋中集」の詩人たち〉，《京都大學文學部中國文學報》十七冊，頁 123～147，1962 年 10 月。

9 ：中澤希男，〈中興間氣集考〉，《前橋群馬大學紀要》十一卷，頁 1～17，1962 年 7 月。

10：川北泰彥，〈又玄集編纂時における韋莊〉，《九州大學文學研究》七十二期，頁 915～931，1975 年。

11：伊藤正文，〈搜玉小集について〉，《京都大學文學部中國文學報》十五冊，頁 74～101，1961 年 10 月。

12：小島佑馬，〈敦煌遺書所見錄（一）（唐人選唐詩殘卷）〉，《支那學》五：四，頁 646～654，1929 年。

13：川北泰彥，〈元結に於ける文學的軌跡〉，《貝加田誠博士古稀紀念・中國文學論集》，頁 255～275。